ちくま文庫

どうにもとまらない歌謡曲

七〇年代のジェンダー

舌津智之

筑摩書房

どうにもとまらない歌謡曲　目次

凡　例

一、曲名の後ろには発表年（西暦下二桁）を記した。

一、歌詞の引用に際しては各章ごとに注番号を振り、歌手名・曲名・作詞者・作曲者を示す引用曲一覧を巻末に付した。

一、文庫化の際に加えた補足は【　】で括った。

どうにもとまらない歌謡曲——七〇年代のジェンダー

はじめに

歌謡曲とは、おそらく、戦後の日本における最強の思想である。というのも、言語に関わるどんな文化を考えてみても、歌謡曲ほど広く深い浸透力をもつものはないからだ。小説は、ベストセラーになっても、読まない人は読まない。映画や演劇は、大ヒットしても、観ない人は観ない。いわゆるJ－POPは、基本的に同時代を生きる若者向けの音楽であるし、あまりに拡散的で、誰もが知っている歌、というのは生まれにくい。しかし、歌謡曲は、それなりに限られた数のヒット曲が、年齢や階級をとわず、広く国民に共有されるしくみになっていた。それは、良くも悪くも受け手を選ばない。聴く気がなくても聴こえてくる。それらの歌は、日めくりカレンダーの格言ではないので、人は、その意味内容の是非をいちいち立ち止まって反芻しない。しかし、ふと気がついてみるといつのまにか、メロディーとともに言葉が脳裏に焼き付いている。

こうしてサブリミナルに蓄積される言葉というのは、あなどれない。とりわけ若い頭脳にインプットされる言語情報というのは、人間の価値観に大きな影響を与えるからだ。

でなければ、学校の教科書の検閲が政治的論争になったりはしない。しかし、問題は、だれも歌謡曲を「教育」とは考えていないところである。これが映画やテレビドラマの場合、あからさまな暴力シーンや性描写について、青少年への「悪影響」が議論されるし、『母をたずねて三千里』のごとく、文化庁から表彰される作品もある。一方、映像メディアのようには生々しくない流行歌の場合、その潜在力が目に見えては問題化しない。とはいえ、学校教育の場で歌い継がれる「御墨付き」の楽曲があることを思えば、歌というジャンルが「教育的」効果を持つことは明らかである。が、文部省唱歌は、歌謡曲に勝てない。文科省唱歌では、ますます勝てそうにない。日常を満たして反復する流行歌の浸透力は、美醜や「道徳」をこえ、どうにもとまらないのだ。

もちろん、だからと言って、歌謡曲を検閲すべきだ、などという暴論を唱えるつもりはまったくないけれども、有力に政治的な言語文化としての流行歌は、もっと議論や考察の対象となってしかるべきであろう。どうにもとまらないものは、どう受けとめるかを考えるしかない。この点、映画や演劇は、「真剣な」批評の機会や制度もそれなりに整っているのだが、日本人にとってもっと身近な歌謡曲は、おそらくは身近すぎて、ほぼ「娯楽」か「癒し」だとしか思われていない。ので、歌の議論は、業界的なファッション批評としては盛りあがっても、いまだ文芸批評や社会評論の一領域として成熟していない。【今（二〇二〇年代）では、流行歌の「ファッション批評」も下火となっている。

このあたりの歴史的な流れは、栗原裕一郎・大谷能生『ニッポンの音楽批評――150年100冊』（立東舎、二〇二一年）にくわしい。】しかし、音楽は理屈じゃない、とか、歌はサウンドのノリがすべてだ、という一見スマートな感覚主義のもとで、何気なく聴こえるラブソングが、いかに恐ろしい洗脳や、いかに勇気ある反逆を行っているのか、そのありさまを無意識のままに見過ごしてはなるまい。なるほど、いわゆるメッセージソングは、誰もが「政治的」だと考えるが、本当の政治学は、政治性をあからさまにしない歌においてこそ、したたかなかたちで進行するものだ。

さて、本書の三大キーワードは、副題も含めたタイトルに示した通り、「歌謡曲」、「七〇年代」、そして「ジェンダー」である。さしあたり、「ジェンダー」は「男女観」と言い換えてもよい。つまり、生物としての性別ではなく、社会的に決められる男と女のイメージや役割のことである。この概念自体が確立されたのは八〇年代だが、それ以前から歌謡曲は、「男らしさ」や「女らしさ」の問題に意識的だった。よく、歌謡曲は、恋愛がメインテーマだと受け取られ、いわゆるラブソングと同一視される。しかし、それは、少しだけ視点を変えるなら、ジェンダー・ソングだと言うこともできるだろう。男と女が何らかの駆け引きを行い、互いの位置関係をはかりあうのが歌謡曲／ラブソングの力学であるからだ。そこでは、伝統的な男女観が肯定されることもあるし、それに代わる新しい価値観が提示されることもある。そう考えるとき、「七〇年代」という季節が重要なキーワードとして問題に絡みあってくる。

まず、日本の大衆音楽史における一九七〇年代というのが、「状況的にも音楽的にも変化を遂げた時期として非常に興味深い」ことは疑いを入れない[1]。いわゆる歌謡曲が七〇年代にこそ乱れ咲いたのは、歴史的な事実であると言ってよい。しかし、ここでもうひとつの歴史として思い出すべきは、七〇年代がウーマン・リブの時代でもあったことだ。この音楽史と女性史の変化の同時進行は、単なる偶然だったのか？

そもそも、七〇年代リブの輪郭は、あまりはっきりと把握されていない。このことは、田中美津らによる初期の女性運動が、言語的ディスコースとして公的な刻印を残していない、という点に一因がある。まだ制度や研究組織の後押しがなかったそのような運動の言説は、「ジャーナリズムに登場することはあっても多くは嘲笑の対象としてであり、これらの運動体の主張を収録したものは非常に少ない」[2]。しかしながら、時代の空気に敏感に反応する流行歌というテクストには、当時のジェンダーをめぐる集団的（無）意識の変動が直接・間接に刻まれている。そのありさまを探ることは、昭和歌謡史の重要な転換期に生まれた楽曲の深層を読み解く補助線を提供すると同時に、大衆文化の側から七〇年代フェミニズムの輪郭そのものを書き換える、政治的な時代の読み直しともなりうるだろう。ある意味、男女の姿を徹底的に描き出す歌謡曲ほど、日本のジェンダー研究にとって切実な鉱脈となりうる場所はほかにない。

ただし、ここで誤解してはならないのが、歌と時代の関係である。必ずしも、「現実」としての時代が先にあり、それを歌の方が追いかけて「表現」するわけではない。思想としての歌謡曲は、もっとダイナミックな言語文化であり、時代を「映す」のみならず、「移す」政治的な力をも秘めている。つまり、「歌は世につれ、世は歌につれ」と言うが、肝心なのは、「世は歌につれ」の方である。これまで、小説が世界を変えた例《ため》しはほとんどないが、どうにもとまらない歌謡曲は、「世」を（そうとは知らぬ間に）変えることもできてしまう。反動的であれ、革命的であれ、歌謡曲はどこまでも詩《うた》でありながら、限りなく政治学に接近する。七〇年代は、女性と歌謡曲の解放《リブ》に揺れ動いた季節である。そしてもちろん、女性の意識改革は、男性の側にも新しい問題意識をもたらした。

この文脈で興味深いのは、『まだ「フェミニズム」がなかったころ――１９７０年代、女を生きる』（一九九四）の著者、加納実紀代のコメントである。彼女は、そのあとがきにおいて、七〇年代歌謡曲の受容傾向にふれ、「結婚しようよ」（七二）や「神田川」（七三）が懐古される状況に対して異議を唱えている。つまり、「七〇年代は、男たちの『ぼくの歌』よりも、女たちの『わたしたちの歌』によって記憶され、いまに伝えられるべきだと思う」との見解である。ここで、加納が強調する「わたしたちの歌」とは、比喩的な「歌」であり、女性の新しい声が響きあった時代の政治的なムーブメントを指している。が、本書はいわば、それを文字通りに受けとめてみたい。すなわち、七〇年代女性歌手の歌い声に込められたメッセージを改めて掘り起こすとともに、一枚岩ではありえなかった当時の男性の歌についても具体的な掘り下げを試みようと思う。なるほど、「フェミニズムにとってだけでなく、七〇年代が提起した問題は、今なお、というよりも今やますます問いとして意味を持っている」だろう。[3]九〇年代半ば、加納がそのように言った言葉は、二一世紀においても変わらぬ重みを持つに違いない。いま、七〇年代は、すでにもう古い。しかし、古いがゆえに、ふたたび新しい。唐突ながら、与謝野晶子がいみじくも歌ったように、遠ざかる記憶こそが最新のリアリティを帯びるのだ。

きのふをば千とせの前の世とも思ひ　御手なほ肩に有りとも思ふ

以下、議論の見晴らしを良くするため、本書の大まかな流れをまとめておく。第一部「愛しさのしくみ」では、七〇年代を見晴らすフレームを提供する意味で、いわゆる愛の情緒が政治的に「しくまれる」メカニズムを考える。誰か／何かを愛しいと思う気持ちは、それが恋人に対してであれ、家族に対してであれ、国家に対してであれ、感覚的には、自然にあふれ出る感情として自覚される。しかし、我々が、自分の内側から沸き起こってくると信じている思いは、実のところ、外側からの人工的な刷り込みによって生じているのかもしれないのだ。そのことを、恋愛・結婚（一章）、母の愛（二章）、そして愛国心（三章）にまつわる歌を取りあげながら検討する。

第二部「越境する性」では、第一部で素描した伝統的な価値観の枠組みに対し、より実験的ないしは急進的な歌謡曲の系譜をあとづける。つまり、いわゆる男らしい男とか、女らしい女、という素朴なカテゴリーの揺らいだ七〇年代像を明らかにしたい。具体的には、女言葉を用いる男性歌手の演劇的可能性（四章）、成人男性という規範から逸脱する「ソフトな」男性の新しさ（五章）、そして「どうにもとまらない」性的攪乱を生きる「ハードな」女性像（六章）に関してくわしく考える。

第三部「欲望の時空」では、それまでの議論をさらに応用するかたちで、一見したところ男女や性の問題とは直接結びつかないモチーフに注目する。文字（七章）、都市（八章）、時間（九章）をめぐる歌たちが、実はジェンダー化された欲望とからみあっていることを検証し、本書の社会的な射程をより審美的な広がりへと開け放ちたい。性役割の自由が夢見られた時代の中で、歌謡曲という大衆芸術ジャンルは、今日の我々にいかなる遺産を残したのか。その史的／詩的な位置づけを複眼的に確認することができれば、と思う。

〈注〉

（1）矢倉邦晃「七〇年代歌謡音楽的ガイドマップ――フリー作家の時代としての」『ユリイカ』（青土社、一九九九年三月号）一三〇頁。

（2）江原由美子編『フェミニズム論争――七〇年代から九〇年代へ』（勁草書房、一九九〇年）七頁。

（3）加納実紀代『まだ「フェミニズム」がなかったころ――1970年代、女を生きる』（インパクト出版会、一九九四年）二八八頁。

I　愛しさのしくみ

1　愛があるから大丈夫なの？——結婚という強迫

■恋愛と結婚

よく、恋愛と結婚は別だ、と言われる。それはしかし、逆に言えば、恋愛と結婚はひとまとめにされやすい、ということでもある。そもそも、「お見合い結婚」の対義語はなぜ「恋愛結婚」なのか。第三者を介さず、本人同士の出会いによって結婚する場合、「恋愛」が必ず決定的な要素になるのだろうか。仲介者がいないなら、「当事者結婚」とか「知り合い結婚」とか言う方が、表現としては論理的だろう。一見何気ない日本語である「恋愛結婚」の背後には、ある種、強制的な文化の力が働いている。

考えてみると、恋愛は宗教に似ている。自然発生するようで、実のところ自然ではない。それは、個人的な願いに根ざしながら、文化的なしくみの力で広まり、維持され、歴史の中で輪郭を変えていく。それはまた、幸いの国を求めながら、いつしか弱者を傷つけ、不条理な悲しみをもたらす点、資本主義に似ている、と言ってもいいかもしれない。ちなみに、現代日本の「恋愛教」を批判する評論家の小谷野敦は、この「新興宗教」が経済効果を生み出すことに注目し、その主たる布教ないしは広告手段のひとつとして、歌謡曲を挙げている[(1)]。ただし、歌謡曲のルネッサンスとも言うべき七〇年代に立ち返るなら、「恋愛教」の最大宗派は「結婚派」であったことを強調せねばならない。

二〇世紀後半から今日に至るまで、日本では晩婚化の傾向が着々と進んでいる。が、そのことは、伝統的な結婚神話の衰えを意味していない。結婚問題はむしろ、無意識の前提から意識的な選択に変わることで、その重みを増しているとも言える。この歴史的な流れを考えるとき、七〇年代前半というのは、注目すべき時代だ。というのも、この頃、戦後期以来初めて、日本人の平均初婚年齢が下がり、例外的な早期結婚ブームが訪れたからである[(2)]。そんな時代を後押しするかのように、岡崎友紀は人気ドラマの主題歌「おくさまは18才」（七〇）を明るく歌い、小柳ルミ子は、「若いと誰もが心配するけれど／愛があるから大丈夫なの[*1]」と、「瀬戸の花嫁」（七二）で若年結婚を奨励した。

一九七二年に総務庁が行った世論調査によると、二〇〜三四歳までの女性の約四割が、「なんといっても女性の幸福は結婚にあるのだから結婚した方がよい」と考え、「精神的にも経済的にも安定するから結婚した方がよい」という無難派、「人間である以上当然のことだから結婚した方がよい」という無心派（？）もあわせると、約八割の女性が結婚に前向きであったという結果が出ている[(3)]。しかしその一方で、未婚率そのものは当時徐々に上昇を続け、「シングル」という言葉も日本語として次第に流通しはじめる。女優の加賀まりこが未婚の母を宣言したのも同じ頃だ。いずれにせよ、結婚というシステムを考える上で、七〇年代というのが、緊張をはらむさまざまな価値観に揺れた激動の時代であったことは間違いない。

　思えば、七〇年代初めの日本において、「花嫁」を題名に冠する歌が立て続けにヒットしたのは、時代の流れを象徴する出来事であった。そのヒットとは、はしだのりひことクライマックスの「花嫁」（七一）と、すでに触れた小柳ルミ子の「瀬戸の花嫁」である。少し年代を下って、新沼謙治が「嫁に来ないか」（七六）を歌ったこともここで一応念頭に置いておこう。その他にも、このあとくわしく見ていくように、七〇年代前半という限られた時間の中で、次々と流行した婚姻の歌には目を見張るものがある。そこには、ある種強迫的とも言える国民文化の無意識が浮かび上がるだろう。

　言うまでもなく、女へんに家と書く「嫁」という語が意味するのは、家系の連続を欲する日本の伝統社会である。「男だったら泣いたりせずに」と、まだ幼い弟にさえ「男」の理想を諭しつつ、「父さん母さん大事にしてね」[*1]と長男の責任をほのめかす瀬戸の花嫁が、いわゆる「家」の論理をふまえていることは疑うべくもない。しかしながら、ここでむしろポイントとなるのは、そうして嫁いでいく新婦が、新郎とのあいだに「愛がある」と宣言していることだ。それと同様の状況は、船ではなくて夜汽車にのって嫁いでいく「花嫁」の場合にも見てとれる。「帰れない、何があっても」[*2]という車内の花嫁の決意は、彼女が（空間のみならず）「家」の移動を意識している証拠だが、この歌はそれと同時に、「命かけて燃えた恋が結ばれる」という、（情緒的なビブラートを効かせて歌う）甘美なサビの強調を怠らない。

すなわち、当時の花嫁ソングに関して注目すべきは、そこに主張される恋愛結婚主義である。その頃から、親の意向が決定的だった縁組みという従来の慣習に対し、あくまで本人の恋愛感情を結婚の成立要件とする考えが、にわかに市民権を獲得し出したのだ。裏を返して言うならば、七〇年代の理想的な花嫁像とは、見合い結婚の否定、という暗黙のテーゼを打ち出している。もちろん、見合いという制度を問い直す議論自体は、大正時代あたりからすでに表立っていた。[4] とはいえ戦前にあっては、恋愛結婚の比率は数字上一割少々に過ぎず、それが逆に九割近くまで上がるには、約半世紀の時間を要する。そして、上昇する恋愛結婚率と、下降する見合い結婚率は、きれいなX字型のグラフを描くのだが、その両者がクロスする地点、すなわち恋愛結婚が多数派へと初めて逆転した時代が、六〇年代後半だったのである。[5]

ウーマン・リブの七〇年代に先駆けて高石友也の歌った「主婦《かあちゃん》のブルース」（六八）は、そんな時代の移り行きを見据えていた。これは、戦時中に「あたりまえの男とお見合いをして／その時あこがれてる人がいたけれど／親がすすめるから結婚した」[*3]という女性が、その後育児に追われ、姑と対立し、夫に浮気され、「主婦は女の生きがいかしら／ほんとに私は生きたのかしら」と自問する歌である。[6] 彼女は、子供が大きくなって恋人を家に連れてくると、自分は「恋も自由にできなかった」ことを悔しく思い、我が子への「シットにもえくるう」こととなる。

しかし、七〇年代婚姻歌が特徴的に描き出したのは、旧世代の恨み節や新世代の反逆性ではない。むしろ、世代をこえた調和の夢である。これを最も審美的に理想化したのが小柳ルミ子（に詞を提供した山上路夫）であり、「瀬戸の花嫁」は、結婚への漕ぎ出しという主題において、その翌年に発表された「春のおとずれ」（七三）とも合わせて聴くべきだろう。この二作品が相似形をなしていることは、両者の歌い出しに共通する海辺のイメージと、「三・四・四・三」のリズム（「せとは・ひぐれて・ゆうな～～み・こ～な～み」[*1]「はるの・なぎさを・あなた～と～・ゆ～く～の」[*4]）によって補強される。この似通いはもちろん、山上の詩的戦略だが、「春のおとずれ」を作曲した森田公一も、(平尾昌晃による）先行作品のメロディーラインを意識したに違いない。

春のなぎさを　あなたとゆくの
砂に足跡　のこしながら
はじめて私の家《うち》にゆくのよ
恋人がいつか　出来たらば家へ

つれておいでと　言っていた父
夢に見てたの　愛する人と
いつかこの道　通るその日を

ここには、とりあえず、親子の溝はない。子供の選んだ相手を受け入れる進歩的で理解ある父親の姿は、祝福される恋愛結婚、という究極の理想を演出する。一方、娘は逆に和風というか奥ゆかしく伝統的で、「障子」をあけて男性二人に「お茶」を入れ、帰りには、入り日うすれて春風そよ吹く「おぼろ月夜」の情緒に身を浸す。

お茶をはこんだ　障子の外に
父とあなたの　笑う声が
聞こえて来たのよ　とても明るく
幸せなくせに　なぜ泣けてくるの
母のほほえみ　胸にしみたわ
帰るあなたを　見送る道は
おぼろ月夜の　春の宵なの

しかしながら、ここで「泣けてくる」ほどの「幸せ」を感じる娘は、それが極めて実現困難な理想であることを逆説的に証明してもいる。家族の祝福とは、現実において、さほど容易に得られるものではない。だからこそ、この娘は、恋人よりもむしろ両親の反応に感慨を覚えているのだ。彼女の感涙を誘うのは、（あなたと父、の順ではなく）「父とあなた」の笑い声であり、「母のほほえみ」なのである。

さて、このように家族を前面に打ち出すいわば世代間調和型婚姻歌の流行と同時に、七〇年代前半に開花した新世代の軽やかな感性が、「花嫁」から「結婚」へとキーワードを変え、（家と家ではなく）個と個の関係にもとづく自由な男女像を示そうとしたことも、また特筆に値するだろう。代表格は、当然、吉田拓郎の「結婚しようよ」（七二）である。これは、「肩まで伸び」る「僕の髪」[*5]をアピールすることで、既成の男女観を揺るがした。つまり、「社会はすっかり自由と平和の象徴の長髪の時代になって」おり、街をゆくカップルの後ろ姿を見ても、「どちらが男でどちらが女かわからない現象は起きていた[(7)]」。しかし、長い髪の若者も、結婚（式）という制度そのものへの疑問には思い至らなかった。教会（ないしは当時好まれた呼び名を使うなら、「チャペル」）での挙式という、洋風にしてロマンティックな形式確認が、平和の夢のもとに理想化されたのである。その極めつけが、「結婚しようよ」の翌年にブレイクした陽気な結婚式ソング、「てんとう虫のサンバ」（七三）であったことは言うまでもない。同じ年、チェリッシュは、「ほんの普段着のウェディングドレス」[6]で二人だけの式をしっとりと挙げる「若草の髪かざり」（七三）もヒットさせている。

　また、結婚そのものではなく、そこへ至る期待感をメルヘン風に歌う、シンデレラ願望ソングも時代を彩っていた。麻丘めぐみは、その絶頂にあった一九七三年、「女の子なんだもん／結ばれることを夢見ているわ」[7]と、キュートな少女ぶりをアピールしたし、同年の「アルプスの少女」では、「馬車」で「私を迎えに彼が来る」[8]と信じる乙女の心を歌い上げた。あるいは、「誰かがほら／もうじきあの、あの人が来てくれる」[9]という浅田美代子の「赤い風船」（七三）も、無邪気な童謡調ながら、やはり転移されたシンデレラ・コンプレックスを隠さない。歌の冒頭、「あの娘《こ》はどこの娘」と、他者である少女を傍観していたはずの語り手は、途中から、その子の握り締めていた風船が「この手を」すり抜けたと言い、いつしか少女に自分を同一化しているのだ。彼女が夢見るのは、空っぽになってしまった自分の手を取ってくれるやさしい王子様の到来である。

　さらに、赤い風船が、「よその家に灯りともる」ご飯時に、「となりの屋根に飛んだ」という描写も示唆に富む。シンデレラと言っても、当時の理想型は、ほのぼのと小市民的な家庭生活をいとなむ専業主婦の暮らしであった。それを最も典型的に示して一世を風靡したのが、「小さな家」[10]で夫と赤ん坊に囲まれる家庭の夢を歌った小坂明子の「あなた」（七三）である。ただし、それはあくまで夢であり憧れなので、実現はしていないという一抹の哀感を漂わせてはいた。明るい新感覚ながら同様の哀愁路線を打ち出すものとしては、ダ・カーポのヒット曲、「結婚するって本当ですか」（七四）が挙げられる。ここでは、別れた男性からの結婚通知を受け取った女性が、「あなたに寄り添うその人は／白いエプロン似合うでしょうか」[*11]と、台所に立つ新妻の姿を思い描く。彼女は、けっきょく元恋人の幸せを祈り、未練から自らを解き放つが、家庭の主婦という、美化された当時の強制的理想像の呪縛からは決して解放されていない。

だが、こうした一連の結婚賛歌は、七〇年代後半に入ると、その勢いと明るさを急速に失っていく。社会学者の山田昌弘によると、「一九七五年という年は、家族に関する様々な統計数字の『変極点』」であり、その頃を境に結婚をめぐる状況も大きく変化する。まず、リブ運動の台頭とは裏腹に、女性の専業主婦率は一九七五年に過去最高となるが、その後は基本的に結婚難の時代が訪れる。山田がいみじくも指摘するように、統計上、婚姻率というのは経済成長率に比例する。女性が結婚によって階級の上昇を目論む社会では、（親よりも子の経済力が上回る）高度成長期ほど、婚姻が促進されるからである。けれども、オイルショックを経た七〇年代後半、女性は籍を移すことで生活水準を落とす可能性が高く、娘の将来を案じる親たちも、「愛があるから」というだけの理由では、なかなか結婚を許さなくなる。[(8)]

象徴的なことに、すでに見た「春のおとずれ」を、「おぼろ月夜」の光景で締めくくった小柳ルミ子の明るい歌声は、その六年後、「春おぼろ」（七九）を歌った岩崎宏美の痛ましい嘆きへと反転する。この二曲はいずれも山上路夫の作詞であり、同じ「春」の「おぼろ」というキーワードにつながれたペア・ソングとして、七〇年代結婚観の変化を浮き彫りにする。

居住まい正して　私を下さいと
あなたの言葉に　父は冷たく
「まだ早い」「若すぎる」　たったそれだけ
怒っているでしょ　許してください
駅の灯がうるんでる　春おぼろ[*12]

これはまるで、「父とあなたの笑う声」が響いていた「春のおとずれ」の世界から、ひと昔前へと時代を逆行したかのようである。ここで「許してください」という娘の言葉は、もちろん恋人に向けられたものであり、彼女は、父と恋人という、二人の男性に「許し」を乞わねばならないのだ。必死の娘は、二番の歌詞ではさらに「ぶってもいいのよ」と、ほとんど奥村チヨ的奴隷状態に陥っている。同様の保守化は、七〇年代後半、小柳ルミ子自身の歌にもあらわれる。「瀬戸の花嫁」と「春のおとずれ」に続く第三段のオーシャンビュー・マリッジ・ソングとも言うべき「星の砂」（七七）は、「嫁ぐ日岬に一人たたずみ／君住む島に別れを告げる[*13]」という、強制見合い結婚歌（＝恋愛結婚失敗歌）に変わってしまう。

こうした恋愛結婚の困難は、男の視点からも語られるようになる。たとえば野口五郎の「むさし野詩人」（七七）は、「お見合いのこと[*14]」で「悩んだあなた」を追憶し、「あの時ぼくがなぐったら／あなたはついて来たろうか」と、失われた恋の可能性を想う。先ほどの「春おぼろ」でも、女性が「ぶってもいいのよ」と言っていたように、当時はまだ、愛情のあかしとして、男が女をぶつのは美徳になりえていた。大ヒットではなかったが、桜田淳子の「叱られてから」（七五）も、恋人が「本気でぶってくれた」ことが「ほんとのやさしさ[*15]」だという歌だったことを思うと、当り前とはいえ、七〇年代の日本には、ドメスティック・バイオレンスという概念のなかったことがわかる。ともあれ、女性をなぐることもできぬまま、「一五行目から恋をして／二〇行目で終わった」という「むさし野詩人」の語り手は、「五年の月日」が「永すぎた春」であったという風の「22才の別れ」（七五）における語り手の恋人と同様、相手の女性が自分の「知らないところへ嫁いでゆく[*16]」という結末を受け入れるしかなかったのだろう。

七〇年代後半の結婚歌にしては一見明るい「嫁に来ないか」（七六）も、相手の女性が果たして誘いに応えて嫁に来たかどうかは疑わしい。「傾いたこの部屋も綺麗に片づける」[*17]と男は言うが、「傾いた」というのが比喩ではないとすると、室内をいかに整理したところで、床にビー玉を置けば転がり出すわけだ（同じ七五年には、「幸せの中でつきあたりを見ることはありませんか」[*18]と、布施明が「傾いた道しるべ」を歌い、時代は良くも悪くも「傾き」を受け止めていた）。太陽も西へ傾いた「日の暮れの公園」でひとり「ギターを弾いて」いるうちに、なぜかふと「忘れ物している気になった」ナルシストは、嫁が欲しいという一方的な希望を訴えるが、この歌において女性の意向はあえて明らかにされていない。

こうした男のひとりごとが政治的に極まると、「関白宣言」（七九）のような開き直り結婚歌もあらわれる。この場合、「お前を嫁にもらう前に」[*19]いろいろ釘を刺そうというのだから、さしあたり婚約はすでに成立しているのだろう。それが、（おそらくはフラれるであろう男の思い入れを歌う）「嫁に来ないか」と違い、この歌の罪深いところである。死ぬ前の一瞬、「お前のおかげでいい人生だったと俺が言う」のを交換条件に、生きている数十年のあいだ「飯はうまく作れ」だの「できる範囲で」「きれいでいろ」だの「浮気」も「覚悟はしておけ」だのとは、なかなかの神経である。だいたい、脳卒中か何かで急死したら、「いい人生だった」と言い残せる保証もないので、よく考えると図々しい約束である。とはいえ、（中学生だった筆者を含め）当時のリスナーの多くは、これをユーモラスな愛情あふれる歌だと思っていたのだから仕方ない。もちろん、本当の亭主関白であれば黙って関白を実行するので、それをいちいち宣言するのは、不安と裏腹の強がりである。それは、七〇年代リブに対する歴史的・反動的な返答であったのかもしれない。が、多くの場合、父権制の根はこの「強がり」にあることを思えば、後年【というのは、一九九〇年代から二〇〇〇年代前半まで】ダスキンのＣＭで禊《みそぎ》のように「主夫」ぶりをアピールしても、歌手さだまさしの業は相当に深い。

ともあれ、結婚歌とは、（事実上のゴールラインである）スタートラインに立つ期待（ないしは立てない悲しさ）を扱うものであり、実際に妻と夫が暮らす日々の様子を描き出すものではない。『アンナ・カレーニナ』冒頭の名言ではないが、幸福な家庭はみな似通っているためであろうか、幸せな結婚生活というのは基本的にどうやら歌にならないらしい。例外と言えるのは、夫婦生活の充足を歌う北島三郎の「与作」（七八）である。もっともこの歌は、様式化された昔話を思わせ、七〇年代のリアリティを積極的に放棄している。

与作は木をきる　ヘイヘイホー　ヘイヘイホー
こだまはかえるよ　ヘイヘイホー　ヘイヘイホー
女房ははたを織る　トントントン　トントントン

気立てのいい嫁《こ》だよ　トントントン　トントントン
与作　与作　もう日が暮れる
与作　与作　女房が呼んでいる　ホーホー　ホーホー[*20]

ここに描かれるのは、なるほど、仲睦まじく暮らす夫婦である。けれども、まず、「女房」には名前が与えられない。この歌はつまり、主人公としての与作（＝与え作る主体）と脇役に過ぎない名無しの妻とを描いている。また、歌の中の反復フレーズに注意してみると、与作パートの「ヘイヘイホー」が主体としての〈声〉である一方、女房パートの「トントントン」は単調きわまりない〈音〉である。さらに、注目すべきは、夫婦間の労働差であろう。

藁ぶき屋根には　ヘイヘイホー　ヘイヘイホー
星くずが降るよ　ヘイヘイホー　ヘイヘイホー
女房は藁を打つ　トントントン　トントントン
働きものだよ　トントントン　トントントン

考えてみると、与作は、昼間に木を切っているだけである（地球環境を考えると、切るだけでなく、植えてほしいところだが)。ちなみに夜は「星くず」を眺めているらしい。一方、日暮れ時に与作を家に呼ぶ妻は、おそらく夕食の支度が出来たことを告げているのであり、一人で炊事を担当しているうえ、昼間の「はたを織る」仕事に加え、夜になっても「藁を打つ」ことに余念がない。なるほど、「気立てのいい」「働きもの」ではある。しかし、名前も声もなくただ身を粉にする女房の姿のうちに、新時代の指針となりうる幸福な結婚のありようをリアルに見てとることはできない。

■陰画としての同棲

さて、以上に概観した結婚歌の枠組みに、今度は裏側から光を投じてみよう。日々の夫婦生活を現実として歌わない七〇年代歌謡曲が、きわめてリアルな日常として描き出したのは、同棲生活をいとなむ男女の姿であった。そのリアリズムは、疑似結婚生活としてある二人暮らしの(不)可能性を、写真のネガのように透かし出す。つまり、男女をめぐる理想とリアリティを、同じコインの両面としてあぶり出すのが、同時代に流行をみた結婚歌と同棲歌だったのである。

まず、昭和を生きた日本人が同棲と聞いて真っ先にイメージするのは、いわゆる四畳半フォーク的な光景であろう。同棲歌の代名詞とも言うべきかぐや姫の「神田川」(七三)は、(四畳半どころか)「三畳一間の小さな下宿」に二人が暮らす「若かったあの頃」[21]を振り返る。この歌は、銭湯へも行かなくなった今日の若者には昔話めくかもしれないが、シャワーつきのアパートが独身者にとって贅沢でなくなったのは九〇年代以降であって、七〇年代的には必ずしも誇張を感じる設定ではなかった。「神田川」路線第二弾の「赤ちょうちん」（七四）も、「あの頃二人のアパートは」という歌い出しで、「裸電球」[22]が照らし出す半失業状態の極貧生活を回顧するものである。となると、ここでのキーワードは〈あの頃〉だろう。つまり、常に現在形で語られる結婚歌とは対照的に、同棲歌の時制は決まって過去形なのだ。このジャンルを代表するいまひとつの作品、布施明の「積木の部屋」（七四）も、「西日だけが入る狭い部屋」で「リンゴかじりながら語り明かした」同棲の始まりを懐かしみ、「そうさ、あの日がすべて」[23]と、記憶は過去の一点に収斂する。

もっとも、歌謡曲における同棲とは、貧しいがゆえに悲惨で続かない、という論理にはなっていない。経済的な困窮のない小市民的同棲であっても、やはりなぜか続かないのである。たとえば、野口五郎の「甘い生活」（七四）においては、「揃いのモーニング・カップ」を買ったり、「二人で暮らすとはがきで通知を出し」[24]たりする余裕がある。けれど、「愛があればそれでいい」という「甘い夢」は、ほとんど宿命的に破綻する。つまり、タイトルにある「甘い」生活とは、「スイート」であると同時に「現実認識が足りない」という、二重の意味を帯びている。ところで、その「愛があれば」という

「甘い」言葉は、どこかで聞き覚えがないだろうか。そこには、「愛があるから大丈夫なの」という、我々のすでに見た台詞がエコーするのではあるまいか。はたせるかな、「甘い生活」の作詞も、「瀬戸の花嫁」と同じ山上路夫である。となると、（歌謡文学を総体／相対として一望するとき）我々は瀬戸の花嫁の「甘さ」にも翻って思いを馳せずにはいられないだろう。花婿が「若い」と「誰もが心配する」ことになる小柳ルミ子の実人生は言うに及ばず【年の離れた元夫・大澄賢也との間には、色々あった】、瀬戸の花嫁がその後幸せになったという保証はどこにもない。

また、ミドルクラスに目を向ける場合、おのおの部屋を持ちながら比較的自由にどちらかのもとへ通う、半同棲歌も存在する。同棲には、家賃の節約という現実的側面もあるが、必ずしもそのような必要に迫られないカップルは、今日で言う「週末婚」や「通い婚」の形態を取ることもありえた。たとえば、「甘い生活」よりもヒットした野口五郎の「私鉄沿線」（七五）は、「僕の部屋をたずねてきては／いつも掃除をしてた君[*25]」への消え残る想いを歌う。これは、「ボタンつけと掃除[*23]」しかできない「積木の部屋」の「君」にも似ているが、私鉄沿線カップルの場合、行きつけの喫茶店で「熱いコーヒー」を飲むだけの余裕があった。あるいは、天地真理の「想い出のセレナーデ」（七四）において、「あなたのもとへいそいそと」通う女性は、いつも「季節の花をかかえて[*26]」いたのだが、歌の都会的背景から察すると、花屋で買った花だと思われるので、これも生計に困っている階級の話ではない。もちろん、上の二例とは逆に、男性の方が女性の部屋へ行くケースもあり、小坂恭子の「想い出まくら」（七五）の語り手は、「ねえあなた、ここに来て楽しかったことなんか話してよ[*27]」と、ひとりのベッドで今はいない恋人に語り掛けている。布施明の女歌である「そっとおやすみ」（七〇）も、同様に「今はいない貴男《あなた》[*28]」に呼び掛けていた。これらの歌はすべて、過去の追憶であり、同棲の日々は、いつもすでに失われている。

つまり、ひとまずの結論から言うならば、同棲の歌とは、とりもなおさず同棲の解消歌なのである。同じ屋根の下に暮らし、何とまあ今の私たちは楽しいことでしょう、という歌謡曲は存在しないのだ。関係の続く期間は二年程度が相場であり、決してハッピーエンドには至らない[(9)]。このジャンル的なペシミズムの極致を歌ったのが、当時流行した劇画に由来する、大信田礼子の「同棲時代」（七三）である。この歌は、「できることならあなたを殺して／あたしも死のうと思った[*29]」という暗さが光っている。さらに、「もし愛が美しいものなら、それは男と女が犯す、この過ちの美しさにほかならぬであろう」という、（今聞くとパロディーにしか聞こえない）達観したナレーションも光っている。おそらく、「過ちの美しさ」に殉ずる負の美学は、ドラマなき平凡な結婚の幸せに対するひとつの挑戦となる。が、同棲という「愛のかたち」が「過ち」だと言い切ることは、結婚こそが「正解」であると暗に追認する結果にもなるだろう。別の例で言うと、中条きよしの「うそ」（七四）における男の罪は、「一緒になる気もないくせに」「エプロン姿がよく似合う」などと女性の主婦願望をくすぐって、相手に「鍵をかけずに眠る癖」[*30]をつけさせたことであり、そこにある前提は、うそ＝同棲、本当＝結婚という二項対立に外ならない。つまり、制度としての裏打ちがない二人暮らしの挫折を描くことは、翻って、結婚という形式の正当性を引き立てることになる。

だが、先に述べた通り、七〇年代後半に入ると、結婚賛歌に暗い影がさしはじめる。そして、それに連動するかのごとく、同棲歌には、明るい光とは言えないにしても、新しい変化が目立つようになる。まずそのひとつの表れは、解消しない同棲歌、というのはつまり、現在進行形で語られる同棲歌の出現である。この点、明らかな進歩が見られるのは、当面別れを予感させない太田裕美の「しあわせ未満」（七七）である。ここに描かれるのは、「部屋代のノックに怯える」[*31]ような、ほとんど模範的に貧しい同棲ではあるが、あと一歩しあわせに届かない「未満」状態こそ、実は最も幸福であることは、ロマンティシストにとって自明の真実である。つまり、「二人春を探す」生活は、「しあわせ未満」であって「しあわせ以上」でもあるという逆説をこの歌は証明する。「面喰わせないのに、もてないぼくを何故選んだの」という台詞などは、もてない男の醍醐味を示して余りある。もっとも、もてそうな男性歌手がそう歌ってはイヤミになるし、もてなそうだと話が嘘っぽく響くので、やはりこの歌は、太田裕美の切なくボーイッシュな声に歌われてこそ美しい。

一方、同棲が解消するにはするが、その解消の仕方に新局面の見られる歌もある。通常、同棲の解消は、曖昧な自然消滅もしくは男性の心変わりによるのが歌謡文学的な定石である。ところが、明らかに女性の方から見切りをつけて出ていくパターン、すなわち取り残される男にスポットの当たる転覆的な構図も表面化する。「せめて少しはカッコつけさせてくれ[*32]」という、沢田研二の「勝手にしやがれ」（七七）などがこれにあたるが、よりジェンダー的な転覆性が高いのは、黒沢年男の「やすらぎ」（七五）だろう。自分から別れを切り出しながら、「あなたがその気なら／仕方がないわねと」出ていく女性に対し、相手の「浮気な恋心」も受け止める語り手は、「この部屋の鍵」を「きっといつかは使いたくなる」「その時やすらぎを／お前は知るだろう[*33]」と、静かに忍ぶ役回りを選ぶ。演歌調ながら、そこに歌われる言葉が意外にも因襲を打ち破るこの歌は、さまよう女と待つ男、という逆転的な男女像を示す。

さらに、〈明るく前向きな〉同棲解消歌が存在することも忘れてはならない。というのは、成りゆきの自然消滅ではなく、どちらか一方の勝手でもなく、合意のもとにそれぞれの未来へと歩み出す歌のことだ。そう言えばすぐに思い浮かぶのは、尾崎紀世彦の「また逢う日まで」（七一）であろう。文字通り明るいこの歌は、なんと、メジャーコードの同棲解消歌である。これは、マイナーコードの結婚賛歌と同じくらいに珍しい。もちろん、この歌の主調音は、同棲の解消に伴う哀感や未練ではない。そのあまりの爽やかさに、「同棲」歌であるという認識すら聴き手は持っていないかもしれない。そもそも、まだ同棲歌というジャンルが確立されてもいない頃に現れた、実に先駆的な異彩を放つ作品であると言えよう。作詞した阿久悠自身は、「ふたりで名前消して」[*34]という歌中のフレーズについて、「結婚してると、多分亭主の表札しか掛かってないんだけれども、同棲だからちゃんと、何の何夫と何の何子が並べて掛けてあったんだろうなという。だろうなって作り手が言ってちゃしょうがないけど（笑）」と注釈を付している[10]。

　同じく阿久悠の手掛けた野口五郎の隠れた名曲「女になって出直せよ」（七九）も、タイトルから連想されるほど男の身勝手を示す歌ではない。「マシュマロのベッドでは愛にはならない」と言わばかつての「甘い生活」を自己批判する語り手は、「思いきり羽のばし／いい男といい女で／ときめきの再会を待とうじゃないか」[*35]と、前向きな別れを提言する。この詞の思潮的な新しさは、（これまたメジャーで）爽快に疾駆するアレンジの洗練を裏切らないし、再会の可能性を排除していない点からも、「また逢う日まで」の延長上にあると言ってよい。

　だがおそらく、同棲歌というジャンルの極北と言えるのは、逆説的にも〈暗く前向きな〉世界観を掲げる太田裕美の「ドール」（七八）であろう。詩人・松本隆が太田裕美の声を借りて行った実験は、「しあわせ未満」の淡い抒情を突き抜けた地平へと向かう。

プイと横向いて出て行ったきり　あなた夜明けまで帰らなかった
窓の人形を話し相手に　一生結婚はしないと誓う
大きくなったら何になる？　花嫁よ
葉っぱのお皿　木の実のお椀　ままごと遊びの日は帰らない
横浜生まれのセルロイド　心が無いからセルロイド
名字も変えずに暮らした部屋で　涙で瞳が青く染まった[*36]

ここで、「一生結婚はしない」という誓いは鮮烈である。そう歌った太田裕美は、七年後に結婚するが、それは目をつぶって許したい。その後母親となった彼女が、『太田裕美白書』（二〇〇〇年出版）において、「スペインの小さな町で若いツバメに囲まれながら、花とシャンパンに明け暮れる日々」が「晩年の目標」であると公言した前向きさに免じて、である。[(11)] ともあれ、「ドール」の非婚宣言は、幼い頃から花嫁の幸せというイデオロギーに染められてきた女性が、自己の意志を持たない「人形」であることをやめ、新たな未知の一歩を踏み出そうとする決意の表明である。その意味でこの歌は、七〇年代歌謡曲の一大テーマである同棲を扱いながら、そこに暗黙の核心としてある結婚の呪縛を解き放ってみせた画期的な作品である。もちろん、結婚生活を引き立てるはずの同棲解消歌において、結婚をあからさまに否定するのは、歌謡曲的なルール違反だが、このラディカルな試みの政治性を和らげるかのように、「ドール」は童謡のベールをまとう。まず、ひとつの下敷きとなるのは、涙に濡れる瞳を歌った「青い眼の人形」である。

青い眼をしたお人形は
アメリカ生まれのセルロイド
日本の港へついたとき
いっぱい涙をうかべてた[*37]

ここで、「アメリカ生まれのセルロイド」を、「横浜生まれのセルロイド」に移し変えた「ドール」は、童謡をめぐる連想ゲームへと我々を誘《いざな》う。横浜といえば、人形館から近い山下公園に銅像のある、あの「赤い靴はいてた女の子」[*38]も忘れてはなるまい。すなわち、「瞳が青く染まった」という「ドール」の印象的なフレーズは、「今では青い目になっちゃって」という「赤い靴」の哀しみを呼び覚ます。「ドール」はこうして、青い目をめぐる二つの童謡を巧みにミックスしているのだ。[(12)]しかし、「ドール」は、古き良き童謡のごとく、西洋の衝撃から日本の伝統意識を防衛しようとするものではない。異人さんに連れられて受け身の船旅を強いられる無力な少女の悲劇を、松本隆／太田裕美は、新時代を見据える前向きな可能性へと移し変えている。強調せねばならないが、この歌は、「明日はフェリーで旅してみよう／青空横切り旅してみよう」[*36]という、自発的な女性の意志で結ばれているのだ。涙に染まった瞳の青が、空の青、海の碧《あお》へと溶けてゆく遠い未来を信じようとする視線がそこにある。

■婚外の想い

絶対的に見える結婚制度を相対化する動きが、七〇年代以降の文化的可能性であるとすれば、制度外の男女関係として、同棲とともに「不倫」が多大な意味を持つことは、あえて説明を要さないだろう。そこで次に、七〇年代歌謡曲が「不倫」をどのように表現したのか考えてみたい。ただ、ここで我々は用語上の困難につきあたる。というのも、「不倫」にせよ「不義」にせよ「不貞」にせよ「姦通」にせよ、性交渉があることを前提にしているので、言ってみれば「プラトニック不倫」や「不倫未遂」を主として扱う歌謡曲を語るのに、あまり適さない。「浮気」ならプラトニックかもしれないが、これもポジティブに使える言葉ではない。もちろん、その種の恋愛がネガティブにしか見られない時代はよかったのだが、もはや日本語は日本の現実に追いついていないようにも思われる。既婚者が関わるという意味で「既恋《きれん》」だとか、「浮気」という代わりに「再愛」とか「重ね恋《ごい》」とかせめて「外思い《ほかおも》」とか、道徳的な価値判断を含まない表現があってても不思議はない。しかし、「不倫」感情の肯定的側面を強調した九〇年代の竹内まりやも、その情感を指し示すのに、「純愛」という（意味の限定されない）既存の言葉を使うしかなかった（ことは後述する）。二一世紀に入りようやく、『婚外恋愛』というテレビドラマが登場したものの、このタイトルフレーズが日本語に定着した気配はない。これ以下の議論では、仕方ないので、とりあえず「既婚恋愛」という言い方を用いる。これだと既婚者を主体にしたニュアンスとなってしまうが、独身者が既婚者を想う場合も合わせてそう呼びたい。念のために定義しておくと、「少なくとも男女どちらか一方に既婚者を含むような恋愛」という意味である。

このようなテーマは、流行歌において、商売系の女性とその客である男性、という構図をもってかなり古くから存在している。有名なところでは、六〇年代に流行した「お座敷小唄」（六四）などを思い出せばよい。これは、店に通う男性客を「死ぬほど好き」になりながら、「妻という字にゃ勝てやせぬ」と「泣いて別れた河原町[*39]」の恋を歌うものだった。

けれども、一般家庭の女性をめぐる既婚恋愛が主題として広まり出したのは、七〇年代であったように思われる。そして、当時この主題を最も端的に歌ったのは、おそらく沢田研二にとどめを刺すだろう。その題名がすべてを語る「許されない愛」（七二）は、

「帰るところのあるあなた」への追慕を語り、愛しい相手を「忘れられないけど／忘れよう」[*40]とする男の歌であった。もうひとつ、これをほぼ反復しているのが、その六年後の作品、「ＬＯＶＥ（抱きしめたい）」（七八）である。ここでも、「帰る家」と「やさしく包む人」がいる相手に対し、「指輪外して愛しあう／いけない女と呼ばせたくない」という男が、苦渋の「さよなら」[*41]を告げる。あるいは、沢田研二の代表曲となった「危険なふたり」（七三）にしても、いったい何が「危険」なのだろうと考えるとき、「世間を気にする」「年上の女《ひと》」[*42]が既婚であるという可能性を排除することはできない。

さらに、女性の目線からこのテーマに迫る別の例を見てみよう。山口百恵の「絶体絶命」（七八）で三角関係の修羅場をくぐるツッパリ娘は、けっきょく、「白いハンカチをかむ」女性の「涙の深さに負けた」[*43]という。が、男は「二人とも愛してる」と【妻と妻以外の女性を同時に愛しているとテレビ会見で答えた】松方弘樹のようなことを言うのだし、実質として彼女が「負けた」とは言い切れない。ただ、彼女は、この会見中一度だけ、弱々しい淑女に脅威を感じる瞬間がある。それは、ハンカチを握る淑女の「薬指」に光る「指輪が私を弾《はじ》いてる」と感じたときだ。ここで「弾く」という〈排他性と権力性を示唆する〉動詞を選んだ作詞家阿木燿子の言語感覚は秀逸である。つまり、婚姻の後ろ楯となる〈制度〉の力こそが、指輪の威光となって明暗を分けたのだ。七〇年代当時、ただの恋人が薬指に指輪をはめる慣習はなかったので、ここでは結婚指輪（ないしは少なくとも婚約指輪）が問題になっていると考えてよい。

　こうして見ると、婚外の男女関係は、いずれも破綻する。つまり、同棲歌の場合と同様、既婚恋愛歌とは既婚恋愛解消歌の謂であり、夫／妻以外の君といつまでも、という歌謡曲は存在しない。結婚に対するアンチテーゼである同棲や既婚恋愛は、その挫折によって結果的に規範を裏書きしうる、という二重性を持っている。それでは、先に検証した同棲歌の実験的ヴァリエーションと同様、今回も、以下のようなカテゴリーを想定しうるだろうか。すなわち、（A）例外的に解消しない（「しあわせ未満」的）既婚恋愛歌、（B）男女像の逆転を示す（「やすらぎ」的）既婚恋愛解消歌、（C）明るく前向きな（「また逢う日まで」的）既婚恋愛解消歌、といった可能性である。

　結論から言うと、（A）と（C）は少なくとも七〇年代中には流行をみない。同棲以上に社会的な軋轢や制裁の厳しい既婚恋愛は、そのネガティブな表象から前へ進み出すまでに長期間を要したということだろう。強いて挙げるなら、金井克子の「他人の関係」（七三）は、（A）の既婚恋愛カテゴリーに入るかもしれない。「他人」という概念が、その対極として暗に「家族」ないしは「夫婦」を想定している可能性は高いからだ。ちなみに〈解消しない〉カテゴリー（A）が市民権を得るのは八〇年代であり、「春はいつ来る」と「他人《ひと》の妻[*44]」の忍ぶ恋を歌う大川栄策の「さざんかの宿」（八二）や、「口に出せない願い[*45]」を語る小林明子の「恋におちて」（八五）などがその好例となる。〈前向きな〉カテゴリー（C）の受容はさらに後のことで、その草分けとなったのは、竹内まりやの「純愛ラプソディ」（九四）であろう。この歌は、「他の誰かのもの」である「ぬくもり」だとしても、「形では愛の深さは測れない」し、「さよならが永遠の絆に変わることもある」[*46]と歌い、女性の既婚恋愛体験に対して積極的な評価を与えた。

が、話を七〇年代に戻し、当時の基準では最先端であった〈男女像の逆転〉カテゴリー（B）の実例を具体的に見てみたい。これは、女性が別れの主導権を握り、男がいわゆる「男らしい」態度を取らないというカテゴリーだが、これに合致する作品として、西城秀樹の「ラストシーン」（七六）を挙げることができそうだ。この歌は、タイトルに違わず、映画の最終場面だけを切り取ったように唐突な会話から始まるので、聴き手は自力でストーリーの全体を組み立てることになる。

何年でも待つよといったら　あなたはさびしく微笑みながら
そんなことをしたら不幸になるわ　忘れた方がいいという
ありがとう　しあわせだったわ　一緒に歩けなくてごめんなさい
あたたかい春の陽ざしの中で　熱があるように僕はふるえてた[*47]

ここで、「一緒に歩けなくて」というのは実に意味深い一言である。もちろん、〈現代トレンディー・ドラマ的）想像力をたくましくすれば、相手が年上の女性教師（松嶋菜々子？）なのかもしれないし、自分では歩けない車椅子の女性（常盤貴子？）に恋したのかもしれない【前者は『魔女の条件』（一九九九年）、後者は『ビューティフルライフ』（二〇〇〇年）】。が、歌謡文学的レトリックとして、「一緒に歩けない」＝「既婚である」という連想の生じることは、ある種の八〇年代歌謡曲であれば包み隠さないところである。たとえばテレサ＝テンの「愛人」（八五）は、「あなたが好きだからそれでいいのよ／たとえ一緒に街を歩けなくても」[*48]と、尽くして忍ぶ女の想いを歌う。また島津ゆたかの「ホテル」（八五）では、妻子ある男性を愛する女性が、「手紙を書いたら叱られる」し、「電話をかけてもいけない」ので、「ホテルで逢ってホテルで別れる」という（さすが「恋の奴隷」を作詞したなかにし礼だ！と頷いてしまう）状況のなか、「一度でいいからあなたと街を歩いてみたい」[*49]と願う。そうした定番レトリックも念頭に、続けて「ラストシーン」の二番を見てみよう。

もう恋などしないといったら　あなたは馬鹿ねとつぶやきながら
そんなことをいって困らせないで　無邪気な方がいいという
ありがとう　しあわせだったわ　できればもっと早く逢いたかった
にぎやかな街の通りの中で　夢を見たように僕は泣いていた

　ここで、拗ねる語り手をなだめながら、「もっと早く逢いたかった」という女性の言葉には、「めぐり逢う時が二人遅すぎた」[*40]という沢田研二の「許されない愛」と同じ響きがあり、彼女にはすでに正式なパートナーのいる可能性がいっそう濃厚となる（この台詞で、少なくとも、先程の年上女性教師説は却下されるだろう）。

　この歌に前後する西城秀樹作品群の文脈を振り返ってみると、まず、「ラストシーン」の前年にリリースされた「白い教会《チャペル》」（七五）は、秀樹が歌手として初めて結婚のテーマに正面から挑んだ作品である。ここでは、恋人との関係を周囲の「大人」に引き裂かれ、社会制度の壁に直面する若者が、（おそらくは見合いの結果）別の男と教会で式を挙げる恋人への想いを、「涙なんかいるもんか、バカヤローッ！」[*50]という絶叫に託す。さらに、制度的な壁としての結婚を扱う作品として決定的なのは、やはり「大人」に「頬を打たれて」引き裂かれた恋を歌う「ブルースカイブルー」（七八）である。これは、「あの人の指にからんでいた／ゴールドの指輪を引き抜き／この僕とともに歩いてと／無茶をいったあの日」[*51]を振り返る、紛れもない既婚恋愛歌なのだ。

　この文脈に照らすとき、発表年代的には上記二曲の間に位置する「ラストシーン」も、結婚の壁をめぐる名づけえぬ想いの歌であると読めてくる。その不透明な詞は、言葉にできぬ想いを抱えたまま、愛の核心を貫き通せない語り手のもどかしさを、聴き手である我々にも追体験させる。そして、語りえぬ恋のラストシーンに「ふるえて」「泣いていた」多感な青年の姿が際立つのは、その光景が、それまでの秀樹像と不可分な「男らしさ」を攪乱するからだ。「情熱の嵐」（七三）ののち、主として安井かずみの詞を歌い、「激しい」恋愛がバリバリに「ちぎれ」たり「暴走」したりする若さの熱狂路線を邁進するアイドルは、典型的にして攻撃的な男性性の活力を体現していた。しかし彼は、七〇年代後半、作詞に阿久悠を迎え、「ラストシーン」を含むバラード系の作品に新たな地平を切り開いていく。そのような流れをふまえるとき、西城秀樹の既婚恋愛歌は、（こういう秀樹評価が異端であることは承知の上で）彼の最高傑作であるとジェンダー歌謡史的には主張しうるだろう。

さて、そろそろ本章を結ぶ前に、もう少しだけ議論を敷衍しておきたい。既婚恋愛歌が、（男性社会／父権制に組み込まれた）規範としての結婚に対する抵抗の意味を持っていたならば、同じような抵抗のスタンスで〈婚外の想い〉を扱う作品も無視できない。つまり、より一般的に、結婚に対する懐疑の視点、あるいは結婚を相対化する感情にふれるような作品である。

そのような抵抗は、少なくとも七〇年代において、「売れ線」を狙うメインストリームの歌謡曲ではかなりの危険を伴ったが、フォークやニューミュージックの分野では比較的明瞭な表現が許された。たとえば井上陽水は、アルバム『断絶』（七二）に収録された「限りない欲望」の中で、「君と僕が教会で結ばれて／指輪かわす君の指、その指が／なんだか僕は見飽きたようでいやになる」[*52]と、人間が抱く欲望の無常と無限とをあっさり直視した。「限りないもの、それが欲望／流れゆくもの、それが欲望」と定義するこの歌は、次々と持っていないものが欲しくなるという現代社会の力学を描き、結婚問題を資本主義の功罪とも重ねて考えている。

また、伝統的な歌謡曲のジャンル内でも、主として阿久悠の実験により、婚姻制度を斜に見る視点は提供された。夏木マリの「絹の靴下」（七三）は、「間違いはあの時生まれた」[*53]という、唐突な冒頭の言葉が興味深い。「あの時」とはどの時か、歌の中で決して明言されないだけになおさらである。が、「情熱を無理やり閉じ込め」た「上流の気取った生活」と「退屈過ぎる毎日」に「我慢できない」という「私」は、暗に、現在の夫と結婚した時が「間違い」の始まりだったと告白しているのだろう（これは、結婚制度のみならず、女性のセクシュアリティにも関わる問題なので、六章で山本リンダを取り上げながら発展的に議論したい）。

さらにもうひとつ、「愛するなんてあとでもいい」し、「指輪も今は欲しくはないの」[*54]と、純にときめく伊藤咲子の「きみ可愛いね」（七六）も忘れがたい。通常、恋と愛を並べれば、前者は後者より浅薄なものだと見られがちである[(13)]。が、「愛する」ことや（その帰結としての）「指輪」を拒み、ただひたすらなときめきに弾む伊藤咲子の歌声は、恋愛と結婚が分かちがたく共犯する文化のうちに響くとき、政治的なレジスタンスともなりうるだろう。もっとも、「今は」欲しくなくても「あとで」欲しくなる可能性を否定しないこの作品は、ある意味、文化を保守しながら革新する歌謡曲の逆説的王道をゆく名曲と言えるかもしれない。

以上見てきたように、七〇年代の歌はしばしば直接・間接に結婚の主題を変奏した。女性の自立を訴えるリブの運動にもかかわらず、あるいはそれゆえに、反動として浮かび上がる婚姻の理想は、きわめて日本的な強迫である。この強迫を味方につけ、あるいはそれに抗い、歌謡曲はその豊穣を育んできた。もちろん、八〇年代以降、この問題意識の表れは、社会とともに変貌をとげていく。チェリッシュ版の結婚礼賛サンバに対し、郷ひろみの「お嫁サンバ」（八一）は、「花の咲くのはこれからなのに」[*55]と、女性の晩婚化を支援した。あるいは、竹内まりやの「シングル・アゲイン」（八九）のように、離婚のテーマがはっきりと歌に歌われる時代にもなった。

なるほど今日、日本の流行歌が、結婚の理想そのものをテーマに取り上げることはほとんどない。しかし、婚姻の強迫は、歌謡曲から映像／雑誌メディアへとその主たる舞台を移し、二一世紀の土壌にも深く根付いている。愛しさが文化によって生成される、その政治的プロセスに目を凝らすとき、七〇年代流行歌の軌跡は、現代日本の最深層にも通じているはずだ。

〈注〉

（1）小谷野敦『恋愛の超克』（角川書店、二〇〇〇年）七―一二頁。

（2）井上輝子・江原由美子編『女性のデータブック――性・からだから政治参加まで』第三版（有斐閣、一九九九年）一一頁のグラフを参照。

（3）大橋照枝『未婚化の社会学』（ＮＨＫブックス、一九九三年）一八頁に掲載の年代別グラフを参照。

（4）たとえば厨川白村《くりやがわはくそん》は、一九二二年に著した『近代の恋愛観』の中で、「簡単なる見合ひ結婚からでも、後にはおのづから愛情を生ずると言ふが、その愛情は、最初何等の人格的精神的結合によらずして、純然たる肉体の性交から発足してゐる」と説き、「夫婦の愛の生活の第一夜――その第一歩を先づ畜生道から踏み出したものを、私は名づけて強姦結婚、和姦結婚、淫売結婚なりと云ふ」とさえ宣言した。ただし戦後となっていざ恋愛結婚が勢いを増してくると、神島二郎のように、厨川のこの言葉を批判的に引きながら、「見合い結婚は、仲介者にたいする信頼ないし恭順があればこそ、この信頼によってすなおにうけいれられるから、性愛をもまたすなおに恋愛に昇華させることができようというものです」と、（よくわからない論理だが）見合い結婚を擁護する論者もあらわれた。神島二郎『日本人の結婚観』（講談社学術文庫、一九七七年）四〇―四一頁。

（5）『女性のデータブック』一一頁のグラフを参照。

（6）もっとも、この歌は、「母親の世代に真剣に語りかけたつもりが、受け手のレベルの問題でノベルティ・ソング（コミック・ソング）としての扱いをされ」たと前田祥丈・平原康司は分析する。

『六〇年代フォークの時代』（シンコー・ミュージック、一九九三年）八二頁。

（7）阿久悠『愛すべき名歌たち――私的歌謡曲史』（岩波新書、一九九九年）一七〇頁。

（8）この議論は、山田昌弘『結婚の社会学――未婚化・晩婚化はつづくのか』（丸善ライブラリー、一九九六年）の第四章にくわしい。

（9）同棲期間の長さを言明する歌としては、「二年の暮らしを忘れてくれ」[*56]と言う森進一の「冬の旅」（七三）、「あんたと暮らした二年の日々」[*57]に別れを告げる世良公則&ツイストの「あんたのバラード」（七七）などが思い浮かぶ。この点、「二年も続いたあの恋」[*58]を振り返るシャ乱Qの代表曲「シングルベッド」（九四）は、七〇年代同棲（解消）歌の伝統を受け継ぐものであり、J－POPの時代に歌謡曲テイストを温存するつんくの修辞学を垣間見ることができる。

（10）阿久悠・和田誠『A面B面――作詞・レコード・日本人』（ちくま文庫、一九九九年）六一頁。

（11）太田裕美『太田裕美白書』（パルコ出版、二〇〇〇年）一八九頁。

（12）瞳が青く染まるというモチーフはさらに、当時日本でもヒットしたクリスタル・ゲイルの「瞳のささやき」を想起させもする。「私のブラウンの瞳がブルーになるわ」（"Don't It Make My Brown Eyes Blue"）という原題を持つこの失恋歌は、「ドール」発表の前年にあたる一九七七年のグラミー賞にノミネートされた。

（13）たとえば、チューリップの「青春の影」（七四）における「恋のよろこびは愛のきびしさへのかけはしにすぎない」[*59]という一節や、松原みきの「真夜中のドア」（七九）において「恋と愛とは違うもの」[*60]だと言う男の台詞は、恋の一過性に対する愛の重みを説いている。より典型的なのは、八〇年代の歌になるが、「恋ならばいつかは冷める」一方、「もっと深い愛がある」[*61]と訴える「聖母《マドンナ》たちのララバイ」（八二）であろう。「男はみんな傷を負った戦士」だというこの歌は事実上、（次章以降で詳述する）母性のイデオロギーに裏打ちされた軍歌であり、子供心（というか高校生心）にも、恋の芽生えに華やぐ古き良き「センチメンタル」（七五）の岩崎宏美を懐古した私である。

2　あなたの虚実、忘れはしない――母性愛という神話

■結婚と出産

一九七二年六月一二日付けのオリコンチャートは、ある意味、女性の人生航路を凝縮している。まず第一位の座につく天地真理の「ひとりじゃないの」は、「あなたがほほえみを少しわけてくれて」「二人の旅のはじま*1る喜びを歌い、これから膨らむ恋の期待感に輝いている。続く第二位の「瀬戸の花嫁」は、前章で見た通り、「愛がある*2」夫婦生活への新しい船出の瞬間にスポットを当てる。そして第三位には、ニール・リード少年がボーイソプラノで歌った「ママに捧げる詩」が入っており、当時販売されたレコードのジャケットを見ると、宗教画を彷彿とさせる母子像が描かれている(1)。つまり、これら上位三曲は、奇しくも、恋愛↓結婚↓出産という、女性にとっての三位一体的プロセスをたどってみせたことになる。

さて、いくぶん話は飛ぶが、二〇〇一年五月、五〇歳で入籍した山本リンダは、その後ほどなく雑誌に手記を寄せ、次のように語った。

結婚したばかりの私がいうのは変かもしれませんが、結婚というのはとてもすばらしいこととは思います。しかし、人生の絶対条件ではないと思います。
結婚していなくても、まわりの方々と交流し、人生を深めながら生き抜いている方が大勢いらっしゃいます。私はそれもまたすばらしい人生だと思いますし、結婚相手ではなくても、本当に信じ合える友、というかたちでの人生のパートナーというのもあると思うのです。(2)

七〇年代歌手・山本リンダの政治的可能性については六章で詳述するが、二一世紀に入って彼女が発したこの個人的な言葉は、ある意味、【アグネス・チャンが、仕事場に自身の乳児を連れてきたことを機に、その是非をめぐって巻き起こった】アグネス論争の陰画とも言うべき重みを持つように思われる。なるほど、リンダの発言は、そもそも何の論争にもならず、おそらくは当然の正論として、誰も問題にしようとはしない。が、問題にされないこと自体の重大さを考えてみる必要もある。この手記に「結婚！幸せすぎてこまっちゃう。」という（本人がつけたとはとても思えない）タイトルをつけた雑誌『潮』は、とりあえず芸能人の結婚は「恋愛」の枠組みで盛り上げる、という商業的責任を果たしている。が、リンダ自身が投げかけている問題は、「恋愛」ではなく「友愛」としてのパートナーシップであり、さらに突き詰めれば、生殖に関与しないカップルのあり方である。

つまり、出産・育児（にたどり着く恋愛）という、「母」の領域にふれる問題は、日本人のさまざまな感情を強く刺激する一方で、その領域外にいかなる創造的な人間の生がありうるのか、という点になるとあまり議論が熱を帯びない。もちろん、女性の権利を拡張する動きは日本でも活発だが、それは、いかに女性が仕事と家庭を両立させるか、という方向に向かい、そのどちらか一方のみを選択する人生は、基本的に奨励されない。両立といえば一見理想的に見えはするし、その実現に必要な男性側の意識改革を求めることには大きな意味もある。けれど、両立を唱えるかぎり、「女性は母親になって初めて一人前であるという『母性』のレッテルが、女性の全生涯に貼りつけられる」という古典的状況は打開されない[3]。仕事と家庭と言うときの家庭とは、子供の存在が暗黙の前提となってくるので、リンダのごとく、母とならない妻の生き方や、育児年齢を過ぎた女性のアイデンティティをめぐる問題は、日本的な関心の領域から取り残されていく。フランスでは、「女性」というと四〇代を連想するらしいが、日本の女性は、二〇代を過ぎるともう「年齢化粧品」ドモホルンリンクルのお試しセットをすすめられ、あたかも結婚・出産「適齢期」を頂点に、人生が下り坂になるかのようなイメージづけが行われている。【二〇二〇年代の今、「アンチエイジング」の名のもとに、加齢対策はより肯

定的・日常的ニュアンスを帯びているが、その対象年齢は二〇代後半にまで下がったとも言える。】

実際、日本において、「出産しない女性」というのは、よほどのキャリアウーマンか学者か芸能人にでもならない限り、直接間接に社会的偏見の被害者となる。母とならない女性は、「同性愛者」や「在日韓国人」とは違い、政治的カテゴリーとしてなかなか正当に問題化されないだけに、なおさら孤独な闘いを強いられる。とりわけ少子化の進む時代には、（強兵とは言わないにせよ）富国を目指す国家から、人口増加を目論むさまざまな圧力のかかることは言うまでもない。ちなみに筆者のとある（男性の）同僚は、年賀状に子供や家族の写真を印刷する日本の習慣が、一種のセクハラにあたると憤慨している。なるほど、そのような習慣は、世界広しといえども、おそらく日本にしか存在しないだろう。（クリスマスと）正月という「制度」は、日本人の（恋愛と）家族をめぐる無意識にとって、絶大な強迫となっていることは間違いない。一二月二四日と一月一日が暦から消え去ったなら、日本社会は劇的に変化するだろう。【今日、クリスマスは（若者の貧困化により）特別な贅沢をするイベントではなくなり、年賀状は（SNSの発達により）衰退しつつある。ある意味、変化は起き始めている。】

こうした母性問題に関しては、むしろ、大正時代の与謝野晶子こそが時代を先駆けていた。彼女がいみじくも主張する通り、「もし女子が母とならないために『女らしさ』

を失うというなら、男子も父とならないため『男らしさ』を失うといわねばならない」はずだが、この点、男女の状況は今なお非対称である。「先天的もしくは後天的のいろいろの事情に由って、結婚をせず、結婚をしても子供を生まない男女」が、人間的な権利と生産性を持つことに晶子は意識的だった。[4] 一方、七〇年代のリブ運動も、イデオロギーないしは制度と共犯する母性からの解放を目指し、「支配と抑圧の道具となった〈母〉を殺そうとした」はずだった。[5] けれども、「日本のリブは、『母性』に対して自覚的に両義的」であって、「『母性の拒否』に揺れた西欧の一部のフェミニズム」と比して言えば、「『母性』を一度も手放したことがない」とみなす上野千鶴子の総括はおそらく正しいだろう。[6] いまひとりの女性学研究者・池田祥子が言うように、「愛と性は結婚という社会制度を通して、家族の中での子産み・子育てと連動的に接合されてしまう」。[7]

このような結婚／母性の制度化は、他のあらゆる社会問題に関してと同様、政策や法律よりも、身近な大衆文化こそがしばしば浸透的な支配力を持つ。歌謡曲の世界に目を向けると、伝統的な「産む性」*3 の幸福をマニフェスト的に歌った作品として、六〇年代、「ふたりだけの愛のしるし」の誕生を祝う梓みちよの「こんにちは赤ちゃん」（六三）のあったことがまず思い出されよう。もっとも、そのようにストレートなメッセージばかりが、文化的な影響力を行使するとは限らない。同様のメッセージは、より間接的・象徴的な信号として、我々の無意識に忍び込みもする。たとえば、七〇年代の代表的結婚歌、チェリッシュの「てんとう虫のサンバ」(七三)を考えてみよう。この歌において、新婚の二人に「くちづけせよとはやしたて」[*4]る虫達は、(夫婦の愛の交歓を経て生まれる)新しい生命に期待と圧力をかけている。「愛する二人」のために「鳥達」は「赤いリボンの花かご」をくれるのだが、この「鳥達」が、お祝いに赤ん坊のかごを用意するコウノトリであったとしても不思議はない(こういうメルヘン歌では、普通、「鳥」ではなく「小鳥」が出てきそうだが、ここでは「小」のつかない「鳥」になっていることに注意したい)。となれば、「サンバ」に合わせて「しゃしゃり出て」くる「てんとう虫」も、暗喩としての「産婆《サンバ》」ないしは(いささかお節介に)新婚夫婦の子供を待ち望む「家」社会の具現であるのかもしれない。歌の最後を締めくくる「まあるいまあるいお月さま」の描写が、月の周期で身ごもった妊婦のイメージをサブリミナルに補強してもいる。仮にそうだとすれば、音楽的にはどこが「サンバ」なのかわからない、あの曲の不自然なコンセプトも、深層心理的な必然性を帯びてくる。

かくして、結婚と出産がワンセットになった文化ならば当然のことながら、七〇年代歌謡曲は、結婚賛歌の流行と連動する母親賛歌の流行をみた。当時、「花嫁」の論理的帰結は「主婦」であり、かつ、「主婦」は「母親」と交換可能な概念だったのだ。たとえば、のこいのこの「パタパタママ」(七六)という歌がある。

六じ　あまど　パタパタ　うるさいな
七じ　おなべ　ケロケロ　だいどころ
八じ　パパのくつを　ピカピカ　くつみがき
九じ　おそうじ　スイスイ　ぼくじゃまさ
一〇じ　せんたく　ポイポイ　スイッチオン
一一じ　おふとん　ポカポカ　ふとんほし
一二じ　おけしょう　パタパタ　ママきれいだよ[*5]

これは、子供の目線から観察しているので「パタパタママ」になっているものの、仕事の内容的にはどう見ても「パタパタ主婦」である。さすが、日本の専業主婦率が頂点に達した七〇年代半ばの歌と言えよう。このママの夕刻の日課は以下のようになる。

五じ　おふろを　ピュクピュク　わかしすぎ
六じ　パパを　ウキウキ　おでむかえ
七じ　ゆうしょく　パクパク　ママよくたべる

ここで、「六じ」に早々と帰宅するパパは律儀だと思うが、はたしてふつう、五、六歳とおぼしき子供のいる主婦が、夫を「ウキウキ」と「おでむかえ」するものかどうか、アンケート調査でもしてみたい気はする。が、ともあれ、主婦／ママは忙しくも楽しい、という刷り込みを行うこの歌は、自らに依存する幼い子供の存在によってその存在価値が保証される女性のありさまを浮き彫りにする（といって別段、母が子に何かしてやっている気配はないのだが）。同様に「子供から慕われるママ」像を打ち出す歌としては、斉藤こず恵の「山口さんちのツトム君」（七六）がある。これは、「このごろ少し変」な元気のないツトム君が、「田舎へ行ってたママが帰ってきたら／たちまち元気になっちゃ」う話だが、ママがなぜ「田舎へ行ってた」のか、思わず聴き手に邪推させる分、円満とは限らない家庭生活のリアリティをほのめかし、その点についてはいくぶん攪乱的な歌だと言えるかもしれない。[*6]

　いずれにせよ、子供が幼いうちならば、育児という大義と生き甲斐に支えられ、明るい母親像も浮かび上がりやすい。しかしながら、七〇年代（に限らないが）歌謡文学において、年齢を重ねた母というのは、ほとんど例外なく、〈耐え忍ぶ母〉として描かれる。伝統的に、母であるということは、子供の結婚（そして出産）を見届けることで、次世代の母を育む責任を果たすことでもあるとみなされる。この母親業の再生産という文脈においては、母から娘への強力な連続性が浮上する。たとえば金田たつえの「花街の母」（七三）は、娘の「花嫁姿」を見るという「夢がある」から、あらゆる苦労を忍[*7]

ぶのだという。だがこれを逆に見れば、子育てが終わったら何を夢みるのか、という疑問が当然生じるだろう。そこを心配するのが、森昌子の「おかあさん」（七四）である。「やせたみたいねおかあさん／ふざけておぶって感じたの」という娘は、（戯れに母を背負いてその軽さにハッとする、という）啄木的哀感を呼び覚ましたうえで、「花嫁衣裳を着るそれまでは大丈夫なんて言わないで／長生きしてねいつまでも」[*8]と母の幸せを願う。が、娘の入籍を自らの生き甲斐にする女親が、「長生きして」何をすればよいのか、この歌は具体案を示さない。さらに、山口百恵の「秋桜《コスモス》」（七七）も、「明日嫁ぐ私に、苦労はしても、笑い話に時が変える」[*9]と微笑む母を歌い、反復される普遍的母子関係に光を当てる。けれど、その微笑みから一転し、「突然涙こぼし元気でと／何度も何度も繰り返す母」に対し、娘が言える唯一のやさしい言葉は、「もう少しあなたの子供でいさせてください」という、子育て期間の強引な延長でしかない。

アメリカの詩人でありフェミニスト批評家でもあるアドリエンヌ・リッチは、そもそも母性とは「一生を通じて女を定義づけるものではない」ことを説き、「ひとたび母親だった私たちは、そのままずっと母親でいないとしたら、何なのだろう」と問い、「私たちは取りもどす自分というものをもっていなくてはならない」と訴える。(8) 異性愛と母性愛を制度として批判的に見つめ直すリッチの思想は、日本の風土とどうにも折り合いが悪いようで、晶文社の英断にもかかわらず、彼女のエッセイの邦訳は売れ行きが伸びていないらしい。おそらく、リッチほど、日米間で評価と知名度に落差のあるフェミニストは他にいない。が、日本にも、詩作とフェミニズムの双方を実践し、審美学と政治学に等しく情熱を注いだ与謝野晶子がいることは大きな救いだろう。彼女は、自ら、多くの子供を産み育てながら、「私は母性ばかりで生きていない」と喝破する。

もし一刹那も子供から外に心を移さずにいて生涯をそれで貫徹することの出来る女があるなら知らぬこと、人間性は無限の欲求を生み、その欲求の一つ一つをそれが自分の成長に貢献するものである限り、尊重して忠実に履行するのが人間生活の自然であるとするなら、誰も一つの欲求に偏してはいられないはずである。(9)

だが、母を歌う日本の流行歌というのは、母性概念に関してすこぶる保守的であり、〈耐え忍ぶ母〉の美学に安住しがちであると言わざるをえない。【二〇一八年、内閣府と関わりがある絵本作家、のぶみの作詞した「あたしおかあさんだから」が、母親の自己犠牲を美化して物議を醸したことも想起されたい。】強いて抵抗の声を拾うなら、「人生が二度あれば」(七二)の井上陽水が、「子供を育て、家族のために年老いた母」の姿を見ていると、「人生が誰のためにあるのかわからない」[*10]と問題提起をしたものの、それもまた、苦難を引き受けて生きる母親像の逆説的な賛美へと回収されかねない。

■象徴としての母

母とは本来、もちろんあくまで一人の人間として、言わばその体温をもって、物理的に子供と接する女親のことである。が、母というのはしばしば、身体を離れた抽象概念として、ひとり歩きを始めもする。つまり、（伝統的には）安らぎなり、癒しなり、母と連想的に結びつく属性が、何か別の物や人へと象徴的に投影・転移されうるということである。この象徴化作用により、たとえ時間的・空間的な隔たりがあろうとも、いや、むしろ隔たりがあればこそ、記憶としての母、思想としての母、文化としての母は、良くも悪くも半永久的な生命を得る。

たとえば、芹洋子の「四季の歌」（七六）は、母と冬のイメージを結びつける。この歌は、「春を愛する」「心清き」「友だち」への言及に始まり、「夏を愛する」「心強き」「父親」ののち、「秋を愛する」「心深き」「恋人」が想起され、「冬を愛する」「心広き」「母親」[*11]がトリを飾る。ここでいう冬とは、厳しい辛苦と忍耐を強いる季節のことであり、しかしそれを受け止める母は、「根雪をとかす大地のよう」に寛容で暖かな存在だというわけである。いったんこのような連想が成立すると、人は、冬がめぐるたびに母を想い、いわば母は記号としての浮遊を許される。

あるいは、七〇年代にちょっとしたブームとなった子守唄というジャンルを考えてみてもよい。これは、生身の母に代わる〈歌〉としての母とも言うべきものだ。とりわけ異彩を放っていたのは、民謡を発掘／再利用する形で赤い鳥が一九七一年に広めた「竹田の子守唄」である。七四年には「みんなのうた」でも放送され、ますます人口に膾炙した。この子守唄は、少なくとも歌詞の内容に関するかぎり、子供を寝かしつけるべく、子供に語りかけるものではない。「守も嫌がる盆から先にゃ／雪もちらつくし子も泣くし」[*12]というこの歌は、子守という行為についてのメタ子守唄なのだ。そこに歌われるのは、耐え、忍び、守り、与える、「母性」の包容力であり、それは、あやされるような子供が理解できるレベルの話ではない。そもそも、歌謡曲としての子守唄は、子供のあやしよりも大人の癒しのためにある。高倉健の「望郷子守唄」（七二）などが好例となるが、「意見無用と世間をすねた／馬鹿な男の身にしみる／故郷《くに》のおっかさんの子守唄」[*13]は、大の大人こそが「母性」に憧れるという逆説を明らかにする。さらに、アリスの「ジョニーの子守唄」（七八）のごとく、文字通りの母とは無関係の子守唄もある。この歌の語り手は、「子供ができた今でさえ／あの頃は忘れない」[*14]と、青春時代を共にした「ジョニー」（はもちろん男）の唄に耳を傾ける。つまり、本来は自分こそ子守をすべき立場の父親が、青春の記憶という名の子守唄に癒されている。となると、ここにはもう、生物学的な意味での母は存在しない。同様に、中原理恵の「東京ららばい」（七八）も、「生まれ」など「もうとうに忘れた」[*15]のだから、母のぬくもりはすでに失われている。「ふれあう愛がない」都会の片隅では、「ないものねだりの子守歌」に身を委ねるほかはなく、言ってみれば東京という街そのものが母になる。

このように、母ではないものに母を見ることは、母性の本質主義を脱する上では必要かつ有意義な手続きともなるが、女性一般に母を見ること、あるいは母性が女性にあらかじめ「そなわっている」と考えることは、きわめて危険な思想的ステップとなる。そのギリギリの危うさで綱渡りをするのが、「母性本能」（七八）を歌うムードコーラスのサザンクロスである。近田春夫は、七〇年代当時、この歌にふれ、「聴いていてトリ肌が立つぐらい」「気持ち悪い」と評した。(10) これは褒め言葉である。というのも、同じ文章で近田は、クール・ファイブに「気持悪さが全然なくなっちゃった」ことを嘆いているからだ。もっとも、「母性本能」の気持ち悪さの秘密はおそらく、その怪しいタンゴのリズムによるイントロと、これでもか、と言わんばかりにビブラートを効かせたバックコーラスのファルセットにある。歌詞自体は、「男らしくない」「子供みたいな甘えん坊」に「母性本能」[*16]がさわぐ、という伝統的な女歌だが、その様式化された音楽的アレンジが異様さを漂わせている点、母性本能という概念のいかがわしさが、非言語のレベルで伝わってくる。

もちろん今日、フェミニズムの文脈でいえば、「母性」を「本能」とみなすような本質主義は大問題となるが、むしろ、そのような言葉を直接使うことなしに、母性的女性像を聴き手の無意識に植えつける敏いとうとハッピー&ブルーなどの方がはるかに有害性は高い。「体にじゅうぶん注意をするのよ」と相手を気づかって、「あなたは男でしょ／強く生きなきゃだめなの」とステレオタイプ的男性観を諭しながら、「あなたはちっとも悪くはないのよ／女の私がわがままでした」と（男が！）歌い、「あなたは私よりもっといい人見つけて[*17]」と、女性の使い捨てを正当化する「わたし祈ってます」（七四）などは、「七〇年代女性差別歌謡ベストテン」というものがあれば、（次章で取り上げる）水前寺清子の「大勝負」（七〇）あたりとトップを争うだろう（と言うとおそらく、殿さまキングスの「なみだの操」（七三）もあるだろう、という声が聞こえてきそうだが、あの歌が必ずしも性差別ソングの範疇に入らないであろうことは、本書の四章で詳述する）。ただし、女性差別歌謡「オールタイム」ベストテンがあれば、八〇年代の「聖母《マドンナ》たちのララバイ」（八二）にぜひ一票を投じたいと個人的には思う。女性である岩崎宏美に真面目な顔であの歌を歌わせるのは、やはり、どう考えても、ひどい。

　妻や恋人にも「母」であることを期待して、一方的な甘えを通すのがいわゆるマザコン男だとすれば、荒井由実の「ルージュの伝言」（七五）も、「わたし祈ってます」と同じく立派なマザコン・ソングである。

あの人のママに会うために　今ひとり列車にのったの

たそがれせまる街並みや車のながれ　横目で追いこして
あの人はもう気付くころよ　バスルームにルージュの伝言
浮気な恋を早くあきらめないかぎり　家《うち》にはかえらない
不安な気持ちをのこしたまま　街はDing Dong遠ざかってゆくわ
明日の朝ママから電話で　しかってもらうわマイ・ダーリン[*18]

この歌は、よく考えてみると、変である。まず、夫婦（相手の母親を巻き込むのだから、単なる恋人同士ではなかろう）に問題が生じて、妻が自分の実家に帰るならまだしも、義理の母の家へ転がり込むというシチュエーションは何とも牧歌的だ。さらに、バックコーラスにダイアモンズの「リトル・ダーリン」を借用するあからさまにアメリカンなアレンジは、鐘の音を表すDing Dongという唐突な英語の歌詞（は「どんどん」と掛けているのか？）とあいまって、日本的に湿った「家」社会と母子関係を皮肉な対照としてあぶり出す。というのも、非現実の歌が「マイ・ダーリン」とハッピーエンドをカラリと示せば示すほど、日本の現実は違うだろう（！）という聴き手の思いを刺激することになるからだ。しかしながら、「ママから電話でしかってもらう」のが一番効果的らしい男というのは、ある意味リアルではあり、日本的な母性の神話を照らし出すキャラクターであると言える。

少なくとも歌謡曲に歌われる世界にあっては、（先に見た「花街の母」や「おかあさん」が典型的に示す通り）娘は生身の人間である母と直に接している場合が多いのに対し、息子はしばしば時間と空間を隔てつつ、概念的ないしは神話的に母を偶像化・象徴化する傾向が見られる。さだまさしの作詞作曲で山口百恵に提供された「秋桜《コスモス》」が、今現在一緒に暮らしている母と娘を描く一方、同じさだまさしが息子の視点から歌うグレープの「無縁坂」（七五）は、「母がまだ若い頃」[*19]の遠い追憶から話を始める。このような言ってみれば原風景としての母は、「ママ〜、ドゥーユーリメンバー」[*20]という歌い出しが印象的なジョー山中の「人間の証明のテーマ」（七七）にも刻印されている。これは、「母さん、僕のあの帽子、どうしたでしょうね」という西条八十の詩句を引いて有名になった角川映画の主題歌である。つまり、とりわけ男にとって、母とは、回帰すべき起源であり、自らの存在証明の鍵になるものとみなされやすい。

もちろん、起源へと回帰するためには、まずその起源が自分の近くにあっては話が始まらない。かくして、距離を隔てた母と息子、という構図がとりわけ当時のテレビドラマの定番となっていた。たとえば、（テンプターズ時代の「おかあさん」（六八）を想起させずにおかない）萩原健一の主演により、『前略おふくろ様』（七五）が視聴者の人気を博す。この場合、母は山形、息子は東京の距離だったが、これが名作アニメの『母をたずねて三千里』（七六）になると、海を隔ててアルゼンチンとイタリアという距離になる。母を探す旅の物語、といえば、それ以前にも、『みなしごハッチ』（七〇）がアニメとしての先鞭をつけていた。これは、「泣くながまんだ男は強い／やがて会えるぞ母さんに」[*21]という主題歌の一節が、そのテーマを端的に要約する。また、みなし子といえば、『ハッチ』と同時期の『タイガーマスク』（六九～七一年放映）の主人公も忘れがたい。ことに、彼の不幸な生い立ちを歌ったエンディング・テーマの「みなし児のバラード」は、暗さが官能に変わるほどの衝撃があり、一度聴いたら耳を離れない名曲であった。

あたたかい　人のなさけも　胸をうつ　あつい涙も
知らないで　そだったぼくは　みなしごさ
強ければ　それでいいんだ　力さえ　あればいいんだ
ひねくれて　星をにらんだ　ぼくなのさ[*22]

ここには、「ひねくれて」も「星」を見つめるロマンティシズムがあり、『巨人の星』（六八～七一年放映）の場合と同様に、超越的な探究に挑む主人公は、もはや手の届かぬ「星」となった不在の母への見果てぬ夢を見ているのかもしれない。おそらく、この「みなし児のバラード」がなければ、その後、「星めぐり」（七五）など、捨て子のアイデンティティを売りにした豊川誕の作品群もありえなかっただろう。

言葉を換えるなら、七〇年代は、「遠きにありて想うもの」としての母親像が文化的に広く流通した時代なのである。曲調は一転して明るいが、千昌夫の「北国の春」（七七）においても、「季節が都会ではわからないだろと／届いたおふくろの小さな包み」[*23]こそが、何より望郷の想いを掻き立てる。もっとも、そこで「あの故郷に帰ろかな」と言う語り手は、「帰るぞ」という決意にまでは至っておらず、現実としての母よりも郷愁としての母を、遠くから慕うこと自体が甘美な体験となる。こうした母親回帰の流れのなかで、七〇年代の末には、「俺を育てた」[*24]故郷の父に思いを馳せる村木賢吉の父性復権ソング、「おやじの海」（七九）が例外的に健闘した。けれど、総じて見れば、郷愁の歌というのが圧倒的に懐かしき母を想う歌になるという事実は否み難い。なるほど、杉田二郎の「ANAK（息子）」（七八）などは、父の立場から、「悪の道」に迷いこんでしまった息子に呼び掛けており、「お前が生まれたとき／父さん母さんたちは／どんなに喜んだことだろう」[*25]と、家族の原点を懐かしく呼び覚ましている。が、その最終的な殺し文句は、「息子よお前に何があったのだろうか／母さんはただ泣いている」というものであり、郷愁の戦略においてはやはり母の力こそが最も有効なのだ。

このような「故郷としての母」に明確な定義を与えたのが、海援隊の「母に捧げるバラード」（七三）である。

お母さん、今ぼくは思っています。
僕に故郷なんかなくなってしまったんじゃないかと。
そしてひとつ残っている故郷があるとすれば、
お母さんそれはあなた自身です。
あなたは何から何まで故郷そのものです。[*26]

七〇年代の時点で成人している男が「故郷」と同一視する「お母さん」とは、高度成長期を「血と汗と涙で」生き抜いた母である。そんな母であれば、息子に「死ぬ気で働いてみろ」と厳しく諭すのもとりあえず不思議はない。が、この母は、歌の中でもう一度、息子の「死」を口にする。「働いて、働いて、働きぬいて、遊びたいとか、休みたいとか、そんなことお前いっぺんでも思うてみろ。そんときゃテツヤ、死ね。それが、それが人間ぞ。それが男ぞ。」ここで、もちろん戦争を体験している母親が、息子に「男」として「死ね」と言うレトリックは、単なるレトリックとして片付けるわけにはいかない。彼女は、「故郷」からいったん出ていく息子に対し、「輝く日本の星となって帰ってこい」という、愛国的な励ましの言葉を贈る。つまり、テツヤが顧みる原風景の中で、故郷としての母は、故国としての母へと無理なく横すべりする。

■母性と天皇制

思えば、戦中戦後、塩まさるの「九段の母」（三九）にせよ、「やさしかった兄さんが」「桜の下でさぞかし待つだろ」という島倉千代子の「東京だョおっ母さん」（五七）[*27]にせよ、日本の母の大衆歌謡的表象は、しばしば靖国のイメージを伴っていた。フェミニズム批評の領域でも、母性と天皇制の共犯関係については、加納実紀代などがすでに議論を重ねている。すなわち、「自己犠牲と無限抱擁」を体現する母の美学というのは、「戦争の中で消耗する『人的資源』増強のために、女により多く子どもを産ませ、しかも身を削って産み育てた子を『天皇陛下の御為に』死なせる」ことを正当化した。加えて、戦時中、「天皇の『大御心』は『一視同仁』、国民すべてを『赤子』として慈しみ給う――といった母性的天皇賛歌が大々的に流布された」ため、一種母権的な国家がそれ自体、ひとつの仮想家族として機能することになった(11)。

このような過去の背景をふまえながら七〇年代歌謡曲を考えるとき、そこには、花の政治学とでも呼ぶべきイメージ戦略が見えてくる。というのは、かつての歌のように直接戦争の主題にはふれぬまま、しかし、桜と母とを連想的に結びつけることで、（散る花に耐え忍ぶ女親という）軍国の記憶を誘う甘美なる哀感に訴える方法である。一例をあげるなら、あがた森魚の「赤色エレジー」（七二）は、そのあからさまな懐古趣味が、和風のセンチメンタリズムを戦略的に引き出している。ことに、「昭和余年は春も宵／

桜吹雪けば情も舞う」という、散り行く桜の情景描写に加え、「さみしかったわどうしたの／お母さまの夢みたね」[*28]という、貧しい同棲生活者のつぶやきを配するセンスに着目したい。そういえば、先述の「花街の母」においても、語り手が自分は「盛り」を過ぎた「姥桜」[*7]であるという台詞が入っていた。

また、母を想う山口百恵の「秋桜《コスモス》」に、あえて「秋」の「桜」と書く漢字をあてたさだまさしの意匠も見過ごせない。つまり、この花は、桜の生々しい日本性を薄めつつも、桜の連想をほのかに消し残す花なのだ。いくぶん脱線になるが、「反戦児童文学」の名作とされる今西祐行の「一つの花」もまた、コスモスの物語であった。戦争に散った父親の存在を（喚起すると同時に）隠蔽するコスモスは、作品の最後で、「小さなお母さんになって、お昼を作る」娘をやさしく包み込んでいる。[12]

ちなみに、さだまさし（グレープ）といえば、「精霊流し」（七四）で長崎の原爆を想起させる主題を歌い、そこでは、「わずかの間に年老いて寂しそう」な「母さん」[*29]もしっかり登場させていた。八〇年代初頭、『なんとなく、クリスタル』（八一）の中で田中康夫は、さだまさしについて、「こういう、キリギリスみたいな人が、戦争でも始まると、率先して戦争讃歌を歌う人になるのです」（注番号三〇三）とコメントしたが、少なくとも確かなのは、さだまさしが、戦争の記憶に連動する母の「美学」に魅せられていることであり、それは、あのヒット曲から二七年の時を経て彼の上梓した小説『精霊流し』（二〇〇一）にも見てとれる。「桜の花びら」が舞い散る春の光景のうちに幕を閉じるこの長篇小説は、「おかあさん　大好き」と書かれた手紙の一文をもって結ばれている。(13)

それにしても、女性学の分野ではすでに指摘されている通り、

われわれの社会には、「戦争を支えた母性幻想」という視点は、なかなか生まれにくい。なぜなら無垢、無欲、純粋な母性幻想は、そこにひれ伏すものの罪を「なかったこと」にしてしまう心地よい幻想であり、ここに浸っているかぎり、加害者意識は生まれようがないからである。それゆえ、差別に対する罪の意識もまた、このすべてを無化する母性幻想によって隠蔽されてしまうのである。(14)

その点、母性の偏重に異議を唱えた与謝野晶子が、それと同時に、「君死にたまふことなかれ」を書き、「すめらみことは、戦ひに／おほみづからは出でまさね」という、果敢な言葉を発したのは実に筋が通っている。そうした事情を念頭に置くならば、たとえ現代日本に女性天皇が誕生したとしても、それがフェミニズム的な「進歩」になるのかどうかは甚だ疑問である。女性が内閣総理大臣を務めえない国で、象徴としての母を敬うのは危険ですらあるからだ。母性崇拝は、保守的な国家の権力者にとって、むしろ

好都合な思想なのである。

おふくろさんよ　おふくろさん
花を見つめりゃ　花にある
花のいのちは　短いが
花のこころの　潔さ
強く生きよと　教えてくれた
あなたの　あなたの真実
忘れはしない[*30]

ここで、「花のいのちは短いが／花のこころの潔さ」と歌う森進一の「おふくろさん」（七一）には、「咲いた花なら散るのは覚悟」という軍国のレトリックが谺《こだま》する。「あなたの真実」が、少なからぬ嘘をも含んでいることを、我々は忘れることができない。同じ「おふくろさん」は、「世の中の傘になれ」とも息子に教えるが、それは、大東亜共栄圏の「傘」下に紡がれた歴史とも響きあう教えだろう。「おふくろさん」とほぼ同じ頃、鶴田浩二が「同期の桜」（七〇）をリバイバルさせ、さらには数年後、二葉百合子が東宝映画『岸壁の母』（七六）に出演したのも単なる偶然ではありえない。戦後一世代を経て、七〇年代に回帰する愛国の残り火を、次章でさらに掘り下げて探ってみることとしよう。

〈注〉

（1）『Ｏｒｉｃｏｎ No.１ Ｈｉｔｓ ５００――１９６８～１９８５上』（クラブハウス、一九九八年）六六頁。
（2）山本リンダ「結婚！幸せすぎてこまっちゃう。」『潮』（二〇〇一年七月号）二五四頁。
（3）池田祥子『「女」「母」それぞれの神話――子産み・子育て・家族の場から』（明石書店、一九九〇年）六八頁。
（4）鹿野政直・香内信子編『与謝野晶子評論集』（岩波文庫、一九八五年）三四二―四三頁。
（5）加納実紀代編『母性ファシズム・母なる自然の誘惑』（学陽書房、一九九五年）三四頁。
（6）井上輝子、上野千鶴子、江原由美子編『リブとフェミニズム』（岩波書店、一九九四年）六頁。
（7）池田祥子、一四二頁。
（8）アドリエンヌ・リッチ『女から生まれる』高橋茅香子訳（晶文社、一九九〇年）五一頁。
（9）『与謝野晶子評論集』一四一―四二頁。
（10）近田春夫『定本　気分は歌謡曲』（文藝春秋、一九九八年）九八頁。
（11）加納実紀代『天皇制とジェンダー』（インパクト出版会、二〇〇二年）一二七頁。
（12）今西祐行「一つの花」『新訂　新しい国語　四下』（東京書籍、二〇〇〇年）一六頁。なおこの作品は、長年、小学四年生の国語教科書に不動の地位を確保している。

(13) さだまさし『精霊流し』(幻冬舎、二〇〇一年)三九七、三九八頁。

(14) 浅井美智子「〈近代家族幻想〉からの解放をめざして」『フェミニズム論争——七〇年代から九〇年代へ』江原由美子編(勁草書房、一九九〇年)一一三—一一四頁。

3　戦争を知らない男たち――愛国のメモリー

■愛と死の誘惑

いつの時代にも死は生の一部としてあるし、人間はさまざまな理由によって自らの命を絶つ。けれども、おそらく、二〇世紀日本の歴史上、最も衝撃的な自決のドラマは、一九七〇年、東京・新宿区の自衛隊総監部で起こった。三島由紀夫である。このドラマによって幕をあけた七〇年代が、その時代的な生死観の襞《ひだ》を、流行歌に刻んだとしても不思議はない。もちろん、三島の割腹そのものが歌謡曲の主題を変えた、と言うつもりはない。が、三島を死へと駆り立てた何かが、当時の文化的・政治的な空気として時代を包んでいたということである。実のところ、当時の歌謡曲には、現代のJ－POPでは考えられないほど、自殺のモチーフないしは死の主題一般を扱う作品があふれていた。(1)

端的にわかりやすい例としては、「このまま死んでしまいたい」*1という渚ゆう子の「京都の恋」（七〇）があるし、「死～な～せ～て～～いま～」*2と熱唱する真木ひでとの「夢よもういちど」（七五）なども思い浮かぶ。後者は、ポール・アンカの「ユ～・ア

～・マ～イ・デ～～スティニ～[*3]」とまったく同じ旋律で、君こそわが運命、という決死のニュアンスを伝えるものだ。もう少し何気なく、日常のうちにふっと死を見据えるのは、「あなた死んでもいいですか[*4]」と、（冷静に考えると）シュールな質問をする都はるみの「北の宿から」（七五）である。また、荒井由実の「翳りゆく部屋」（七六）は、「輝きは戻らない／私がいま死んでも[*5]」という斜陽のペシミズムを歌っているし、同様に「人生の」「夕暮れ」を語るアリスの「帰らざる日々」（七六）になると、「酒びたりの日も今日限り／私はひとりで死んでゆく[*6]」と、一両日中に自殺を決行しようという勢いである。アリス（というか谷村新司）のこのテーマは、「涙の誓い」（七八）における「もう二度と消えない手首の傷あと[*7]」へとつながっていくが、それをいえば、「手首の傷は消えないけれど[*8]」と、過去の痛みを引き受けるシグナルの「20歳のめぐり逢い」（七五）も無視しがたい[(2)]。

　このような死をめぐる歌を考える際に強調されるべきは、それが、単なる苦悩や絶望の表現をこえて、美的な恍惚感をも呼び覚ますという点である。「愛と死をみつめて」涙することはすでに六〇年代半ば、書籍化・映画化・レコード化された「まこ」と「みこ」の物語によって社会現象となっていたのだが、同様の衝動はたとえば、にしきのあきらの「もう恋なのか」（七〇）を特徴づけてもいる。

死ぬということ知りたくて
月の光に照らされた
冷たい線路を見つめていたら
いつか涙がこぼれてた[*9]

このセンチメンタリズムは、精神分析学でいう死の欲望（＝タナトス）と結ばれている。フロイト流に言えば、人間は、原初的な無や死の状態に回帰したいという願望を持っていて、それは、性／愛（＝エロス）に向かうベクトルといつのまにか混じりあう。「二人に死が訪れて星になる日」[*10]を想う松崎しげるの「愛のメモリー」（七七）にしても、自ら命を絶とうとはしないにせよ、愛と死が不可分につながれる可能性を、超越的な美学のうちに訴えている。

言うまでもなく、ここでいう愛とは、特定の他者に向けられる個人的な感情だが、それとならび、自らの祖国に向けられる愛というのも、死と特に結びつきやすい。別の言い方をするなら、死を美に変えるのは、愛か戦争のどちらかである。この二つは、対極のようで実は大変まぎらわしいために、戦時中の日本では混乱を避けるべく、（家族愛以外の）個人的な愛がタブーとされたのである。そのとばっちりを受けたことで有名なのが、灰田勝彦の「燦めく星座」（四〇）であった。国家の明暗を分ける戦いのさなか、

「男純情の愛の星の色」[*11]とは、軟弱極まりないと軍部がクレームをつけたのである。その結果、当時のビクターは、「愛の星の色」を「清い星の色」に変えた改訂版を出したらしい。この騒動で軍部がもう一カ所難癖をつけたのが、「思い込んだら命がけ」というフレーズであった。つまり、「愛に命をかけるなどはもってのほか」であり、「命は上御一人に捧げるものだ」という論理である。晩年の太宰治がこのフレーズをよく口ずさんだという逸話もあり、歌謡曲の言語的影響力はあなどれない。個人的事情に命をかけられては困る、という軍部の懸念もあながち的外れではないだろう。[3]それより、何とも的外れなのは、現代の去勢された軍部とも言うべき高野連が、二〇世紀末、宇多田ヒカルの「First Love」を入場行進曲に決める直前、その歌詞に「タバコ」が出てくるのは高校生にふさわしくない、と難癖をつけたことである。なるほどタバコという言葉は出てくるが、おそらくは年上の恋人が喫煙者で、「ニガくてせつない香り」[*12]のキスをしたというだけであり、別に高校生がタバコを吸うという歌詞ではない。そもそも、楽器演奏のみの行進曲で歌詞に難癖をつける執念もすごいが、それにつけても、集団的スポーツ刈りを強制し、選手宣誓では誰もが雄叫びをあげ、戦没者に黙禱する高校野球とは、実に政治的なイベントである。

　話を戻すと、こうした検閲の歴史をふまえるとき、七〇年代歌謡曲に、「命がけ恋愛歌」の多いことがどうも気になってくる。それは、戦後三〇年近くを経て、堂々と恋や愛に命をかけると宣言できる平和な時代が訪れたことを示すのであろうか。とりあえず、一九七〇年前後にヒットした歌は、「命がけ」のオンパレードであった。クール・ファイブは、「長崎は今日も雨だった」（六九）で「命も恋も捨てたのに」[*13]と乱れる思いを語った翌年、「死ぬも生きるもあなたひとりと／恋にかけたい命ひとすじ」[*14]という「愛の旅路を」（七〇）を歌った。同じ頃、前川清と愛の旅路を共にする運命をになった藤圭子は、そのタイトルがすべてを物語る「命預けます」（七〇）に加え、「女のブルース」（七〇）では、「あなたひとりにこの命／あなたひとりに捧げたい」[*15]と言い切った（この愛の旅路がもし途切れなければ、今、宇多田ヒカルはこの世に存在していなかった）。その他にも、同種の歌は枚挙に暇がない。「恋は心も命もしぼり／死んで行くのよ蝶々のままで」と、「はかない命」を「恋のため散らせる」[*16]という美学を歌った森山加代子の「白い蝶のサンバ」（七〇）。「恋は命と同じ」[*17]ときっぱり断ずる森山良子の「禁じられた恋」（六九）。「命をかけて愛することが／遅すぎたのね」[*18]と後悔するちあきなおみの「別れたあとで」（七〇）。そして、「愛した人のためならば」「命かけても惜しくない」[*19]といういしだあゆみの「砂漠のような東京で」（七一）。さらには、「燦めく星座」の検閲フレーズを繰り返すかのごとく、「思い込んだら」「いのちがけよ」[*20]という美川憲一の「さそり座の女」（七二）があったことも無視できないだろう。

しかしここで、上に挙げた「命がけ」の歌は、みな女性の視点から歌われていることに注意したい。クール・ファイブは男性グループだが、その歌はあくまで女歌である。美川憲一の場合もそうだ。また、はしだのりひことクライマックスが「命かけて燃えた恋が結ばれる」[*21]と切ない男性ボーカルを響かせても、それはあくまで「花嫁」の心理描写であった。したがって、そのような歌からは、直接、国家や天皇のために命をかけて戦場へと向かう男たちの姿は連想されにくい。実際のところ、男が男の「命がけ」を歌う七〇年代歌謡曲は、ありそうに見えて意外にも大変少ないのである。例外的にそれをトレードマークにして人気を呼んだのが、アイドル時代初期の西城秀樹だった。もっとも、「君が望むなら命をあげてもいい」[*22]という「情熱の嵐」（七三）や、「命も心もこの愛も捧げる」[*23]という「傷だらけのローラ」（七四）は、派手なジェスチャーを含む芝居がかりスレスレの演出によって、これはひとつのエンターテインメントであり、誇張された演技なのだ、と聴き手も余裕を持って楽しむことができた。逆に言うと、男性歌手が「真面目に」命がけの男心を歌うことに対しては、少なくとも当時、無言の抑圧がかかっていたように思われる。それは、平和を願う声が支配的な世界において、不穏当な連想につながるメッセージの発信を禁止する（無）意識が働いた結果かもしれない。あるいは、男が愛に命をかけるなど「軟弱」だ、という文化的通念が残存していたせいかもしれない。ともあれ、そんな中、あえて反動的なメッセージを発したのは、男心を代弁する女性歌手・水前寺清子の「大勝負」（七〇）であった。

一つ男は勝たねばならぬ
二つ男は惚れなきゃならぬ
三つ男は泣いてはならぬ
前向け　右向け　左向け
男は三つで勝負をかける[*24]

ここにあるのは、勝者の論理を信奉する戦いのレトリックであり、情熱を特権化するロマンティック・イデオロギーであり、「女々しい」涙を禁止する父権的プレッシャーである。つまり、前・右・左を見よという交通標語のようなこの歌も、政治的には明らかに「右向け」と教えている。続く二番の歌詞は、一番の歌詞内容を男女関係の側面から補強する。

一つ女は守らにゃならぬ
二つ女はだましちゃならぬ
三つ女に溺れちゃならぬ
なみ足　はや足　しのび足

男は三つで　女と生きる

この二番は、最初の二行に「女は」とあり、あたかも「女」を主語にして男性と対等な女性の人生を歌うかに見えて、実際の主語はしっかり「男」になっている。つまり、男は、弱い女を「守らにゃならぬ」し、従順な女を「だましちゃならぬ」し、危険な誘惑としてある女に「溺れちゃならぬ」と諭しているのである。男は、「女と生きる」と言いながら、主体としての女がどう生きるべきなのかについては何も語っていない。さらに、三番の歌詞は、（憲法で保障されたはずの）生命に対する国民の基本的人権を再定義する。

一つ命は大事に使え
二つ命はいつでも捨てろ
三つ命は男を決める
はや道　おそ道　まわり道
男は三つで　天下をつかむ

最後の「天下をつかむ」というレトリックは、近過去としての世界大戦をすり抜けて、大過去としての戦国時代をイメージさせる歴史化の戦略だが、国家政治の文脈において「命はいつでも捨てろ」と命じる一行は、いやがうえにも二〇世紀の戦争を押し進めた神の国の教えを呼び覚ます。水前寺清子も、星野哲郎の作詞によるヒット曲を歌っているる六〇年代のうちは、というのはつまり、「ボロは着てても心の錦／どんな花よりきれいだぜ」[*25]（六六）や、明るく前向きな「三百六十五歩のマーチ」（六八）あたりまではよかった。が、男歌の歌い手として名声を得た彼女が、本物の男には歌い得ない愛国の言葉を与えられ、回帰する抑圧のはけ口として「利用」されることになったのは、七〇年代の宿命であったのかもしれない。

■日章旗の残像

「作詞やっている以上はいつかは自分の生まれた国に対するラブレターっていうのは書かなきゃいかんだろうなとは思ってる」と言う阿久悠は、しかし、「国旗出すのにすごい抵抗があるっていうか……桜の花すら耐えられない」と逡巡する。[4] 同様のためらいは、およそ戦後の教育を受けた日本人であれば多かれ少なかれ共有する感情であろう。問題はつまり、国粋主義に陥らない愛国心のあり方ということであり、これはとりもなおさず、七〇年代文化の大きなポイントであった。「ディスカバー・ジャパン」とは、一九七〇年に始まった国鉄のイメージ・キャンペーンであったが、このキャッチフレーズは、

「日本発見」とかではなく、カタカナの英語であったところがミソだ。大阪万博と札幌オリンピックで勢いよくすべり出した七〇年代、日本は、世界の中における自国の意味を再定義しようと試みていた。

日本への愛とは、もちろん、その歴史や伝統の上に立脚するものであり、けれども、日の丸のごとくあからさまに政治的なイメージを打ち出すと、国際的には否定されざるを得ない歴史や伝統を喚起してしまう。したがって、過去と連続しながら同時に決別しなければならない、という矛盾の中で、岡本太郎は、万博のシンボルとして「太陽の塔」を製作した。これは、言ってみれば、日の丸と連続しながら決別したシンボルである。というのも、太陽とは、日本の伝統文化（ともちろんその国名）に根ざした崇拝の対象でありながら、一方で、時間と空間をこえて地球を照らす普遍的な希望の象徴でもあるからだ。四角い旗の中心を染める赤い丸ではなく、ダイナミックに屹立する白い塔を縦に走る赤い流線は、新しく蘇る健全な日本のエネルギーを世界にアピールした。岡本太郎は、戦場ではなく、芸術に爆発を求めたのである。戦争の記憶を語り継ぐ灰谷健次郎が、七〇年代、小説『太陽の子』（七八）で好評を博したのも偶然ではない。

日本人は、自国の文化の中で、太陽の表象をごく当然のものとして受け入れているため、その過剰ぶりを改めて意識する機会は少ないし、それが他国の視点から見たときどのように映るのかということを忘れがちである。が、西洋世界にとって、日本とはライジング・サンの国であり、とりわけ二〇世紀以降、西洋人の目は、日出づる国のナショナリズムに敏感である。外国の目線から日本の戦後史を著したジョン・ダワーは、「あ、モンテンルパの夜は更けて」（五二）にふれ、流行歌が政治学と密接に連動することを指摘する。すなわち、戦後のフィリピンに囚われた日本人にとって、そして彼らの存在を思う本土の人間にとっても、モンテンルパの朝に「昇る心の太陽」というイメージが、「強く生きよう倒れまい／日本の土を踏むまでは」[*26]という歌詞とあいまって、「『昇る朝日』に託されたナショナリズムと郷愁」を呼び覚ます、というわけである[(5)]。こうした文脈に照らすなら、谷村新司の「陽はまた昇る」（七九）などは、かなり危ういイメージに依拠した歌となる。愛国的な政治性の表明に関して、「谷村君にしてもさだ君にしろね、ぼくらより平気みたいですね」という阿久悠のコメントは、まったくその通りだ[(6)]。そこに、「季節の中で」（七八）で「昇る朝日のまぶしさ」[*27]を歌う松山千春の名前を付け加えてもよかろう。前章では、母のイメージと連動する桜の表象にふれたが、それが明るい春のイメージというより、散りゆく花の哀しい情緒をにじませやすいのと同様、昇る朝日を描く歌というのは、ビリー・バンバンの「さよならをするために」（七二）などもそうなのだが、明るい曲調になるかと思いきや、妙に暗いメロディーでもって悲愴感を漂わせたりする。

『恋の花詞集』を書いた橋本治は、戦後の流行歌を論じるなかで、「のぼる眩しい朝日は『義務』の象徴で、黄昏ゆく夕日が『希望』の象徴だったという、そういう現実もあった」と述べているが、(7) なるほど、ジローズの「戦争を知らない子供たち」(七〇)は、その三番の歌詞において、希望としての明るい夕陽を描いている。

青空が好きで　花びらが好きで
いつでも笑顔の　すてきな人なら
誰でも一緒に　歩いてゆこうよ
きれいな夕陽の　かがやく小道を[*28]

ここでまず「花」ではなく「花びら」が歌われるということは、丸ごと一輪の花ではなく、その花片に独立した存在感のある植物をイメージすべきだろう。歌謡曲の伝統をふまえると、花びらそのものが印象的な植物といえば、地方によってはリンゴ(～の花びらが～♪)[*29]かアカシア(～の雨にうたれて～♪)[*30]もありうるけれど、全国的・普遍的にはやはり桜ということになるのだろう。この歌と同様、北山修の作詞した「あの素晴しい愛をもう一度」(七一)は、「命かけてと誓った日から」[*31]という歌い出しの「命がけ」ソングとも言えるのだが、興味深いことに、「戦争を知らない子供たち」を反復するかのごとく、ここでも、花と夕陽の組み合わせが日本的な郷愁を醸し出している。すなわち、「あのとき同じ花を見て美しいと言った二人」の心の通いあいを、そして、「あのときずっと夕焼けを追いかけていった二人」の失われた記憶を、再び取り戻すことができたなら、というのが北山的な美意識である。そういえば、やはり彼が詞を書いたベッツイ&クリスの「白い色は恋人の色」(六九)でも、「夕焼けの赤い色は想い出の色[*32]」というフレーズがあった。こうして、「桜」を「花」に、「昇る朝日」を「夕陽」に修正することで、愛国の情感をめぐる連続と決別の微妙なバランスが保たれたのである。

沈んでゆく〈安全な太陽〉が照らし出す夕焼けの光景は、実際、ほのぼのと明るい日本的抒情の定番として、七〇年代歌謡曲に根づいていた。天地真理の「ちいさな恋」(七二)は「赤い夕陽が今沈む[*33]」と一番を結んでいたし、国民的アイドルということでいえば、浅田美代子も、(あまり流行らなかったが)「しあわせの一番星」(七四)で「夕焼けこ焼け[*34]」の情緒に訴えた。純和風の趣きを打ち出すものとしては、「夕焼けの高瀬川[*35]」を歌う渚ゆう子の「京都慕情」(七〇)があり、「瀬戸は夕焼け／明日も晴れる[*36]」という小柳ルミ子の「瀬戸の花嫁」(七二)があった。また、アジアの暗い過去など微塵も感じさせないアグネス・チャンが、「いつのまにか夕焼けにあたりは染まる[*37]」と「草原の輝き」(七三)を歌ってもいた。

一方、朝日でも夕陽でもなく昼間の太陽が歌われるときには、その政治的な危うさにもさまざまな幅が生じてくる。単純に類別するならば、メジャーコードの健全な「年少」路線に対し、マイナーコードの危うい「燃焼」路線があるという構図だろう。前者は、明るく可愛らしい少年少女性を伴うものであり、ニコニコ笑っていそうな漫画的太陽のイメージである。郷ひろみのデビュー曲「男の子女の子」（七二）が「青空に陽が光る*[38]」と歌うように、「年少」路線の太陽はあくまで「光る」ものであり、「燃える」ものであってはならない。メルヘン風に「お陽様さん*[39]」をイメージする「結婚しようよ」（七二）や、「太陽みたい」な恋人に「いつでも微笑みを*[40]」投げ返す伊藤咲子の「ひまわり娘」（七四）などもこのカテゴリーに入るだろう。極めつけは、「降り注ぐ太陽」の「日曜」を「スバー、スバー、スバー、スバラシイ*[41]」と文法を超越して称える田中星児の「ビューティフル・サンデー」（七六）であろうか。日曜といえば、七〇年代後半以降、太川陽介がＮＨＫ「レッツゴーヤング」の常連であったのも、（深夜の放送終了時に日の丸の映像を流す）公共放送にふさわしく象徴的である。いささか遠回しながら、「お天道様」に由来する名前の虫を明るく擬人化した「てんとう虫のサンバ」（七三）も、太陽礼讃歌の一種に分類できるかもしれない。

しかしながら、太陽が人間の情熱と連想づけられるとき、歌謡曲は不思議にも短調のメロディーに転じ、一触即発の危険を秘めた「燃焼」の政治学へと踏み出していく。命がけソングである西城秀樹の「情熱の嵐」は、「太陽が燃えるように*[22]」愛し合おうと誘いかけているし、「涙の太陽」（七三）の安西マリアは、「ギラギラ太陽が燃えるように

／激しく火を吹いて恋する心」[*42]を、挑発的に（ミニスカート姿で）歌い上げる。その題名が石原慎太郎の『太陽の季節』（五五）を彷彿とさせる青い三角定規の「太陽がくれた季節」（七二）も、「燃やそうよ二度とない日々を」[*43]という、ずいぶん熱い歌である（これを主題歌にしたテレビドラマ『飛び出せ！青春』の舞台となる高校は、太陽学園と名づけられていた。ついでに、一九七二年から放映された『太陽にほえろ！』も忘れがたい）。あるいは、にしきのあきらの「空に太陽がある限り」（七一）が、「命の限り」「愛してる」[*44]と宣言するのも、すぐれて七〇年代的である。もっとも、それは、命をかけて、ではなく、「命の限り」なので、死を選んでまでは愛さない、という一応のブレーキがかかっている。が、さらに、究極の「燃焼」路線として、燃える太陽に死の情景を重ねるのが、平田隆夫とセルスターズの歌った「ハチのムサシは死んだのさ」（七二）である。この歌に描かれる「真っ赤に燃えてるお日様」[*45]は、ムサシという大和魂の代名詞とも響きあい、サブリミナルなレベルで日章旗の残像を映し出しているように思われる。

ハチのムサシは死んだのさ　畑の日だまり土の上
遠い山奥　麦の穂が　キラキラゆれてる午後でした
ハチのムサシは向こう見ず　真っ赤に燃えてるお日様に

試合をいどんで負けたのさ　焼かれて落ちて死んだのさ
ハチのムサシは死んだのさ　お日様仰いで死んだのさ
高い青空　麦畑　いつもと変わらぬ午後でした

この〈敗戦〉の詩は実に、いわば戦中・戦後歌謡のコラージュであり、さまざまな懐メロのイメージをちりばめている。まず、激烈な死の物語の背景として、「麦の穂」に「麦畑」と繰り返し強調される麦の描写は、「徐州、徐州と人馬は進む」[*46]という「麦と兵隊」（三八）の「麦畑」を思い出させる。また、「～のさ」という口語の語尾とは不調和に、ですます調で強調・反復される「～午後でした」というフレーズは、「春の午後でした」[*47]という平野愛子の「港が見える丘」（四七）の語りを連想させもするだろう。あの歌も、ある意味、散りゆく桜の花びらに寄せて、敗戦のもたらした喪失感を漂わせている。

敗戦と言えば、〈戦後〉の代名詞とも言うべき「リンゴの唄」（四六）のうちに「燃えるような赤い希望の色」を見る橋本治は、それが、果実に転移された太陽のイメージでもあることを直感しているに違いない。(8) だとすれば、ハチのムサシが仰いだ「高い青空」は、戦後の日本人がリンゴに唇を寄せながら「だまって見ている青い空」[*48]と連続していたのかもしれない。あるいは、「長崎の鐘」（四九）の冒頭に歌われる、「こよなく晴れた青空」[*49]とさえつながっていたのかもしれない。それは、日の丸に結びついてしまう赤い太陽のイメージを隠蔽しながら、しかし、空の青さによって太陽の存在をそっと示唆する間接の詩学であった。

つまり、ムサシにとっての「お日様」とは、抑圧された日章旗の記憶であり、赤く燃やすことを長年禁じられてきた愛国の念にほかならない。「向こう見ず」にもそれに対峙する者は、「焼かれて落ちて」しまうという、死と隣り合わせの熱情である。ムサシが蜂であることは、集団による滅私の労働という、軍国のシステムを想起させずにおかない設定だが、「ひとりぼっちで死んだ」ムサシには、もはや帰属すべき集団すらも見つからない。一九七〇年に放映された『みなしごハッチ』の主人公と同様、属する場所を持たない蜂ほど孤独なものはないだろう。かくして、戦争を知らない子供たちの時代には、太陽／日の丸に対する愛しさと反感が、区別しがたく共存していたのだ。戦後の日本人の戦争観をあとづける吉田裕によれば、七〇年代とは、「新旧の様々な戦争観」が拮抗する「過渡期」であったという。一九七五年は、多くの統計的数字におけるターニングポイントの年であることを一章で見たが、この年の終戦記念日の時点で、敗戦前に生まれた日本人の割合は五〇・六％、敗戦後生まれが四九・四％と、戦争体験をめぐってもちょうど世代の入れかわる過渡期が訪れていたのである。(9)

■「僕ら」のナショナリズム

話は六〇年代に遡るが、「赤い夕陽が校舎を染めて[*50]」という風景描写ではじまる舟木一夫の「高校三年生」(六三)というヒット曲があった。『失われた歌謡曲』を著した金子修介は、この歌に象徴されるジャンルを「学園青春歌謡」と呼び、「『若者は正しく育っている。戦後民主主義教育は間違っていなかった』と左翼は確認、右翼のほうは『若者は美しい。日本もまだまだ捨てたものではない』と確認」したのが普遍的ヒットの鍵であったと分析する。金子はさらに、クラス仲間の結束を誓うこの種の歌が、「実は軍歌に近いテイストを持っていた」ことを指摘する。つまり、「歌謡曲といえば、主に恋だの愛だのが中心事項で、それにともなう心の動きを具象・抽象で描く個人的世界だから、集団のことを歌うとなると、長い歌謡曲の歴史の中では、かなり例外的な事柄になってくる」との見方である[(10)]。

そこで以下に、この「学園青春歌謡」をいくぶん拡大解釈して、七〇年代へと引き継がれる「男性一人称複数歌謡」に注目してみたい。というと長々しいが、要は、学園に限らず、「僕ら」という代名詞をキーワードに、アメリカの批評家イヴ・セジウィックが言うところの「男同士の絆《ホモソーシャル》」を称える一連の歌が流行をみたということである[(11)]。ひとつの典型として、七〇年代前夜、五つの赤い風船が発信した「遠い世界に」(六九)を思い出すとわかりやすい。

遠い世界に旅に出ようか
それとも赤い風船に乗って
雲の上を歩いてみようか
太陽の光で虹を作った
お空の風をもらってかえって
暗い霧を吹きとばしたい[*51]

「お空」という子供言葉が示す通り、この歌は、ファンタジー童話風に「年少」路線の太陽を印象づけて始まる（ちなみに、五つの赤い風船という名のグループが「赤い風船に乗って」と歌うのは、すぐれて自己言及的である）。けれど、続く二番で再び言及される「太陽」は、「僕ら」に必ずしも希望を約束しない。

僕らの住んでるこの町にも
明るい太陽顔を見せても
心の中はいつも悲しい
力を合わせて生きる事さえ

いまではみんな忘れてしまった
だけど僕たち若者がいる

「僕ら」が「力を合わせて生きる事」のできた過去を呼び覚まし、シラケの世代に警鐘を鳴らすこの歌は、最後に、ストレートな愛国心を表明する。

雲にかくれた小さな星は
これが日本だ私の国だ
若い力を体に感じて
みんなで歩こう長い道だが
一つの道を力のかぎり
明日の世界を探しに行こう

赤い風船から雲の下に見下ろす「小さな星」とはもちろん地球だが、「小さな星の日本」ではなく、「小さな星は……日本だ」という強引な文法は、地球と日本をほとんど同一視する壮大なナショナリズムを暗示する。そういえば、この歌が発表された一九六九年、アポロが月面に着陸した。アメリカはそこに星条旗を立てたが、それに負けじとこの歌も、「みんなで」「一つ」という国民の団結を、天体規模で訴えている。

これほどあからさまな形ではないにせよ、「僕らの名前を覚えてほしい」という「戦争を知らない子供たち」も、「僕ら」の連帯感を強調し、「誰でもいっしょに歩いていこうよ」[*28]という団結の精神を忘れはしない。一見したところ新世代の左翼的反戦歌に見えるこの歌は、先に見た「花」や「太陽」のような愛国のエッセンスも盛り込まれ、必ずしも旧世代の右翼を落胆させるものにはなっていない。このような歌が広く愛されたのは、現実の日本人が連帯を実践していたというよりも、不在としての連帯に憧れていたと言うべきなのかもしれない。ここで興味深いのは、「戦争を知らない子供たち」の語り手が、同じ歌の中で「僕ら」と「私」という二つの一人称代名詞を使い分けていることである。

若すぎるからと　許されないなら
髪の毛が長いと　許されないなら
今の私に　残っているのは
涙をこらえて　歌うことだけさ

つまり、一個人としての語り手は、「髪の毛が長い」し「涙」がこぼれそうだし、伝統的価値観からすれば「女々しい」と呼ばれてしまう男性である。そんな語り手は、自らのプライベートな心境を語るとき、「私」という性別非限定の代名詞を用いている。が、自らの属する世代を代弁するにあたっては、「僕ら」という男性代名詞を繰り返す。このことは、集団の結束が「男性的」であるという事実を浮き彫りにし、「僕ら」という呼称がひとつのパブリックな仮面ないしは戦略的なジェスチャーとして機能している事情を明らかにするだろう。

　同様にして男性一人称複数形の絆を歌うのが、札幌オリンピックのテーマソング、トワ・エ・モワの「虹と雪のバラード」（七二）である。「あふれる旗」に彩られたナショナリズムの競演／饗宴を描くこの歌は、「僕らは書く／命のかぎり／いま太陽の真下に[*52]」と、「命」・「太陽」・「僕ら」という本章のキーワードを見事にそろえている。つまり、たとえトワ・エ・モワが男女のデュエットであろうとも、たとえ【「銀盤の妖精」と呼ばれてアイドル的な人気を博した】ジャネット・リンが華麗に札幌の氷上に舞おうとも、やはり歌の主語は男性代名詞の「僕ら」なのである——というと批判しているように響くかもしれないが、「虹と雪のバラード」は、（アレンジこそ素朴だが）詞もメロディーもハモリも秀逸である（と個人的には思う）ので、ああいう歌を聴くと、「僕ら」の連帯は美しい、という気分にさせられるのである。それに比べると、オリンピック開催の一九七二年にヒットした「太陽がくれた季節」は、「逃げてゆく白い鳩[*43]」

の描写などがいくぶん鼻につく（と個人的には思う）。が、「君も今日からは僕らの仲間」という若きスポーツマンの結束が、ホモソーシャルな「学園青春歌謡」の王道を行くものであることは間違いない。

こうした男性主導型の連帯歌をひとつの極限まで持っていったのが、ささきいさおが熱唱する「宇宙戦艦ヤマト」（七四）であろう。その勇ましいボーカルは、「地球を救う」ために「誰かがこれをやらねばならぬ／期待の人が俺たちならば」[*53]と、「僕ら」よりも男っぽく「俺たち」の心意気を歌い上げる。もちろん、後年、紅白を締めくくる指揮者となった国民的作曲家、宮川泰の編曲も雄々しく力強い。ブラスの響きが恍惚感を誘う。歌の元となる劇画は、「守るべき対象が〝地球〟だったことで、視聴者は安心して感情移入できた」ものの、その主題歌はまぎれもなく、「平和な世の中が生んだ新たな〝軍歌〟」であったといえる。[12]もっとも、戦士たちに、「必ずここへ帰ってくる」ことを宣言させ、カミカゼとの違いを明白にしたのは、作詞家阿久悠の良識であり、歌詞の内容に不条理や暴力性を感じさせる要素はない。それをいえば、上條恒彦の「だれかが風の中で」（七二）などの方が、一見爽やかながら、「血は流れ皮は裂ける／痛みは生きている印だ」[*54]と、もっと生々しい身体性を描写していた。ちなみにこちらは『木枯し紋次郎』の主題歌であったが、バックのアレンジはウェスタンで、西部劇にみられるガンマンの美学のようなものをいやがうえにも連想させる。とはいえ、「どこかで誰かがきっと待っていてくれる」というこの歌のメッセージはやはり、七〇年代日本的な連帯志向を共有する。

ともあれ、ヤマトは、映画化もされ、大ヒットとなった（関係ないとは思うが、クロネコヤマトが宅急便を始めたのも、一九七六年、ちょうど同じ頃だ）。このヤマトのヒットでひとつのタブーが破られたのか、七〇年代の終盤には、あからさまな戦いのイメージに訴える歌謡曲作品もいくつか作られた。角川映画『野性の証明』の主題歌であった町田義人の「戦士の休息」（七八）などがその例である。

ありがとう　ぬくもりを　ありがとう　愛を
代わりに　俺の命を　置いてゆけたなら
男は誰もみな　無口な兵士
笑って死ねる人生　それさえあればいい[*55]

ここでは、「愛」と「命」の交換可能性に加え、「男は誰もみな」という一般化のレトリックに注意したい。七〇年代初頭とは異なり、個人主義の浸透した当時、もはや「僕ら」の楽天的結束は歌われず、むしろ、その変形として、孤独の確認による連帯、という手続きが好まれたように思われる。「男は誰でも不幸なサムライ」[*56]という沢田研二の

「サムライ」（七八）もそうだが、男とはこうだ、とヒロイックに定義して納得しようとする、あるいは納得せざるをえない、都市化や資本主義化の状況が進展したのかもしれない。「運が悪けりゃ死ぬだけさ」という「男達のメロディー」（七九）にしても、「男だったら流れ弾のひとつやふたつ／胸にいつでもささってる」[*57]と、戦場としての日常を雄々しく受け入れようとする。作品としてはアメリカンに洗練されたこの歌は、作曲者に外国人を起用し、英語の歌詞に軽快なファルセットも織りまぜて、内容の深刻さを中和してはいる。が、歌っているSHŌGUNは、その名をあえてローマ字で「将軍」と綴っているあたり、屈折した大和魂を内包していることをうかがわせる。

もちろん、戦いとは、あくまで、愛を語るための背景であったり、生の激しさを表現するための比喩であったりするに過ぎない。誰も、あの素晴らしい戦争をもう一度、と言ったりすることはない。が、背景と前景、あるいは「喩えるもの」と「喩えられるもの」は、その布置関係をふとしたはずみに反転させもする。愛国の表象を考えてきた本章を締めくくる意味で、一九七〇年をはさみ、なぜか長崎を歌う作品が毎年次々と登場したことを思い出してみよう。青江三奈の「長崎ブルース」（六八）、クール・ファイブの「長崎は今日も雨だった」（六九）、瀬川瑛子の「長崎の夜はむらさき」（七〇）、五木ひろしの「長崎から船に乗って」（七一）、そしてさらに渚ゆう子の「長崎慕情」（七一）である。それらはみな、少なくとも表面上、異国情緒の街を舞台に、哀しいロマンスを綴る個人的なラブソングになっている。が、歌謡曲史上、この流行は、終戦後の「長崎エレジー」（四七）、「雨のオランダ坂」（四七）、「長崎のザボン売り」（四八）、そして「長崎の鐘」（四九）といった歌たち以来の、いわば長崎「リバイバル」であったことを指摘しておかねばならない。唐突ながら中島みゆきの「りばいばる」[*58]（七九）を引くならば、「やっと恨みも嘘もうすれた頃／忘れられない歌がもう一度はやる」とでも言うべき状況である。愛国の記憶に両義的な七〇年代は、日本の過去を忘却しながら想起するという逆説の時代であった。

雨にしめった讃美歌の
うたが流れる浦上川よ
忘れたいのに　忘れたいのに
思い出させることばかり[*59]

これは、「長崎の夜はむらさき」の歌い出しである。おそらくは、失くした恋を歌っているのだろう。しかし、何を「忘れたい」のか、何を「思い出させる」のか、その目的語は言明されていない。

〈注〉

（1）三島というよりも、近松から太宰に連なる伝統的な心中のモチーフを取り上げる七〇年代歌謡曲も多い。一章ですでに見た通り、「同棲時代」（七三）は「できることならあなたを殺して／私も死のうと思った[*60]」と告白していたし、「たとえば二人で命をたてば[*61]」とこちらも心中をほのめかすヒデとロザンナの「愛は傷つきやすく」（七〇）があったことも見逃せない。心中願望ソングの極みといえば、「いっそきれいに死のうか[*62]」というさくらと一郎の「昭和枯れすゝき」（七四）を挙げねばならないが、同じ年には、「突然あなたが死んだりしたら／私もすぐあと追うでしょう[*63]」という山口百恵の「冬の色」（七四）などもあった。また、死のうとするのではなく、死ぬまいと決意する歌も少なくないが、それは畢竟、自殺／心中ソングの裏返しである。典型は、「つらくてもつらくても死にはしない[*64]」のだと誓うトワ・エ・モワの「誰もいない海」（七〇）であろう。クール・ファイブの「逢わずに愛して」（六九）も、「何が何があっても／すがりすがり生きぬく／ああ死にはしないわ[*65]」と、何かあれば自分は死にかねない、という大前提から出発していた。同様の前提にもとづく歌として、「いいさそれでも生きてさえいれば[*66]」という杉良太郎の「すきま風」（七六）などを思い出してもよい。

（2）その他に、「たとえ死んでもいいわ／あなたのためなら[*67]」という殿さまキングスの「夫婦鏡」（七四）、「二度と逢えない愛になるなら／そうよ私、死ぬだけ[*68]」という（メロディーが歌詞とミスマッチに明るい）片平なぎさの「純愛」（七五）、「生きてることさえいやだと泣いた[*69]」と鬱状態を描く沢田研二の「時の過ぎゆくままに」（七五）なども付け加えておきたい。

（3）軍部による「燦めく星座」の検閲については、新井恵美子『哀しい歌たち――戦争と歌の記憶』

（マガジンハウス、一九九九年）七九頁を参照。

（4）阿久悠・和田誠『A面B面――作詞・レコード・日本人』（ちくま文庫、一九九九年）二一六頁。なるほど、阿久悠が桜に言及したヒット曲といえば、「さくら色した君がほしいよ」[*70]という新沼謙治の「嫁に来ないか」が、ギリギリの例として存在する程度だろう。

（5）ジョン・ダワー『敗北を抱きしめて――第二次大戦後の日本人（下）』三浦陽一、高杉忠明、田代泰子訳（岩波書店、二〇〇一年）三五七頁。

（6）『A面B面』二一三頁。

（7）橋本治『恋の花詞集――歌謡曲が輝いていた時』（ちくま文庫、二〇〇〇年）三一九頁。ちなみにこの本のタイトルは、「歌詞」と「花詞」をかけているのみならず、巻末を見ると「花詞集」に「はなししゅう」とルビがふってあり、歌謡曲を語ることがダイナミックな「話集」ないしは美しき「花刺繡」ともなりうることを伝えている。

（8）『恋の花詞集』一九九頁。

（9）人口統計の数字も含め、吉田裕『日本人の戦争観――戦後史のなかの変容』（岩波書店、一九九五年）一四〇頁からの引用。

（10）金子修介『失われた歌謡曲』（小学館、一九九九年）五三、五四頁。

（11）「ホモセクシュアル」と連続しながら決別する「ホモソーシャル」の概念については、イヴ・K・セジウィック『男同士の絆――イギリス文学とホモソーシャルな欲望』上野早苗・亀澤美由紀訳（名古屋大学出版会、二〇〇一年）の序章（一―三一頁）を参照。

（12）宝泉薫（編著）『歌謡界「一発屋」伝説』（彩流社、一九九八年）五〇、五一頁。

Ⅱ　越境する性

4　うぶな聴き手がいけないの――攪乱する「キャンプ」

■交差するジェンダー

一般に、ある言語が、基本的には一つのカテゴリーでくくられる何かについて、いくつもの違った呼び名を持っているとき、その「何か」は文化的に重要な意味を持っている場合が多い。わかりやすい例でいうと、エスキモーは雪を表わすのに二〇以上の異なる名詞を使い分けるという。だが、わかるようでわからず、考え出すと奥が深いのは、日本語が、実に多くの一人称（と二人称）の代名詞を持っていることだ。それらの使い分けは、出世魚の呼び分けなどより遥かにバリエーションが多い。早い話、同じひとつの「私」という言葉が、「わたくし」「わたし」「あたし」「あたい」「あっし」「わし」といった異なる音に細分化されるのである。ここではとりあえず、それらが、階級と同時に、性差の指標となっていることを強調しておきたい。男女兼用なのは、基本形の「わたくし」と、その簡略形である「わたし」だが、広辞苑によると、「あたし」は「主に女性が用いる」もので、「あたい」は「下町や花柳界などの婦女子または小児が使う」

ものである。一方「あっし」は「主に職人が用いる」ので、ジェンダー的には男言葉と考えられる。さらに、「わし」はややこしく、「近世、主として女性が用いた」が、「現在では目下に対して年輩の男性が用いる」という具合である。人称代名詞が一つかせいぜい二つに固定され、しかも男女の使い分けがない西洋の諸言語と比べるとき、これはかなり非凡な状況と言うべきだろう。

このことは当然、日本の歌謡曲のうちに、他国の流行歌では見られない独自の特徴を生み出すこととなる。すなわち、歌詞の言葉使いからただちに男女の区別がつかない横文字の歌とは違い、日本語の歌はしばしば、人称代名詞や文末の助詞によって話者の性別が特定されるのである。その結果、歌謡曲（の中でもとりわけいわゆる演歌）には、男性歌手が女性の仮面で、というのはつまり、女言葉を使って歌う作品が頻出する。もちろん、それとは逆に女性歌手が男性の仮面で歌う場合もある。このように、歌い手の性別と歌われる歌詞の言葉使いにズレが生じるのは、すぐれて日本的な文化現象であり、さまざまな角度から検討されるべき重要な問題である。が、残念なことに、そこへ光を投じる本格的な議論はまだまだ十分整備されていない。

これまでのところ、この問題を最も丁寧に分析したのは、中河伸俊であろう。彼は、アメリカの人類学者による日本の演歌論もふまえながら、クロス＝ジェンダード・パフォーマンス（CGP）、すなわち「ジェンダー交差歌唱」の成り立ちと変遷を手際よく整理している。[1]「歌唱という行いを、音楽を伴う芝居の中での演技として捉える演劇論の視点」に立脚する中河は、ひとつの仮説として、義太夫ないしは浪花節がジャンルとしての演歌に与えた影響を探る。すなわち、日本的な語り物の伝統では、「ナレーターの語りに男女の登場人物の発言がはめこまれる」ために、当然、話者とキャラクターの性別が交差する。もっとも、そうして男女の性を反転させる義太夫（その他の日本の伝統芸能）が、ただちにフェミニズム的な可能性を開くわけではない。歌謡曲に見られるジェンダー交差歌唱も同様に、総じて「女／男の二分法を暗黙の前提にした保守的なもの」にとどまりやすい。それは、「女うた・男うたに結びつけられてきたジェンダー・イメージを解体せず、再生産するもの」となりがちである（というのはおおむね、男は強く逞しく、女は優しく忍耐強く、というイメージ群のことである）。

けれども中河は、「にもかかわらず、CGPには、性別と結びつけられる表出や行い、理念の境界を変更するという効果がなかったとはいいきれない」と最後に留保をつける。実のところ、この問題をめぐる論考は、まだようやく骨格が見えてきたという段階であろう。そこで以下、本章では、中河が留保をつけた部分に焦点を当て、性差の交錯がもたらす創造と刷新の内実を考えてみる。「カラオケで、中年男性が、たとえばぴんからトリオの《女のみち》を陶然と歌うとき、そこで何が行われているか」という中河の問題提起にも、のちほどひとつの回答を試みたい。殊に、七〇年代、大流行をみたものの、しばしば性差別的とみなされる女歌を、ジェンダーの観点から前向きに再評価することはできないのか？　いったい、性差の境界とは、どのように攪乱され、そこにはいかなる可能性が立ちあらわれるのか？

このような問題系を検討するにあたって、一般にはあまり流通していない批評用語になるが、「キャンプ」という概念が補助線となりそうである。これは、さしあたり以下のように要約しうる概念である。

まず、第一に、キャンプはスタイルであり（作品そのもののスタイルであるのか、作品を知覚するスタイルであるのかは議論が分かれるところである）、「誇張」、「人工」、そして「極端」を好む。第二に、キャンプは大衆文化、商業文化、あるいは消費文化との緊張関係において存在する。第三に、キャンプを認知できる人、キャンプ的だと対象を理解することができる人、キャンプすることができる人は、文化のメインストリームの外部者である。第四に、キャンプは同性愛の文化に深くかかわる。あるいは、少なくとも、欲望が自然なものであるという考え方に疑問を投げかけるようなセクシュアリティについての自己意識に深くかかわる。(2)

しかし、これだけではポイントが見えづらいので、具体的に実例をあげてみよう。たとえば、近田春夫は、「ほめてるつもり」と念を押しながら、朝丘雪路が「オカマにしか見えんのです」とコメントする。そして、よく言われるように、「オカマは女以上に女っぽい」のだから、「朝丘雪路さんは、女以上に女っぽく見える女」だとの結論を導く。ここでのキーワードは、「っぽさ」である。近田は続けて次のように言う。

〝女っぽさ〟とは一体何なのか、と問われると、ちょっと大変ですが、この場合、約束ごととしての、形式上の女であるための諸要素といっときますか。例えば、女は男より力が弱い、という約束ごとがあるとしたら、ことさら男の前ではなよなよするという形式、というようなことです。

オカマの場合、実際は男ですから、自分が女なんですよ、といいたい場合は、必要以上になよなよすることで表現するワケです。(3)

ここでは説明の便宜上、「っぽさ」を「らしさ」と区別しておきたい。整理すると、形式・約束としての「っぽさ」は「実はそうではない」ことを暗に示し、「らしさ」は「いかにもそうである」ことを訴える。つまり、ある種の男性を形容する場合、「女っぽい」とは言えても、「女らしい」とは言わない。

そして、「実はそうではない」という「っぽさ」の方こそが、キャンプという概念の本質にかかわってくる。そもそもキャンプとは、アメリカの批評家スーザン・ソンタグのくわしい注解によって広く知られるようになったものだが、彼女がキャンプの特質として第一にあげたのは、それが、「美ではなく、人工ないし様式化の度合」を問題にするというポイントである。[4]〈自然〉としての「らしさ」に対し、〈偽り〉としての「っぽさ」がキャンプの感覚を生み出すのだといってもよい。だとすれば、「男っぽい」女性は必ずしも珍しくないが、「女っぽい」女性というのはなかなか複雑である。近田が言う、「オカマ」に見えてしまう朝丘雪路というのは、「『女っぽい男』っぽい女」ということであり、そこには、ジェンダーの境界線を二度にわたってクロスするねじれの構造が浮かび上がる。比較のための一例をあげるなら、たとえば水前寺清子は、基本的に、「男っぽい女」であり、もしレズビアンに見えるとしても、「オカマ」には見えない。[5]

さて、水前寺の名を引き合いに出したところで、話をもう少し押し広げよう。上記の近田の説明を裏返しに考えて、男は女より力が強い、という約束ごとに従うとき、ことさらに激しく荒っぽくふるまう、という「男っぽい」形式も当然生じてくる。歌謡曲でよく使われる例でいうと、ラ行を巻き舌で発音する、という形式などがそうだ。実際問題として、日常そのようなしゃべり方をするのは、ヤクザか江戸っ子か、いずれにせよ大変限られた種類の人々であり、そのスタイルはリアリズムというよりも、ひとつのフィクションないしはリプリゼンテーション（表象）である。つまり、「男性的」な記号として、作られた男っぽさを演じるために使用されるのが巻き舌ラ行なのだ。この点、「男っぽい」スタイルに広く市民権を与えた水前寺清子の存在は大きい。彼女が六〇年代にヒットさせた歌の歌詞をよく見てみると、たとえば、「涙を抱いた渡り鳥」（六四）は、そのタイトルフレーズに、「わた〈り〉ど〈り〉」というラ行の同音を二つ重ね、巻き舌を強調的に印象づけるしくみになっている。「いっぽんどっこの唄」（六六）も、その冒頭、「ボ〈ロ〉は着ててもここ〈ろ〉の錦」という一行に始まり、「人のや〈れ〉ないことをや〈れ〉[*1]」と、ラ行同音の反復で一番を締めくくっている。さらに、「どうどうどっこの唄」（六七）でも、「すべ〈る〉転が〈る〉立ち上が〈る〉／あ〈る〉く倒れ〈る〉また起き〈る〉[*2]」と、やはりラ行反復のフレーズがひとつの男性的スタイルを作り上げている。

　こうして、「男っぽい」女性歌手の形式が大衆の感覚に定着したことは、その後の男性演歌ブームを準備する重要な下地となっていたように思われる。というのも、七〇年代演歌の王道を形成したのは、「巻き舌の女言葉で歌う男性歌手」だったからである。具体的には、森進一、前川清、ぴんからトリオ、殿さまキングス、そして、そのような系譜からは一見離れて見えるかもしれないが、桑田佳祐も、その延長線上に位置づけることができるだろう（もちろん、前川清を「演歌歌手」とみなすのは不正確だが、上のような系譜を考えるとき、彼の存在は無視できない）。彼らは、しばしばその「悪声」

を印象づけながら、「男以上に男っぽく見える男」を演じていたのである。つまり、男性による演歌では、(北島三郎/山本譲二ラインのごとく)「男らしい」パターンや、(三善英史のごとく)「女っぽい」ケースに加え、今述べたような「男っぽい」カテゴリーというのが顕著に浮上する。だがこれは、本章の文脈に即していえば、「人工的にデッチあげた男性性」ということであり、素朴に、あるいは本質的に、マッチョだという意味ではない。

そしてしばしば、そのような人工的表現には、何らかの過剰や逸脱がともなう。「らしさ」のリアリズムを放棄して、「っぽさ」の演劇性を極めるとき、そこには少なくとも潜在的にコミカルな印象が生じてしまうのである。しまう、と言ったのは、意図的に笑いを取ろうとするのがキャンプではないからだ。ソンタグが言うように、一見「ふざけた」芝居がかりを連想させるキャンプが、豈図《あに》らんや「大真面目なもの」であることは強調しなければならない。が、その真剣さが、真剣さのゆえに、期せずして可笑しさや「できそこない」の印象を醸し出すのがキャンプの醍醐味である。ので、「キャンプと悲劇とは正反対の概念である」という説明にも納得がいく。あるいは、実物を見てもただちに笑えないが、そのモノマネをすると笑えるのがキャンプである、と言ってもよい。たとえば、山本譲二や三善英史をまねても可笑しさは生じないが、森進一や前川清の模倣ならば笑えるだろう(その意味では、北島三郎も、顔面だけは立派なキャンプである)。ソンタグの言葉をそのまま引くならば、「キャンプとは、真面目に提示されはするが、『ひどすぎる』ために、完全に真面目には受け取れない芸術のこと」なのだ。森進一などは、とりわけデビュー当初、ふざけて歌っているのかと思われ、真面目にやれ、と言われたというが、本人にしてみれば真剣なスタイルを追求していたことは言うまでもない。

愛をともせと　教えてくれた
あなたの　あなたの　真実
忘れはしない[*3]

という、「おふくろさん」（七一）の最後の三行などは、歌詞の意味に関する限り、危険なほどに真面目なメッセージである。しかし森進一の歌唱的パフォーマンスは、異様にして過剰なる迫力を様式化する。せめて活字の上でそれを再現するならば、

ぁあーいをともせとォォォ　ゥォおーしえてぇぇくぅぅれたぁあぁあぁあ
あなたのォ　ハァあなたのォオ～
シぃー、ンー、ジぃー、ツぅうぅうぅうぅうぅうぅぅぅぅ

ぅぅぅわすれはぁあぁあぁ　しなぁあぁ〜いぃいぃいぃいぃいぃ

とでも表記するしかないような様式である。おそらくここで、ポイントは二つあるだろう。まず一つは、ゴスペルやソウルのシャウト唱法にも通じるヘビーな〈力み〉の熱唱である。これは、喉のつぶしというか、鼻息の荒さというか、ともあれ男っぽい激しさを強調するものだ。けれども同時に、その激しさが陶酔ないしは恍惚の域に達すると、ある意味女性的にわななきおののくような官能性を漂わせたビブラートが強調される。それは、自然な声の色つやというよりも、すぐれて人工的に誇張された音程の揺らしである。「港」を「みぃいぃいぃいぃい〜な〜と」と発音する「港町ブルース」（六九）などを思い出してもよい。

このビブラートは、森進一と同様甘いマスクを持ちながら異様な発声をする、初期の前川清にも見られるスタイルだ。アマチュア時代、前川清に心酔して彼の歌い方を真似ていた桑田佳祐は、そのモノマネの仕方について、「コツは何かというとね、ビブラートに自信を持つことなんだよ」と語り、「うわさあぅあぅあぅあぅあ……」という「噂の女」（七〇）の歌い方をとあるインタビューで実演している[6]（桑田についてはのちほど再び論じるが、前川清／クール・ファイブのジャンル・フリーな影響力の大きさが、今なお過小評価されていることは間違いない）。同様に独特な規則的間隔の強弱ビブラートは、「あなァアた〜ァあ〜とォ〜ォオォオォオォオォオォオゥッ」[*4]という「愛の旅路を」（七〇）のサビにも典型的である。もちろん、男性的な力強さを表現したければ、不安定に音を揺らすのは逆効果だが、かといって女性的な繊細さが表現されているかといえば、前川清の場合、抒情的な震えというよりも、いわば声の貧乏ゆすりが性差を攪乱する。この過剰なるキャンプ的ビブラートのスタイルは、七〇年代後半、細川たかしも受け継いでいたと言える（ただし、よく通る美声の彼は、あまりキャンピィな逸脱感や「ひどさ」を感じさせない）。

こうしてみると、日本のいわゆる演歌がポピュラーなジャンルとして確立されたのは、「男性による男装」というねじれが鍵となっていたように思われる。つまり、男っぽくあろうと努める女性が醸し出すようなオーラを、男性自身が表現するということである。さらに思い出すべきは、同じ頃、「夜と朝のあいだに」（六九）のピーターや、「さそり座の女」（七二）以降の美川憲一が、そのいでたちやふるまいで、男女の文化的境界線を横断していたことだろう。そして、女性である藤圭子が、美川憲一の「柳ヶ瀬ブルース」（六六）、森進一の「花と蝶」（六八）、クール・ファイブの「逢わずに愛して」（六九）のようなほぼ同時代の女うたをカバーしていたことも考えると、「『男っぽい女』っぽい男」の歌を女が歌うこととなり、だんだん何が何だかわからなくなってくる。七〇年代とは実に、錯綜する性の歌が鳴り響く時代であったのだ。そうした時代を彩るキャンプのエッセンスとは、なるほど、ケバケバしさであったり、インチキ臭さであったり、不自然さであったりする。「性的魅力の最も洗練されたかたち」とは、「本来の性に逆らうところにある」というソンタグの言葉はおそらく正しい。が、だからと言って、写実的に異性の特徴をそのままなぞっても、男らしさや女らしさのステレオタイプは崩せないのだ。規範を攪乱する力というのは、ストレートに透明なしぐさではなく、過剰なる演劇性や、矛盾した要素の共存をいつでも孕んでいる。

■〈演〉歌のフェミニズム

演歌とは、とりわけ男女をめぐる意識において、「古い」価値観を体現するジャンルである、というイメージが強い。これは、どの程度普遍的に演歌の内実を言い当てているのだろうか。もちろん、一口に演歌と言っても多様な広がりがあり、サウンド的にも都会性のある森進一や前川清の作品を、いわゆるド演歌と同列に論じるわけにはいかない。では何をもってド演歌と言うのかといえば、やはり、七〇年代に一世を風靡したぴんからトリオと殿さまキングスを誰もが思い浮かべるだろう。しかし、ここで提唱したいのは、彼らが、演歌の中の演歌というよりも、演歌の外の演歌を歌っていたという可能性である。というのは、ほとんど時代錯誤的に「古い」女性像に訴える「演歌っぽい」彼らの作品は、ある種のパロディ演歌、メタ演歌として機能するように思われるからだ。

七〇年代前半、演歌というのは、すでに安定したジャンルとして繁栄していたわけではない。【六〇年代後半、五木寛之の影響下に「演歌的」なるものの伝統が初めて事後的に構築された事情については、輪島裕介の『創られた「日本の心」神話——「演歌」をめぐる戦後大衆音楽史』（光文社新書、二〇一〇年）にくわしい。】金子修介の言葉を借りるなら、当時台頭しつつあったメインストリームのアイドル歌謡に挑戦する「逆襲演歌群」の歌い手は、「保守派のように見えながらも実は反逆者」だったとも言える。伝統的な価値観を本当に賛美したいのであれば、それに対する違和感を聴き手に与えてはならないはずだが、金子が言う通り、「ぴんからトリオや殿さまキングスが『捧げたのはあなただけ』とか『操を守ったのはあなたのため』とか言うのは、どうにも気色悪い」[7]。だが、気色悪さというのは、しばしば、インパクトの強烈さが命の歌謡曲を評する時には褒め言葉となる。とりわけ、先に述べたキャンプの美学に照らすなら、ある種のねじれや悪趣味こそが輝きを放つことにもなる。なるほど、七〇年代後半以降、形骸化した多くの似非《えせ》ド演歌が作られた事実は否定できないが、オリジナルド演歌は、ある意味ウーマン・リブとも共鳴する、「新しい」男女観さえ打ち出していたのではあるまいか。とだけ言うと、ほとんど無謀に聞こえるであろうこの仮説を、まず、七〇年代演歌の金字塔である「女のみち」（七二）を精読しながら検証してみたい。

ソンタグによると、「キャンプ的感覚とは、ある種のものが二重の意味に解釈できるとき、その二重の意味に対して敏感な感覚のことである」という。つまり、「キャンプする」こととは、「通人に対しては機知に富んだ意味をもち、部外者に対してはもっと一般的な意味をもつ」ような、ズレを含んだメッセージを発信することである。これは、まさしく、「女のみち」の言語的スタイルを言い当てた定義ではなかろうか。この歌の歌詞は、よく考えてみると、一番から三番まで、それぞれに文法的な曖昧さを残しており、受け取り方次第では、まったく正反対の意味づけを許す。

私が捧げた　その人に
あなただけよと　すがって泣いた
うぶな私が　いけないの
二度としないわ　恋なんか
これが女のみちならば[*5]

ここで重要な解釈の分かれ目となるのは、「うぶな私がいけないの」という一文が、(修辞)疑問文なのか、平叙文なのか、である。それに連動して、「女のみち」が肯定されるのか、否定されるのか、別々の文脈が見えてくる。

まず、保守派は以下のような読みを歓迎するであろう。「あの人にすべてを捧げてしまった、うぶな私がいけないって言うの？　いいえ、それも運命だったのよ。私には、あの人が最初で最後だから、もう別の人に恋したりしないわ。そうやって一途に忍ぶ生き方こそが、女のみちなんですから。」（メロディーの高低を考えると、「いけないの」の部分は音程が尻上がりなので、疑問形の語尾に聞こえやすい）。このように理解する聴き手は、大津美子の「ここに幸あり」（五六）が、「嵐も吹けば雨も降る」[*6]と、険しい「女の道」を歌ったことを思い出したりもするだろう。しかし、まったく同じ歌詞は、次のようなラディカル・フェミニストのメッセージにも読めてしまうのだ。「あんな人にすべてを捧げたりした、うぶな私が愚かだったの。こんな下らないものが女のみちだと言うのなら、男の人に恋するなんてバカげたこと、もうご免被りたいわ。」また、これに続く二番の歌詞も、すぐれて多義的である。

濡れたひとみに　またうかぶ
捨てたあなたの　面影が
どうしてこんなに　いじめるの
二度とこないで　つらいから
これが女のみちならば

ここでは、「捨てたあなたの面影」という部分が問題になる。はたして、「捨てた」の目的語は、「面影」なのか、「あなた」なのか?

保守派の聴き手は、おそらく前者の読みに傾くだろう。すなわち、「あなたの面影を捨て去ったはずなのに、まだ未練があって思い出してしまうから、あなたへの切なくつらい恋心を断ち切ってしまいたいわ」という読み方である。けれども、相手からのアプローチを拒む「二度とこないで」という歌詞に照らすとき、「(私が)捨てたあなた」をひとまとまりのフレーズと考えることも可能である。その場合、「女のみち」に見切りをつけた女性の方から、相手の男をフッたという設定が浮かんでくるが、初めは「あなただけよ」などと言って相手をその気にさせた愚かな自分も「いけない」ので、「結局反対に捨てられて傷ついたあなたの面影が脳裏に焼きついて、心が痛むわ」と言っているようにも聞こえる。つまり、相手よりも立場的には一段上に立ち、未練というより罪悪感に苛まれる女性の姿を見て取れるかもしれないのだ。そして、異なる曖昧な読みの余地を残したまま、歌は三番に至る。

暗い坂道　一筋に
行けば心の　灯がともる

きっとつかむわ　幸せを
二度とあかりを　消さないで
これが女のみちならば

最後に仕掛けられた解釈の分かれ道は、「二度とあかりを消さないで」というのが、「あかりを消さないでちょうだい」という命令文なのか、「あかりを消さないで幸せをつかむわ」と、前の行を後ろから修飾する倒置法の副詞句なのか、である。

前者だとすると、「二度とこない」という二番の歌詞と呼応するかたちで、「もう二度と、この部屋のあかりを消さないで。そうなったら、私には、あなたを拒む自信がないから」と、相手の誘惑に屈しかねない女心の弱さを透かし出すことになる。一方、後者の場合、「あかり」とは、同じ三番の直前に出てくる「心の灯」を言い換えたものと読むのが自然だろう。とすると、「私は、自分の心にともった希望のあかりをいつまでも消すことなく、自立した女性としての道を歩いていくわ」という、女性の自己信頼を謳った明るいヴィジョンが見えてくる。

かくして、この歌は、ロールシャッハ・テストのごとく、聴き手の感性次第で、その輪郭を変えてしまう。つまるところ、これは、「女のみち」をひとつの生き方として肯定し、いかにつらくともそのストイックな道に従おう、という伝統的女性の決意を表明しているのか？　はたまた、男に依存して振り回されるような人生はとてもやってられないので、「これが女のみちならば」そこを歩くのはやめてしまおう、と「女のみち」を否定する女性の新しい目覚めの歌なのか？　もちろん、聴き手は、女のみち肯定主義か、否定主義か、という明確な二者択一の解釈をするわけではない。むしろ、そのような二分法を拒む流動的な「女の未知なる道」を感じ取る可能性が高い。が、ともあれ、「あなただけ」に「捧げた」という言葉に引きずられ、この歌を性差別ソングだと思いなすのはいささか早計である。

当初、「三〇〇枚だけ自主制作でプレスされた」という「女のみち」は、「地元の姫路の有線放送で流される」やいなや、「ホステスさん達を中心に爆発的な人気を呼んだ」[8]。この歌がまず、社会の周縁にあって働く女性たちの支持を得たことは、その主調音が素朴な男性至上主義ではないことを裏書きするだろう。もちろん、水商売そのものが父権制の産物であり、そこに携わる女性は因襲と共犯する、という議論も可能であろうが、単なる夢物語として男が望む女性像を歌っても、現実の女性から共感を得ることは難しいはずだ。また、何らかの意味で社会的抑圧を感じている男性であれば、この歌に感情移入するのは比較的容易だろう。文字どおりの失恋体験ではなくとも、たとえば会社に我が身を不本意に「捧げた」サラリーマンの中年男性は、この歌に歌われた女性の苦境に自らを投影することで、「どうしてこんなにいじめるの」と、弱者としてある自分の立場を感傷するとともに、「きっとつかむわ幸せを」という結びのうちに、自立した人生へのほのかな希望を夢見ることができたかもしれない。

さて、この「女のみち」という複雑な言語作品に比べると、いま一つのド演歌代表曲である殿さまキングスの「なみだの操」（七三）は、歌詞の含蓄自体にフェミニズム的可能性を読みとることは極めて困難である。この歌の主題は、「女のみち」の保守的解釈の方だけを強烈に増幅したような内容に固定されていると言わざるをえない。阿久悠が、「社会が選んで進んでいっている方向と、男の本心との間には大きなズレがあるということの証明のような大ヒット」と評するのももっともである。[9] しかし、「りんごアップルズ」と言うに等しいナンセンスなグループ名により、「殿さま」・「キングス」という〈男〉のイメージを強引に二乗したうえ、まったくリアリズムを無視した女っぽくないダミ声唱法で、当時すでにリアリティを失っていた〈女〉の心を表現するのは、何とも人工的に両極端な感覚である。キャンプの特徴である過剰な芝居がかりを実践する彼らは、真面目にふざけている、という奇妙《クイア》な逆説的印象によって、現実と表象のズレ自体を演劇化するメタレヴェルの位相を感じさせるため、いわゆるホモソーシャルな「男の美学」というよりも、「オジサンの醜学」とでも言うべき転覆力を孕むように思われる。その点、同じ男性が歌う女歌でも、妙にリアルなソフト・ヴォイスで〈尽くして身を引く女〉をなぞろうとする敏いとうとハッピー&ブルーなどより、殿キンのパフォーマンスははるかに脱・父権的と呼べるはずだ。

そのことは、「恋は紅いバラ」（七六）のごとく、喜劇性に満ちた殿キン作品を聴いてみるといっそう実感される。男としての体裁を気づかう権力志向者であれば、普通、「抱っ、かれっ、てマ〜ンボ（ア・マンボゥ！）」[*7]などという歌は歌えない。また、「ウゥッ！」というマンボの掛け声を、日本人がシラフで叫ぶのもなかなか難しいだろう。なるほど、六〇年代後半から七〇年代は、歌謡曲がラテン音楽とクロスオーバーした時代である。とりわけサンバやタンゴのように、洗練された情熱と哀愁のリズムは、日本の音楽シーンにおいてもまあまあお馴染みであった[10]。が、同じラテン音楽とはいえ、レトロな五〇年代を想起させる無骨で泥臭くも楽天的なマンボというジャンルは、和風の情緒と簡単に調和するものではない。それをよりによって演歌と結びつけるのは、すぐれてキャンプ的でシュールな感性であると言えよう。ルンバ／マンボ系の音楽に特徴的なのは、マイナーコードの前半から、後半で晴れやかにメジャーコードへ転調する、〈陰〉と〈陽〉の対照的なスタイルである。これは、殿キンというグループの可変的な二面性をいみじくも象徴するようだ。彼らは、不幸な女の嘆きを歌っても、その過剰なスタイルにより、コミックバンドとしての出自を匂わせてしまう。金子修介が指摘するように、「道化が演歌で発言すること」は、「逆にこれを真面目に考えなくても済む、という結果をもたらした[11]」。つまり、たとえ無意識に「古い」価値観への郷愁を覚え、なみだの操を貫く女性像に共感することがあったとしても、理性的には、こんなの所詮はギャグだから、と（歌い手も聴き手も）自分を客観視できる回路が用意されていたのである。言い換えるなら、殿キンの表現に先立って、殿キンのアイデンティティは存在しない。彼らの演歌とは、すでにみた「女のみち」と同様に、決定しえない複数の可能性を〈演じる〉歌なのだ。フェミニスト思想家ジュディス・バトラーの言葉を引いて総括するならば、「ジェンダーはつねに『おこなうこと』であるが、しかしその行為は、行為の前に存在すると考えられる主体によっておこなわれるものではない[12]」。

■可能性としての両性具有

何かを演じることによって初めて人間のアイデンティティが構築されるとするならば、生まれ持った性別にかかわらず、男っぽさと女っぽさを兼ね備えることは可能だし、実際（バランスの良し悪しはさておき）双方を兼ね備えていない人間の方が珍しい。「キャンプとは、両性具有的スタイルの極致である」と言ったソンタグも、もちろん性差の本質性より構築性を見据えている。これまで、日本では、幻想文学などの神話的な文脈で両性具有のテーマが注目されたことはあるが、欧米のように、フェミニズム的な理想としてそれが政治的に脚光を浴びたことはない。おそらく、この理想の歴史的出発点といえるのは、いまだ邦訳のないキャロリン・ハイルブランの名著『両性具有の認識に向けて』（七三）の出版であった。彼女はそこで、「性の二極化やジェンダーの牢獄を離れ、人それぞれの役割や個人的な行動様式が自由に選択できるような世界へ近づく動き」を訴えた。[13] しかしその後、両性具有の概念は、むしろ批判的に語られることが多くなる。個人のうちに両性の共存を訴えても、男女の二分法を揺るがさないどころか固定してしまう、という懸念が高まったのである。だが、そのような両性の共存というのは、批評家マージョリー・ガーバーが皮肉に言うところの「良い両性具有」であり、運動よりも静止、欲望よりも自己完結をもたらすような精神の均衡を指す。一方、ガーバーがダイナミックな可能性として標榜するのは、もっと「身体的でセクシーで攪乱的」な「悪い両性具有」なのである。[14] 英語では、「悪い」(bad) という形容詞が、（八〇年代、マイケル・ジャクソンの大ヒット・アルバムのタイトルともなった通り）反語的・逆説的に「とびきりの」という肯定的ニュアンスをも帯びる。そして、これまでにみた日本のある種の演歌の伝統は、そうした「悪い両性具有」を呼び覚ましつつ、その落とし子として、桑田佳祐という越境的才能を生み出したように思われる。

何かを演じるということは、あらかじめ存在するテクストなりスタイルなりを反復あるいは変奏するということでもあるが、桑田佳祐は、音楽的にはもちろん、言語的にも、過去のテクストを再利用することに意識的なアーティストである。「チャコの海岸物語」（八二）では、「星はなんでも知っている」という、平尾昌晃の歌のタイトル・フレーズを歌詞の中にしのばせているし、もっと新しいところだと、「BLUE HEAVEN」（九七）では、「翼の折れたエンジェル」という、自分より若い中村あゆみのフレーズさえも借用している。このような作詞法を、オリジナリティの欠如とか継ぎはぎとか、否定的に見る向きももちろんあるだろうが、ソンタグ流に言うなら、「キャンプ趣味は、複製に対する嫌悪感を超越する」のである。そもそも、あらゆる言葉はいつもすでに使用済みの言葉なのであり、問題なのはその組み合わせ／組み立ての新しさなのだ。

言うまでもなく、サザンオールスターズの出世作である「勝手にシンドバッド」（七八）も、（ともに一九七七年のヒット曲であった）沢田研二の「勝手にしやがれ」とピンク・レディーの「渚のシンドバッド」を足して二で割ったタイトルである。このようなコミックバンド的ジェスチャーは、ある意味、殿キン的な演芸キャンプのモードに通じてもいるだろう。あるいは、自らを「うぶな女」[*8]に喩えるこの歌の語り手は、「女のみち」の「うぶな私」を思い出していたかもしれない。が、ここで強調したいのは、桑田の出発点が、象徴的なことに、どちらも「セクシー」な男女（沢田／ピンク・レディー）のテクストを同時に取り込むという、「悪い両性具有」の撹乱的戦略にあったことだ。この点、「シンドバッド」の「バッド」という語は、逆説的な「悪さ」の美徳をほのめかすだろう。さらに、「勝手にしやがれ」というフレーズは、それ自体、反復するテクストの力学にかかわる。というのも、まず、これは、もともとゴダールの映画の題名に使われたすでに使用済みの言葉である。加えて、「勝手にシンドバッド」がヒットした数カ月前にあたる一九七八年の初夏、山口百恵の「プレイバックPart2」が、沢田研二の「勝手にしやがれ」をすでに引用／プレイバックしていたことは見逃せない。ひとつのフレーズが、性差を越えて流転するさまを見据えていたであろう桑田佳祐は、「勝手にシンドバッド」のうちに、「悪い」女を演ずる百恵のイメージをも重ねていたはずだ。

もちろん、桑田が依拠したであろう「悪い」モデルの数々は、曲の数だけいろいろ掘り当てることができるだろう。が、特定のテクストの反復というより、創作モードの連続性を考えるとき、桑田が前川清に耽溺した経験を自認していることは興味深い。すでに木村立哉がその歌謡曲論のなかで指摘する通り、この二人のあいだには、「異端」ないしは「異形」の絆を見い出すことができる。木村は殊に、桑田が魅せられたであろう前川清のヘビーな迫力に言及し、「そして、神戸」（七二）の冒頭、「板材を呑みこむような声の出しかたで低い発声がされる」こと、「舌の打ちかたが、ヤケクソなくらい強い」ことなどに注目する。[15] なるほど、そうした前川の誇張された男っぽさは、桑田の感性を刺激したに違いない。だがむしろ、この二人を結びつけるポイントは、そうした男性性が破綻するメカニズムの方にあるとも言えるだろう。以下、とりわけ男言葉・女言葉の攪乱という言語的な側面から、前川→桑田の両性具有的連続性をあとづけたい。

神戸　泣いてどうなるのか
捨てられた我が身が　みじめになるだけ
神戸　船の灯り映す
濁り水の中に　靴を投げ落とす[*9]

この「そして、神戸」の冒頭を語るのは、いったい、男性なのか女性なのか、どうもはっきりしない。ラ行の巻き舌といい、上に引いた木村の指摘といい、歌唱のスタイルは激しく男っぽいのだが、演歌的約束ごとに従うと、泣いたり捨てられたりするのは女性のはずである。とはいえ、「どうなるのか」という語尾や、「我が身」という言葉使いは、あまり女性らしいとは言えない。海に「靴を投げ落とす」行為も乱暴である。

そしてひとつが終わり
そしてひとつが生まれ
夢の続き見せてくれる相手捜すのよ

結局、この歌が女歌であったとわかるのは、一番の結びの「よ」という音を聴く瞬間である。いわば、聴き手は最後の最後まで、性差の判断の保留を強いられるのだ。同様にして、「逢わずに愛して」（六九）の聴き手も、おそらく最初は男の語り手を想像するだろうが、結局最後の一行で語り手の性別を修正することになる。

涙かれても夢よかれるな
二度と咲かない花だけど
夢の夢のかけらを
せめてせめて心に
ああ　永久《とわ》にちりばめ
逢わずに愛して　いついつまでも[*10]

もっとも、これら二曲は、一応一番のうちに、語り手の性別を明示するだけ素直と言えるかもしれない。もっと聴き手をジラすのが、「中の島ブルース」（七五）である。これはもちろん、森進一の「港町ブルース」が確立した「全国横断ご当地ソング」のスタイルを受け継いでいるのだが、女歌であることが比較的透明な森の場合とは事情が違う。

赤いネオンに身をまかせ

燃えて花咲くアカシアの
甘い香りに誘われて
あなたと二人散った街
ああ　ここは札幌　中の島ブルースよ[*11]

この一番を聴く限り、相変わらずパワフルな前川清のボーカルのインパクトもあり、とりあえず男の語り手を連想するのが普通の聴き手だろう。事情は二番に入ってもさほど変わらない。

水の都に捨てた恋
泣いて別れた淀屋橋
ほろり落とした幸せを
あなたと二人拾う街
ああ　ここは大阪　中の島ブルースよ

ただし、この二番の「泣いて別れた」というところで、泣くのは女だという約束ごとを思い出すと、語り手の性別は少しばかり曖昧にぼやけてくるかもしれない。そうして、この問いに一応の決着がつくのは、実に三番に入ってからである。

逢えば別れがつらいのと
泣いてすがった想い出の
小雨そぼ降る石畳
あなたと二人濡れた街
ああ　ここは長崎　中の島ブルースよ

ここで、「つらいのと／泣いてすがった」のが語り手だとすれば、その性別は女性ということになる（が、「泣いてすがった」の主語が語り手の恋人である可能性もゼロではない）。こうして見ると、前川清のメジャーなボーカル作品というのは、「何気なく聴いていると男の心情を吐露しているようだが、よく言葉使いに注意すると、女言葉が混じってきて、語り手の性別がよくわからない」というスタイルを打ち立てている。これは、ジェンダー交差歌唱というよりも、ジェンダー交錯歌唱というべきだろう。そして、このような性別不詳歌のスタイルは、他でもない桑田佳祐によって完成されることになるものだ。

たとえば「勝手にシンドバッド」は、一人称が「俺」なので、論理的には男が語り手だが、「不思議なものね」とか「波の音がしたわ[*8]」とか、「俺」とは明らかに不釣り合いな女性語尾が使われてもいる。すでに触れたように、この語り手は、自らを「うぶな女みたい」と形容しているので、スタイルの問題は主題の問題とも無縁ではありえないだろう。あるいは、サザンのファーストアルバムである『熱い胸さわぎ』（七八）を聴くと、たとえば「レゲエに首ったけ」の冒頭、「俺は時々むなしい気がするの[*12]」という一文がある。もっとも、このような女性語尾は、かなりの程度、桑田自身の言葉使いを直接反映してもいる。彼のインタビュー本『ロックの子』を読めば、「俺は歌謡曲少年だったの」というような語尾が頻出し、女性的な口調が桑田のクセであることがうかがわれる。(16)とはいえ、「女呼んでブギ」などでは、性差の乱れがあまりに激しくなってくる。

女の気持ちが手にとるようにわかるのね
それにしてもDarlin'女はチョイトいやよなんて言わねえさ
どうしてもてるの　気になる男よ[*13]

一行目の「わかるのね」は通常女言葉だが、二行目の「言わねえさ」は通常男言葉である。三行目の「気になる男よ」の「よ」は、（「地球の男にあきたところよ[*14]」と同じ）女性語尾なのか、（「おふくろさんよ[*3]」と同じ）男性語尾なのか、文脈からは判断不能である。このような性差の混乱は、初期のサザンのヒット曲には一貫してあらわれる半ば戦略的なスタイルと言ってよい。コミカルな効果を狙わないバラードの「いとしのエリー」（七九）にしても、「俺にしてみりゃこれで最後のLady」と、男性代名詞の語り手を設定しておきながら、「言葉につまるよじゃ恋は終わりね」[*15]と、女言葉の「ね」を使う。同様の事態は、「C調言葉に御用心」（七九）でも繰り返される。この歌では、その冒頭、「いつもいつもアンタに迷惑かける俺がばかです」と、「俺」という語り手が明示されながら、ほどなく、「今夜あたりは裸でいるのよ／最高シュールな夢が見れそうね」[*16]と、その同じ語り手が女性語尾を用いている。さらに、

俺にだまって恋をしていたあなたもやはりダメね
甘い言葉で背中をいじられて
女ですものアンタこの頃移り気なるがままに
深いわけなどあろうとなかろうと

のような一節は、もはや、男女の区別などあろうとなかろうと、という、入り乱れた感覚を紡ぎ出す。この歌の場合とりわけ、男女の性的な融合がテーマなので、重なりあう身体とともに男性主体の輪郭も溶けていくありようが、スタイルのレベルでも実践さ

れていると考えればひとまず納得がいく。

このように、桑田のキャンプ的力学の核心には、つきつめると、異性装ないしは異性への同化／変身願望が見え隠れする。その力学は、八〇年代以降、ジェンダーのみならずセクシュアリティの再定義をも促していく。「男も濡れる」し「女も立たす」[*17]ナイトクラブを歌った「匂艶 THE NIGHT CLUB」（八二）は、男と女の性的モードを流動化する。さらには、小林克也とのデュエットで、「六本木のベンちゃん」（八二）という歌も作られる。これは、桑田の即興パフォーマンスがすごい、と絶賛する近田春夫の解説によると、「中年の変態オジサンと、その愛人である、〝ベンちゃん〟という六本木の美少年の、愛の物語」である。(17) こうした一連の流れをふまえるなら、デビュー前、桑田が青学の舞台でバレリーナ姿になったことも、後年、テレビのCMで「モーレツ」なスカート姿を披露したのも、必然的であった。いずれにせよ、日本語の英語化、という文脈でしばしばスポットを浴びる桑田の特異な言語感覚は、両性具有に向かう性差の攪乱、という視点からも評価されてしかるべきだろう。そして、彼のそういう攪乱的スタイルを支えた歌謡曲文化の底流として、ジェンダー交差／交錯歌唱の系譜学については、さらに精緻な分析を加えていかねばなるまい。

〈注〉

(1) 以下、中河伸俊の引用は、北川純子編『鳴り響く性――日本のポピュラー音楽とジェンダー』(勁草書房、一九九九年)に収録された論考、「転身歌唱の近代――流行歌のクロス＝ジェンダード・パフォーマンスを考える」(二三七―二七〇頁)を参照。

(2) ゲイ批評家デイヴィッド・バーグマンの定義による。内野儀『メロドラマからパフォーマンスへ――二〇世紀アメリカ演劇論』(東京大学出版会、二〇〇一年)の一四三頁に訳出・引用されたものを使用。

(3) 近田春夫『定本　気分は歌謡曲』(文藝春秋、一九九八年)二三七頁。とあるアメリカの批評家は、ハリウッド女優のメイ・ウェストが、「女性による女装」を実践していると説き、近田の朝丘論とほぼ同じキャンプ的な可能性を検証している。Pamela Robertson, "'The Kinda Comedy That Imitates Me': Mae West's Identification with the Feminist Camp," in *Camp Grounds: Style and Homosexuality*, ed. David Bergman (Amherst: U of Massachusetts P, 1993) 156-72.

(4) 以下、本章におけるスーザン・ソンタグのキャンプ論からの引用は、『反解釈』(ちくま学芸文庫、一九九六年)に収録されたエッセイ、「《キャンプ》についてのノート」(四三一―六二頁)による。

(5) ただし、これはもちろん議論の単純化である。「涙を抱いた渡り鳥」(六四)において、かなり無理をした高音を絞り出す水前寺清子の発声などは、ある意味、人工的な「女っぽさ」を生成する効果もあると言えるだろう。

(6) 桑田佳祐『ロックの子』(講談社、一九八五年)四四頁。

(7) 金子修介『失われた歌謡曲』(小学館、一九九九年)一六二、一六三頁。

(8) 秘密博士「ぴんから人生――演歌です涙です男です」『ユリイカ』(青土社、一九九九年三月号)一二七頁。

（9）阿久悠『愛すべき名歌たち――私的歌謡曲史』（岩波新書、一九九九年）一八四頁。

（10）当時の代表的なラテン系歌謡を具体的にリストアップした手引きとして、稲増龍夫&ポップス中毒の会『歌謡曲完全攻略ガイド68～85』（学陽書房、一九九六年）六四―七一頁を参照。

（11）金子修介、一六四頁。

（12）ジュディス・バトラー『ジェンダー・トラブル――フェミニズムとアイデンティティの攪乱』竹村和子訳（青土社、一九九九年）五八頁。

（13）Carolyn G. Heilbrun, *Toward a Recognition of Androgyny* (New York: Knopf, 1973) ix-x.

（14）Marjorie Garber, *Vice Versa: Bisexuality and the Eroticism of Everyday Life* (New York: Touchstone, 1995) 218.

（15）木村立哉「一九七八年のことなんて書けない。」『ユリイカ』（青土社、一九九九年三月号）一六九頁。

（16）桑田佳祐、四四頁。

（17）近田春夫、二八九頁。

5　やさしさが怖かった頃——年齢とジェンダー

■成人男性という規範

今さらのようだが、「男っぽさ」をよりよく理解するためには、そもそも、「男」とは何かを定義しなければならない。それは、実のところ、「女」ではない人間のすべてを指すわけではない。というのも、「男っぽさ」というとき、（生物学的には男性である）「男の子」や「おじいさん」というカテゴリーが、あらかじめ排除されているからだ。つまり、「男」であることは「大人」であることが前提なのであり、その意味で、（性別とは次元が違う）性差の問題は、年齢の問題と切り離せない。しかし、「大人の男」というのが何歳以上何歳以下なのか、はっきり数字で示すのは困難である。子供や若者や大人や老人というのは、あくまで主観的・相対的な概念に過ぎない。たとえばスポーツの世界で「老練」や「ベテラン」と目される年齢が、政治の世界だと「若手」か「青二才」の年齢になったりもするからだ。

僕は無精髭と髪をのばして
学生集会へも時々出かけた
就職が決まって髪を切ってきたとき
もう若くないさと君に言い訳したね[*1]

という バンバンの「『いちご白書』をもう一度」(七五)の語り手は、大学でもし一、二年の回り道があったとしても、就職を決めたのは二〇代の前半であろう。そして、その若さで「もう若くない」と言うのは、苦しい「言い訳」にせよ、そう言わざるをえないある種の心理的・時代的リアリティを漂わせてはいる。実年齢に似合わず加齢が意識される例としては、アリスの「チャンピオン」(七八)冒頭などを思い出してもよい。

つかみかけた熱い腕を
ふりほどいて君は出てゆく
わずかに震える白いガウンに
君の年老いた悲しみを見た[*2]

ボクシングのディフェンディング・チャンピオンということであれば、「年老いた」

といってもせいぜい三〇過ぎであろうが、彼は結局、「若い力で」容赦なくおそいかかってくる挑戦者の前に倒れることとなる。つまり、年齢というのは、客観的絶対値としてではなく、心的もしくは文化的な変数として意識され、それが何らかの規範に照らして低すぎても高すぎても、人は疎外感を覚えてしまうものだ。だがそれは、逆に言うと、もし規範の意味づけ自体が変わるなら、疎外の現実も変化するということである。

そのような文脈から、人種差別や性差別と同列に、年齢差別（エイジズム）という概念を初めて唱えたのは、ロバート・バトラーというアメリカ人であった。彼は、一九六八年に出版した著作の中で、老齢をめぐる否定的なイメージが、医学的というより社会的に構築されることを説いた。この問題はその後、ベティー・フリーダンのようなフェミニストにより、父権的な規範からの解放とからめて論じられるようになっていく。つまり、年齢的な〈周縁〉の存在にまずは光を当てるとともに、従来は否定的な衰弱のプロセスとみなされてきた加齢という現象を、新しい生への目覚めとして捉えなおそうという動きである。それは、年齢と連動した「性のクロスオーバー現象」であり、具体的にいえば、「『男らしさの神話』が老年とともに役にたたないと実感したとき、マッチョなイメージから解きはなたれ」る男性は、「年をとったおかげで、ジェンダーの枠を取り払う自由が大きくなる」というわけである。[1]

そのように、年齢の〈中心〉から遠ざかることで、ある意味自由に開かれた視点を提供していた流行歌のひとつに、左卜全とひまわりキティーズが歌う「老人と子供のポルカ」（七〇）があった。これは、七〇年代歌謡曲の突然変異的な迷曲であり、そのタイトルが示す通り、〈非・大人〉の声を響かせる作品である。

ズビズバー　パパパヤー
やめてケレ　やめてケレ
やめてケーレ　ゲバゲバ
やめてケレ　やめてケレ
ゲバゲバ　パパヤー
ラララ　ランラン　ラララララ　ゲバゲバ
ランランラン　ラララ　ゲバゲバ
どうして　どうして　ゲバゲバパパパヤー
おお　神様　神様
たすけて　パパヤー[*3]

この歌は、「ゲバゲバ」の部分が、二番では「ジコジコ」、三番では「ストスト」に変わる以外、同じコトバを呪文のように繰り返す。もちろん、「ゲバ」「ジコ」「スト」がそれぞれ、内ゲバと交通事故にストライキという、当時の世相を諷刺していることは言うまでもない。そして、それらがいずれも暴力的な男性性と結びついていることは、改めて強調しておくべきだろう。「スト」はそれ自体文字通りの暴力ではないが、自ら車で移動できない「老人と子供」にとって、交通機関のマヒはなかなか切実に困るものだ。また、彼らが〈大人〉のモードになじめないことは、歌の冒頭で発せられる「ズビズバー」という奇妙な掛け声が物語るようにも思われる。これは、オトナの音楽ジャンルとしてあるジャズのスキャット（＝ドゥビドゥバー）を正しく発音できず、仕方なく日本語的に簡略化したものではあるまいか。とすると、曲中で何度も反復され、歌詞の最後を締めくくる「パパヤー」というフレーズも、ジャズの歌声を模倣していると同時に、〈大人〉を代表する「パパ」の世代に訴えかける声のようにも聞こえてくる。その声は、成人男性を規範とした社会の中、周縁へと追いやられた年齢的〈他者〉が発する叫びにほかならない。歌唱的にも、「やめてケレ」という出だしのリズムがワンテンポ遅れるあたり、えもいわれぬズレの感覚がにじみ出る。ちなみにこの歌のリードボーカルを担当した左卜全は、ヒットの翌年、七七歳で他界している。

また、こちらは打って変わって情感あふれるリアリズム作品だが、井上陽水のアルバム『断絶』（七二）に収められた「人生が二度あれば」も、流行歌では通常スポットを浴びない高齢者の存在を浮き彫りにする。

父は今年二月で六十五
顔のシワはふえてゆくばかり
仕事に追われ　この頃やっとゆとりが出来た
……
母は今年九月で六十四
子供だけのために年取った
母の細い手　漬け物石を持ち上げている[*4]

家庭外・家庭内の役割を分業してきた老境の両親を描写するこの歌は、二人が「若い頃の事を」「夢見るように」語り合う姿を静かに映し出す。なるほど、〈年老いた母〉は、本書二章ですでにふれた通り、しばしば歌謡曲の主題となるが、ここでは、高齢の男女がペアーで描かれていることに注目したい。さらに、この作品を、同じアルバム『断絶』に収録された（これまた男女をワンセットで提示する）「あこがれ」とあわせて聴いてみるならば、陽水というアーティストが、年齢をめぐる疎外とジェンダーをめぐる疎外とを連動的に捉えていることが見えてくる。二つの疎外の根源にあるのは、〈アルバムタイトル曲「断絶」に登場する「お前のオヤジ」[*5]が象徴するところの〉成人男性という支配的な規範にほかならない。

さみしい時は男がわかる
笑顔で隠す男の涙
男はひとり旅するものだ
荒野をめざし旅するものだ
ラララ……
これが男の姿なら
私もつい、あこがれてしまう[*6]

「あこがれ」はまず、こうして、社会が期待する「男の姿」から話をおこす。「荒野をめざし旅するものだ」とは、フォーク・クルセダーズ（「クルセダーズ」＝「十字軍」！）が歌った「青年は荒野をめざす」（六八）という雄々しきテーゼへの皮肉な一瞥であろう。陽水は、メッセージ・ソングを発信する「青年」男性フォークから意識的に距離を置いた。もちろん、社会的に期待される「男の姿」とは、その対称的鏡像である「女の姿」と一対になっている。

女は清くやさしく生きて
電車に乗れば座席をゆずり
悲しい歌が聞こえてきたら
ほろりと涙流してしまう
ラララ……
これが女の姿なら
私もつい、あこがれてしまう

ここでは、女性の清らかなやさしさを示す実例として、電車で座席をゆずる行為に言及がある。ふつう、乗り物で席をゆずる相手というのは、お年寄りか子供連れである。とするとこの歌は、世間一般の想像力の中で、女性と〈非・大人〉とが連想的に結びつくことを示唆するだろう。

なるほど、大局的に見るならば、高齢者や幼い子供が、そのまま歌謡曲の中心主題になることは少ない。けれども、七〇年代は、流行歌が幅広い年齢層の歌い手に開かれた時代であり、古いエイジズムを攪乱する契機を十分孕んではいた。歌謡曲史上おそらく最高齢にしてヒットを飛ばした左卜全に加え、(第二次性徴さえ迎えていない)子供たちが流行歌を産出したことは忘れがたい。低年齢アイドルのトレンドはもちろん、「黒ネコのタンゴ」（六九）の皆川おさむ（当時小学一年生）が先駆けとなり、（一〇歳そこそこだった晃や妙子を含む）フィンガー5がその頂点を極める。さらに、「山口さんちのツトム君」（七六）をヒットさせた斉藤こず恵も、当時まだ一〇歳に満たない女の子であった。

かくして、年齢をめぐる政治学は七〇年代の潜在的な問題意識としてあり、それは、とりわけ、若さの意味づけをめぐって性差の問題系とも絡みあうことになった。というのも、時代の出発点として、安保／学生運動を抱える七〇年代は、男性的に激しく熱い若者が挫折を余儀無くされる、というシナリオの時代であったからだ。なるほど、本書三章でみたようなある種の「男性一人称複数歌謡」は、次世代を担う若者の力強い連帯を幻視した。が、同時に、「若すぎるからと許されない[*7]」新世代は、それを逆手にとって、戦争を知らない「子供」であることを戦略的に自称したりもした（北山修は、当時すでに二〇代半ばであったにもかかわらず、である）。これは、危険で支配的な「大人」の男性性から離れた場所にいることをアピールする身振りにほかならない。つまり、「若者」とは、それを「老人／子供」と対置するのか、「大人」と対置するのかによって、（社会を動かす）男性的な強者ないしは支配者の意味にもなるし、（体制から距離のある）女性化された弱者ないしは攪乱者のイメージにもなる。若さとは、玉虫色の文化的構築物であり、そのジェンダーを一義的には固定しえないのだ。

■若さとやさしさ

若さがしばしば力強い希望や活力を意味するのは、古今東西を問わず、かなり普遍的な現象である。それは、戦後復興期に流行った歌謡曲の「若く明るい」[*8]レトリックなどを見ればとりわけ明らかだ。が、もし七〇年代日本の若者たちに固有の価値や資質があったとするならば、それは、何にもまして「やさしさ」であったと言うことができるだろう。やさしい若者像というのは、音楽ジャンル的に言うとフォークやニューミュージックに顕著な主題であったが、伝統的な歌謡曲の領域でも、やさしさは当時ひとつのキーワードとなり、強迫観念のごとく時代を色づけていた。

七〇年代前半、リアリズムと個人主義を信条に、等身大の若者を歌って新潮を形成したある種の流行歌は、明日の社会を支える戦力というよりも、世の中に同化できない部外者としてのやさしい若者を描き出した。代表的なのは、（そのグループ名がすでに「男」を離れてやさしい）かぐや姫のヒット曲、「神田川」（七三）である。

若かったあの頃　何も怖くなかった
ただ貴方のやさしさが　怖かった[*9]

この印象的なサビを抜き出してみると、怖いくらいやさしい貴方、というのは、(「怖いくらい幸せ」というのと同じ強調表現だから)驚くほどやさしいのだろうか、という想像が働く。実際、この歌は従来、「仲良く銭湯に向かう男女」が「貧しい暮らしの中でぬくもりを分け合う生活」を描いたものと了解されてきた。[2] しかし、「貴方のやさしさが怖かった」と言われる男は、いったいどのようにやさしかったのか?

貴方はもう　忘れたかしら
赤い手拭　マフラーにして
二人で行った　横丁の風呂屋
一緒に出ようねって　言ったのに
いつも私が　待たされた
洗い髪が　しんまで冷えて
小さな石鹸　カタカタ鳴った
貴方は私の　体を抱いて
冷たいねって　言ったのよ

彼は、「一緒に出よう」と約束した銭湯で「いつも」恋人を待たせ、自分が遅れて出てきても、詫びることとさえしない。「手拭」を「マフラー」代わりに使うほど寒い中、相手の体が「冷たい」とわかっていながら行動を改めない男の方こそが、よほど無神経に冷たいのではないか。筆者が銭湯通いをしていた学生時代、男風呂から「〇〇子～、出るぞぉ！」と言う声に、壁越しの女風呂から「はぁ～い」という声が返るような場面には時々遭遇したし、石鹸をカタカタ鳴らすような事態を避けるための手続きはいくらでもあるはずだ。戦後の歌謡史を歌詞から読み解く村瀬学の言う通り、この歌に描かれるのは、「約束を守らないずいぶんと自分勝手な男」であり、語り手の女性は、「この男の『やさしさ』のうさん臭さ」を熟知していたと考えるべきだろう。(3) つまり、「私」が「怖かった」のは、「やさしさ」と（それこそやさしく）言いかえられた男の「身勝手」や「無気力」や「甲斐性のなさ」であったかもしれないのだ。哀感漂う男女のつましい姿を詩的なタッチで描きつつ、実は男を美化せず客観視している点にこそ、この歌のオリジナルな洞察が見て取れるだろう。

では、どうしてそのように中途半端なやさしさが、時代の流行となりえたのか。ひとつの鍵は、同じかぐや姫が歌った「あの人の手紙」（七二）が提供してくれそうだ。この歌は、戦場から突然帰ってきた男について、次のような物語の幕切れを用意する。

あなたのやさしいこの手は　とても冷たく感じたけど

あなたは無理して微笑んで　私を抱いてくれた
でもすぐに時は流れて　あの人は別れを告げる
いいのよ　やさしいあなた　私にはもうわかっているの
ありがとう私のあの人　本当はもう死んでいるのでしょう
昨日　手紙が着いたの　あなたの死を告げた手紙が[*10]

これはつまり、戦死した男の亡霊に抱かれるという、歌謡文学史上ほかに例を見ないゴシック・ホラー・ソングだが、ここで注目すべきは、その男に関して反復される「やさしい」という形容詞である。このやさしさとは、戦争という暴力の世界から（死んで「冷たく」なり）離脱したことによって獲得された美徳である。国内では内ゲバや浅間山荘事件、そして国外では何よりベトナムに揺れた時代にあっては、非暴力としての消極的なやさしさがそれ自体、ひとつの価値となりえたであろうことは想像に難くない。

七〇年代歌謡曲においてはしたがって、伝統的にいささか手垢のついた女性のやさしさではなく、時代の必然として新しく浮上した男性のやさしさこそが注目されたのである。かまやつひろしの「我が良き友よ」[*11]（七五）の語り手は、「時の流れ」が（それまで反意語だった）「男らしい」と「やさしい」を同意語にした、その価値観の変化を複雑な思いで見据えている。

男らしさと人が言う　おまえの顔が目に浮かぶ
力ずくだと言いながら　女郎屋通いを自慢する
ああ　夢よ良き友よ　時の流れをうらむじゃないぞ
男らしいはやさしいことだと　言ってくれ

これはつまり、「力ずく」の手込めをほのめかしながら「女郎屋」で買春する、という「バンカラ」な「古き時代」が過去に消えたということである。いま、「女房子供に手を焼きながらも生きている」語り手にとって、若さとは、「学生服にしみこんだ男の匂い」が象徴する季節のことであった。が、それはすでに激しいアナクロ感をともなう遠い記憶のユートピアと化している。

こうして当時、かぐや姫以降のいわゆる叙情派フォークを中心に、「傷つけるのはキライ、傷つけられるのはもっと嫌いだ、という『優しい若者』像が浮かび上がってくる」のだが、その「優しさとは、自分自身への防御であり、現実を直視せずに夢物語へ逃避すること」でもあるという側面を持っていた。[4] 精神科医の大平健は、「一九七〇年前後」から「メイジャーな価値」となった「やさしさ」の意味が、それ以降、「治療」から「予防」へと変化することを指摘する。つまり、積極的なケアを施す「濃い」やさしさは、消極的に衝突を回避する希薄なやさしさへと変わっていくのである。(5) したがって、七〇年代、やさしいはずの若い男性は、(「神田川」の語り手のようには忍耐強くない) 女性から見ると、しばしば、冷たかったのである。「傷つく世代」(七三) の南沙織はそうした逆説を歌う。

会えば会うほどあいつ　とても謎なの
やさしくて頑固で冷たくて[*12]

「傷つく世代」とはつまり、年齢的に多感な「青春時代」を指すと同時に、時代に傷ついた「団塊直後の世代」を指してもいるのだろう。一見両極に見えるやさしさと冷たさが実は同じコインの両面であるという認識は、渡辺真知子の「ブルー」(七八) にもあらわれている。

あなたはやさしい目
だけどとてもブルー
凍りついてしまうほど[*13]

おそらく、「神田川」的に、男は女に甘い言葉をささやく必要もないし、デートへ連れだす義務もない、という状況がある種の郷愁を感じさせた背景には、当時、女性の側からのロマンティックな要求が過剰なまでに高まってきた、という事情もあるだろう。本書の初めに見た通り、七〇年代は、恋愛結婚イデオロギーの時代でもあったことを忘れてはならない。いまなお、よくある雑誌のアンケート調査などで、女性が理想の男性に求めるものとは、経済力とならんで「やさしさ」である。だがここでいう「やさしさ」とは、「神田川」的なそれではありえない。むしろ、ちあきなおみの「四つのお願い」（七〇）的なやさしさなのである。この歌は、四つのお願いがあると言って、

一つ　やさしく愛して
二つ　わがまま言わせて
三つ　さみしくさせないで
四つ　誰にも秘密にしてね*14

と一番でその四箇条を述べる。が、歌はそのあと三番まで続くので、実は四つ以上お願いをする。何だか巧妙な気はする。が、ともあれこれは、一番の最初で「やさしく愛して」、二番の最初で「やさしくキスして」、そして三番の最初でも「やさしくいつで

も」と、ひたすらにやさしさを求める歌なのである。そのやさしさとはもちろん、強引に支配しない、というだけの消極性や受動性を意味していない。むしろ、ロマンティックに尽くしてくれるマメさや能動性のことを言っているのだ。つまり、男が考えるやさしさと、女の期待するやさしさが、大きくズレていたのである。

「神田川」を作詞した喜多條忠も、男女間でこのような認識のズレがあることは、充分承知していたに違いない。というのも、彼はキャンディーズの「やさしい悪魔[*15]」（七七）の作詞者でもあり、そちらでは「やさしい」「悪魔」を「スイート」「デビル」とサビで英訳しているのだ（言うまでもなく、「神田川」の男が「スイート」なやさしさを示すことはない）。キャンディーズのついでに言うなら、「やさしい誘いに弱い」から「電話が鳴っても出ない[*16]」という「ハートのエースが出てこない」（七五）も、男の能動的／誘導的なやさしさを問題にしている。また、麻丘めぐみの「わたしの彼は左きき」（七三）では、「やさしく小指をつなぐ[*17]」男が描かれるし、榊原郁恵の「いとしのロビン・フッドさま」（七八）には、「やさしいまなざしで私を誘う[*18]」男が登場する。あるいは、「別れて半年たったけれど／やさしい便りを待っていた[*19]」という、ダ・カーポの「結婚するって本当ですか」（七四）において、「やさしい便り」というのは、「もう一度やり直せないか」という、積極的な歩み寄りを意味するだろう。

もっとも、男の能動的なやさしさは、常に歓迎されるべきものとも限らない。その種のやさしさをもっと現実的に相対化するのが、(若さの期待感より）経験の知恵に依拠する演歌である。このジャンルには、やさしい言葉を口にする男は遊び人である可能性が高く、口説いたあとは簡単に女を捨てる、という知見（ないしは公式）がある。具体的には、「やさしい言葉がしみた」ので「だまされちゃって」[*20]という藤圭子の「新宿の女」(七〇）などが典型となろう。あるいは、「ひとりの身体《からだ》じゃない」という「やさしい嘘」[*21]に絡めとられた女を歌う中条きよしの「うそ」(七四）もある。さらに、増位山太志郎の「そんな夕子にほれました」(七四）は、「やさしい言葉」に迷わされた「暗い過去」[*22]を持つ女の悲哀と愛おしさを歌う。しかし、良くも悪くも、言葉巧みにお世辞や口説き文句を言えない「やさしい」若者というのは、結局、「冷たい」自己中心主義者、という袋小路にはまりこむ。つまり、若さと結びついたやさしさは、男性性への違和感から出発したにもかかわらず、いつしか、ある意味これまた男性的な自衛／自閉の殻を築いてしまうのだ。

唐突ながら、ビリー・ジョエルの「オネスティ」(七八）は、表面的な「やさしさ」よりも「誠実さ」[*23]が必要だと呼び掛けた。この歌が、全米チャートでは二四位にとどまったのに、日本ではポップスチャートの一位に輝いたのは興味深い。というのも、七〇年代の末頃から、「傷つけあわないやさしさ」の流行に対する懐疑の視点もあからさまになってくるからだ。たとえば海援隊の「贈る言葉」(七九）は、「信じられぬと嘆くよりも／人を信じて傷つく方がいい」と説き、「求めないでやさしさなんか／臆病者の言い訳だから」[*24]と、熱血人情派の復権を訴えた。また、「魅せられて」（七九）のジュディ・オングは、伝統的な男性像への揺り戻しをほのめかすかのように、「やさしい人に抱かれながらも／強い男にひかれてく」[*25]という女性のあくなき欲望を肯定した。そして、八神純子の「みずいろの雨」（七八）もまた、七〇年代的なやさしさの限界を突く。ここで、語り手の女性は、自分の「ひとときの気まぐれ」を「見ないふりしていた」恋人に、「やさしい人ね、あなたって人は」[*26]と思う。が、それは素朴な褒め言葉ではない。「とがめる言葉なら素直に聞けた」けれど、「傷ついたその分淋しい目をしてた」相手に語り手は耐えられない。そこで彼女は、もういっそこの愛も「崩れてしまえ」と、やさしい仮面の破壊を願うのである。これがさらに八〇年代になると、「十戒」（八四）の中森明菜が現れて、「やさしいだけじゃもう物足りない」[*27]と宣言する。それは、若いやさしさの七〇年代そのものを、過去へと葬り去ってしまう一声でもあった。

■少年少女のフェミニズム

以上に見たやさしさの政治学は、挫折した学生運動を歴史的背景に浮かび上がったものであり、そこで問題になる若者像というのは、主として大学生以上の年齢が想定されていた。しかし、歌謡曲の七〇年代とは、一〇代半ばのアイドルたちが目に見えて台頭してきた時代でもあり、若さと幼さの交わる年齢に目を向けるならば、もう少し違った時代像と男女像も浮かび上がってきそうである。以下に記述したいのは、男の「やさしさ」とおそらくは連動する、男の子の「かわいさ」や「美しさ」の流行である。これは、一九六八年、「腕白でもいい、たくましく育ってほしい」と唱えた丸大ハムに対するアンチテーゼだと位置づけてもよい。とはいえ、あまり、少年自身が「かわいくありたい」と主体的に考えるわけではないとすると、その意味では、少女ないしは女性の目線こそが、美少年の理想と流行をプロデュースするのだとも言える。

この文脈でとりわけ強調されるべきは、少女漫画文化と美少年アイドル歌謡との連携であろう。この両者のタイアップが初めて鮮烈に浮かび上がったのは、おそらくグループサウンズの時代である。一九六八年の『週刊マーガレット』は、どの号もみな、タイガースやテンプターズの写真をグラビアに載せていた。その翌年には、フォーリーブスも表紙を飾っている。さらに、同誌が『ベルサイユのばら』を連載した一九七〇年代前半というのは、ちょうど、「男の子女の子」（七二）の郷ひろみ、「イルカにのった少年」（七三）の城みちる、そして「気になる17才」（七四）のあいざき進也といった美少年アイドルが次々デビューした時期と重なっている。何を隠そう、JOHNNYS'ジュニア・スペシャルが歌う（そのものズバリ）「ベルサイユのばら」（七五）という歌もあった。池田理代子の記念碑的作品は、異性装とジェンダーの攪乱を核心的な主題とすることで、日本の少女漫画史のみならず、広く大衆文化の意味にも変化をもたらした。

そこで、まずは、郷ひろみである。「男の子女の子」（七二）でデビューした彼は、その「かわいい」ルックスを十分武器にした。つまり、榊ひろとがジャニーズ系のアイドルについて言う、「欲望の対象として客体化される男性像」を彼は確立したのである[6]。それは、三年後、キャンディーズが「年下の男の子」（七五）を歌う素地を準備したのだと言ってもよい。その限りにおいて、彼は、女性が欲望の主体となりうるようなフェミニズム的可能性を後押ししたと言える。が、歌詞の手触りに即す限り、「男の子女の子」の内実は、先導する男の子とついてくる女の子、というそれ自体はおなじみの構図であり、伝統的な男女観を転覆させるような真新しいものではない。なるほど、初期の郷ひろみは、「やさしさ」をしばしば口にする。が、それは先の議論に照らすなら、男の「身勝手」に近い。「お互いのやさしさをもっと出しあえる」はずだという「よろしく哀愁」（七四）は、つまるところ「疲れた日の僕をそっと眠らせて[*28]」と訴えるものだし、「やさしく愛しあおう」という「花のように鳥のように」（七五）も、「寂しい朝にはそばにいてほしいよ[*29]」と、尽くすよりは尽くされることを考えている。あるいは、「やさしく育てた愛」を強調する「あなたがいたから僕がいた」（七六）にしても、「傷ついても耐えてゆける素直なあなた」に、「疲れた日は甘えたい僕なんだ[*30]」と言ってしまう。これは、俗に言う女性の「母性本能」を刺激する戦略になっているが、そのような「甘え」は、一見、少年的に見えるものの、すぐれて日本成人男性的でもある。

この点、（郷ひろみと同様、少女漫画の王子様のようなフリルの衣装に身を包んだ）城みちるは、女性の「母性本能」よりシンデレラ願望をくすぐる歌を歌い、尽くされるより尽くすイメージを打ち出した。彼は、そもそも、歌手であるというよりも、「イルカにのった少年」の代名詞であり、七〇年代的なひとつのイコンであった。その伝説的少年が、「愛の花束胸に抱き」「君に会うためやってくる」[*31]となると、これはもうフェミニンな王子様のファンタジーである。ここに漂う幻想性というか現実味のなさは、ある意味、グループサウンズの遺産であるかもしれない。イルカにのって「遠い国からやってくる」少年は、「遠い国からとんできた」[*32]王子様を歌うタイガースの「星のプリンス」（六七）と通じている。「城」みちるの名字は、まさしく王子様の居住空間を連想させるが、思えば、お城というのもグループサウンズに好まれたイメージである。ブルー・コメッツの「ブルー・シャトウ」（六七）を訳せば「青い城」だし、オックスの「ガール・フレンド」（六八）は、「夢のお城に住んでいる」[*33]少女を歌うものだった。また、「みちる」という名は童話的に、チルチル・ミチルの『青い鳥』を想起させるが、ミチルはチルチルの妹なので、メーテルリンク的に言うと、「みちる」というのは女性名である。実際、「青空に両手を」（六五）というカヴァー・ポップスを歌った槇みちるという女性歌手もいた。この点、城「みちる」は、やはり女性的な連想の強い郷「ひろみ」

のイメージとも重なってくるだろう。

一方、名前にソフトなひらがなが入っている点、郷ひろみ・城みちるとも通じるあいざき進也は、七〇年代美少年系アイドルの中にあって、最も「男っぽさ」を感じさせない存在だった。「気になる17才」における きわめて印象的なレトリックのひとつに、「涙」を「愛の星に変えちゃうよ」[*34]という表現がある。これは、瞳をキラキラと描く同時代の少女漫画に依拠したイメージではあるまいか。数年後には、「乙女座 宮」（七八）の山口百恵が、「少女漫画の恋人同士ね／二人の目に星が光る」[*35]と歌っていたことも見逃せない。さらに余談めくが、歌謡曲と少女漫画の関わりといえば、原田真二にも触れておくべきだろう。彼にいくつかの詞を提供した松本隆は、自らの作詞作品を集めた記念アルバム『風街図鑑』の「風編」ボックスCD解説ブックレットの中で、初めて原田真二に会ったときの印象を、「竹宮惠子の漫画から抜け出してきたんですか？って感じ」の「目を疑うような美少年だった」と語っている。またあるとき、たまたま羽田空港で原田の新曲のタイトルを考えていた松本が、アイディアにつまり、売店にあるだけの少女漫画を買ってきたら、その中に『キャンディ・キャンディ』があり、そこからヒット曲「キャンディ」（七七）の題名が生まれたのだという。ちなみに「街編」のブックレットには、七〇年代を代表する漫画家のひとり、萩尾望都が松本隆へのエッセイを寄せているのも興味深い。

　さて、あいざき進也に話を戻そう。彼のヒット曲は、「僕のこの気持ち」に「いつか気がついてくれたらいいのに[*34]」という「気になる17才」も、「ミスターＤＪ、あの子が好き／この想い伝えておくれ[*36]」という「恋のリクエスト」（七五）も、自分では直接想いを伝えられない内気で「少女的な」少年のもどかしさを歌っている。これは、ある種の男性のうちに切実な共感を呼び覚ますし、女性リスナーでも作品世界へ感情移入しやすい設定である。とりわけ、明治チョコレートのＣＭソングだった「愛の誕生日」（七四）は、歌う者と歌われる者の性差を曖昧にする。

花のような　君が好き
柔らかな　風にも～っ（↓ファルセットでハネあげる）
負けそうな　折れそうな
守ってあげたいの[*37]

　ここで、「風」が吹いても「折れそう」なのは、人並みはずれて細身のあいざき自身なのだが、その彼がどうしようもなくやさしい声で「守ってあげたい」と言うのは何とも逆説的である。歌謡界の歴史は長しといえども、彼ほどスイートに少女的なソフト・ヴォイスを印象づけた男性歌手はまずいないだろう。あいざき進也を語ろうとする者は、活字言語の限界に直面せざるをえない。あの声の色合いを言葉で説明することは、キウイを食べたことのない人間にその味を説明するのと同じくらいに難しい。が、郷ひろみの歌が入ったテープを、回転速度の調節ができる再生プレイヤーで速度をあげて聴いてみたところ、案外あいざき進也に似ていたことは、一応報告しておきたい。二人はともに、本来ありえないはずの人工的プラスチック・ヴォイスをもって、「自然な」少年的アイデンティティを攪乱するのである。

さて、少女漫画（的な歌謡曲）のエッセンスが、「少女のような少年」と「少年のような少女」との交わりにあるとしたら、これまでに見た美少年の系譜に加え、いわゆるボーイッシュな女性アイドルにも目配りが必要となるだろう。時代の流行であった「かわいい男の子」の、言わば女の子版はどうなるのか。そこで、話の締めくくりに、「少年のような少女」ないしは「少女のような少年のような少女」として、桜田淳子を取り上げておきたい。おそらく、彼女の登場により、「ボーイッシュ」という言葉は日本語に初めて定着したが、男女の枠組みをこえた彼女のイメージを表わすもうひとつのキーワードは、「天使」である。これはもちろん、彼女のデビュー曲である「天使も夢みる」（七三）と、それに続く「天使の初恋」（七三）によってアピールされたイメージだ。まず前者では、[*38]「幸せ少し分けてあげると誰かがくれた」のに対し、「幸せすぎて何かあげたい気持ちになる」という、相互的で平等な「幸せ」の交換が歌われる。後者はさらに、「私がそよ風ならば／あなたは大きな花ね」[*39]と、通例と逆に男性を「花」にたとえ、そこへ訪れる「風」としての女性を描く。これは、男女をめぐる動と静の伝統的イメージを覆すとともに、「ささやく言葉をもって／近くへ近くへ行くわ」と言うことで、受け身に耐えたり尽くしたりする女性像ではなく、自らの声をもって行動する個人像を打ち出している。

天使とは、本来、性別を超越した存在であり、おそらくはその性的超越のゆえに、〈非・大人〉との親和性が高い。したがって、早熟さや男っぽさを感じさせたかつての美空ひばりや水前寺清子は、ジェンダーのねじれを体現するとしても、ボーイッシュという形容詞や天使のイメージにはなじまない。桜田淳子の特異性は、成人男性的な規範への参入に執拗なくらい躊躇したことだ。彼女は、子供と大人の境界領域にあって、年齢的な中心を相対化した。言い換えるなら、天使に、「少年的」な「元気のよさ」があっても、「男性的」な「力強さ」は禁物なのである。その点、和田アキ子が「天使になれない」（七一）を歌ったことは納得がいく。無垢と成熟のあいだでギリギリの綱渡りをする桜田淳子の作品は、しばしば境界線上にある自己をモチーフにする。「私はまだ少女なのかな」[*40]という「花占い」（七四）のあと、「大人びたふり」[*41]の破綻を語る「はじめての出来事」（七四）が続き、「もう私は大人、大人のつもりです」[*42]という「ひとり歩き」（七五）で前に進み出たかと思うと、「もう少し子供でいたいのよ」[*43]という「天使のくちびる」（七五）で後ずさりする。

このような揺れまどいを考慮すると、たとえば、「ひと夏の経験」（七四）で、「あなたに女の子の一番大切なものをあげるわ」[*44]と言い放つ山口百恵の方が、少女として「進んで」いると思う向きもあろう。が、「愛する人が喜ぶなら」と、男性のために「守ってきた」ものを「ささげる」少女は、実のところきわめて伝統的である（ただし当時、「女の子の一番大切なもの」とは何ですか、と意地の悪いインタビューを受けた山口百恵は、「まごころです」と開き直っていた）。むしろ、自らの意志で性的成就を拒み、いわば、ときめきのオルガズムを延命させる少女の方がある意味はるかに急進的であろう。それは、抑圧や慎みというよりも、悦びの自己決定であり、性の自己実現である。ちなみに、男女いずれにせよ、自らの「フェミニスト度」を知りたければ、デビュー当初の桜田淳子と山口百恵と、どちらの歌が好きかを自問してみるとよいだろう。もし後者が好きならば、まず、フェミニズムからは遠く隔たった感性だと思って間違いない。阿木燿子と出会う以前の山口百恵は、父権的な男女観をこれでもか、と補強するような作品を歌うばかりである。もっとも、フェミニストであることと人格者であることは別の問題なので、百恵ファンの感性を否定するつもりはない。ただ、淳子ファンにももっと光を、とここでひそかにつぶやくくらいのことは許されるだろう。

ともあれ、「天使学」の大家であるM・J・アドラーも言う通り、本来、「天使は純粋に霊的な存在であるがゆえに、情念あるいは肉体的欲望をもつことができない」[7]。そこで、子供と大人の境界を歌う桜田淳子は、情念への敷居とも言うべきくちづけという行為に拘泥する。「天使のくちびる」の冒頭、「ふれないで私のくちびるに／かわいい天使のままでいさせて[*43]」というのは、情念の領域を回避する天使のアイデンティティ表明である。この歌は、くちづけの拒否というモチーフにおいて、（「人さし指」での「くちづけ[*45]」しか許さない）黛ジュンの「天使の誘惑」（六八）を継承しているかもしれない。しかし、淳子の他の作品も思い出すと、「天使のくちびる」より早く、「あまりにも突然くちづけをされた[*41]」という、「はじめての出来事」がすでにかなりのヒットとなっていた。さらに言えば、それよりも早く、「わたしの青い鳥」（七三）や「黄色いリボン」（七四）の中で、すでにファーストキスは交わされていた。にもかかわらず、〈何度目でも初めて感〉を与えるのが、淳子の天使的世界を貫くマジックにほかならない。とりわけ、「わたしの初恋／いつでもさわやか[*39]」という、「天使の初恋」のサビは、よく考えると不思議な表現だ。おそらくは、「いまは初恋の最中だから、朝でも夜でもさわやか」という意味に理解すべきなのだろう。しかし、素直な文法で読むと、「わたしの初恋は、いつでもさわやか」という意味に聞こえ、あたかも、「わたしの朝食は、いつでもシリアル」と言うのと同様、「初恋は毎回さわやか」と言っているかのようだ。

実際、桜田淳子は、新曲が出るたび初恋を繰り返すかのごとく、くちづけに憧れ、ためらい、ときめく少女の想いを歌い続けた。もちろん、どの歌を聴いても、そこから先へは進まない。くちづけひとつでこれほど引っ張った歌手も珍しい。上に引いた初期のくちづけ作品のほか、「あなたとガラス越しにくちづけしたい[*40]」と願う「花占い」（七四）、「誰かと不意にくちづけする」のは「あぶない[*46]」と戒める「夏にご用心」（七六）、「すぼめた唇が光って見えるわ[*47]」と期待する「ねえ！気がついてよ」（七六）、「そっと重ねたあなたのくちづけ[*48]」に戸惑う「あなたのすべて」（七七）、「去年のくちづけ、酸っぱい葡萄だった[*49]」と振り返る「気まぐれヴィーナス」（七七）、「たまに冒険もしたい」から「くちづけするかもしれない[*50]」と大人ぶる「アヴァンチュール」（七七）――とここまでは、すべて阿久悠の演出した世界だが、そうした文脈を背後に今度は松本隆が「リップスティック」（七八）を書いたことは、桜田淳子の唇マジックを完成／完了させる見事なクライマックスであった。みずみずしくボーイッシュなときめきの表現者として、桜田淳子と比較しうる歌い手は、そのデビュー曲でどうにもとまらないドキドキ感を歌った二一世紀の松浦亜弥しかいないのではあるまいか。唇マジックとは、つきつめれば、ハートにストップモーションをかけられるか否か、という時間のマジックなのだ。月日とともに成熟するのは小説的だが、永遠のうちに息をのむのは詩的である。そして、上質の歌は一瞬、おそらくはかけがえなく人間的な一瞬、散文のただなかに生きる我々をゆくりなくも詩人にする。

歌謡曲の仕事とは畢竟《ひっきょう》、性（差）の倦怠感に抗う天使的な〈何度目でも初めて感〉の終わりなき再生産であり、単なる癒しや快楽とは違う、何らかの異化作用を聴き手のうちにもたらすことである。それは、日常という名の淀みから、性／生が〈未知の不安とあこがれ〉であるような感覚をすくい取るいとなみである。しばしば、そこでは、既成の男女観が忘却され、年齢の価値体系は流動化する。年齢の攪乱はまた、時間と永遠をめぐる認識論の見つめ直しとも連動し、その意味では、本書で後に論じるレコードの反復可能性や、無常がもたらす抒情の現象学へも話はつながっていくだろう。もちろん、十代後半をアイドルとして駆け抜けた桜田淳子が、その後いかなる社会的評価を受けようとも、諸行の無常を嘆くには及ばない。我々は、彼女のシングルヒットの全てをいつでもいつまでも、繰り返し聴きながら、永遠を再発見する（その点、あいざき進也の全曲集も、二一世紀中にはデジタル化されることを信じたい【と書いた筆者の願いはその後叶えられ、今では彼のベスト盤やコンプリート・アルバムを聴くことができる】）。とあるアメリカ人作家がいみじくも述懐したように、歌の薔薇と記憶の薔薇だけは、枯れずに残る薔薇なのである。

〈注〉

（1）井上俊他編『成熟と老いの社会学』（岩波書店、一九九七年）に収録の論文、上村くにこ「エイジズムまたは文明のスキャンダル」九二頁を参照。
（2）石原信一『あの日フォークが流れていた――ぼくらの時代に輝いていた二五曲』（シンコーミュージック、一九九六年）八二頁。
（3）村瀬学『なぜ「丘」をうたう歌謡曲がたくさんつくられてきたのか――戦後歌謡と社会』（春秋社、二〇〇二年）一四〇頁。
（4）小室等ほか『ジェネレーションF――熱狂の七〇年代×フォーク』（桜桃書房、二〇〇一年）の第三章、「フォーク・ソングが歌った恋愛のカタチ」（執筆者・小川真一）一〇四頁。
（5）大平健『やさしさの精神病理』（岩波新書、一九九五年）第六章を参照。
（6）稲増龍夫&ポップス中毒の会『歌謡曲完全攻略ガイド68～85』（学陽書房、一九九六年）二六頁。
（7）M・J・アドラー『天使とわれら』稲垣良典訳（講談社学術文庫、一九九七年）二一一頁。

6　ウラ＝ウラよ！——異性愛の彼岸

■「逸脱」する女性

七〇年代リブをイメージするとき、おそらく誰もが思い出すのは、その過激な戦闘性をもって名を馳せた「中ピ連」であろう。筆者のごとく当時は小学生だった世代の人間でも、「チューピレン」という何とも日本語らしからぬ（ちょっと「チンピラ」にも似た）音の響きには聴覚的インパクトを受けていたし、とにかく何だか怖そうな人たちの集団、という漠然とした認識は持っていた——というか、持たされていた。けれども、その呼び名が、「中絶禁止法に反対しピル解禁を要求する女性解放連合」の略称であろうとは、そもそも性教育など受けていない男子小学生に、もちろん分かるはずもなかった。学校では、女子児童向けに「衛生講話」があったものの、男子はといえば、誰かが持ってきた奈良林祥のハウツー本を回し読みして「自習」した時代である。

日本では、一九九九年のピル解禁により、かつては笑い者か厄介者でしかなかった中ピ連も、その主張自体はまったく正当であったことが、ようやく法的に認知される運びとなった。しかしそこへ至る長過ぎた（けれども最後はあっけない）プロセスは、女性がいかにして性の主体となりうるか、というのが、決して過去の問題ではないことをはからずも明らかにした。つまり、男性が欲望の主体となることは「健全」であり「成熟」であり、そのためにはバイアグラももちろん正当である一方、女性が同じような性的主体性を獲得するのは「過剰」であり「逸脱」であり、ピルはバイアグラのおまけ／ついでに渋々認可された形である。一見、性的な解放が進んだかに見える現代日本にあっても、女性の積極的な欲望を禁止する通念は、いまだ払拭されてはいないのだ。逆に言えば、中ピ連の七〇年代にこそ、今日的な性の問題意識は目に見える形でくすぶっていた。そして、当時を駆け抜けた歌謡曲が、そうした時代の欲望と抑圧を、ひそかに刻印していたとしても不思議はない。前章では、年齢において「中心」から隔たった結果として生じる（主として男性の）「やさしさ」や「かわいさ」を考えた。以下に注目したいのは、この「やさしい」男性たちと対を成すかのような「激しい」女性たちの台頭である。伝統的な男女観を再生産する異性愛の磁場の中で、ある意味力強く逸脱的な女性歌手は、いったいいかなる抵抗や挑発を試みたのか。

すでに見た通り、七〇年代前半、郷ひろみ、城みちる、あいざき進也と、漢字にひらがなを組み合わせた「ソフト」な印象の男性アイドル歌手が浮上した。ところがその一方、漢字にカタカナを組み合わせる「ハード」な女性歌手もこぞってヒット曲を出していた。彼女たちは、作品のテーマとして、性的な情熱や親密さをはっきりと口にするし、パフォーマンスの上でも、その歌唱法やアクションにおいて「お色気」を強調したのが共通点である。具体的には、奥村チヨ、辺見マリ、夏木マリ、そして山本リンダの名前を挙げることができよう（安西マリアは、「お色気」路線というより「健康セクシー」路線なので一応除外しておく）。番外編として、一九六九年になるが、丸善石油のCMで「オー・モーレツ！」とスカートを押さえた小川ローザもカタカナお色気タレントであった。このCMは、その後三〇年以上たって、菊川怜（コスモ石油）、桑田佳祐（WOWOW）によってそれぞれリメイクされた記念碑的な作品でもある。

ともあれ、当時、（フランク永井や山本コウタローはいたが）「漢字にカタカナ」の男性歌手がさほどメジャーになることはなかった。このことは、〈外来〉ないしは〈ハーフ〉の感覚を宿すカタカナが、カヴァー・ポップスの時代をへて、女性のセクシュアリティを暗示する文化的記号となっていたことを意味するだろう。風圧でまくれ上がる小川ローザのスカートにしても、もちろん、その原型としてあるのは、マリリン・モンローという〈外来〉の衝撃である。つまり、性的な挑発があからさまであることは、カタカナ的＝脱日本的な逸脱性を示唆していた（七〇年代、「漢字にカタカナ」が似合った男性は、マッチョなプロレスラーである）。思えば、千昌夫がJ・シェパードと結婚して世間の話題をさらったのは、一九七二年のことである。西洋人女性のセクシュアリティというものが、逸脱的なインパクトをもって想像される時代であった。

ここで、前述のハードな女性歌手に詞を提供したのはどうせほとんど男だし、その詞は男に都合のいいファンタジーを描いているだけだろう、と初めからタカをくくるべきではない。あるいは、女性が詞を書けばフェミニスト的な可能性が生じるものだ、と自動的に考える根拠もない。たとえば、女性である安井かずみが作詞した辺見マリの「経験」（七〇）などはどうか。この歌はその冒頭、「やめて、愛してないなら」[*1]と、一見、ノーと言える主体的女性を描いたように聞こえなくもない。けれど、愛のないところにセックスもない、という発想自体、実はロマンティック・ラヴ・イデオロギーを追認する規範的な考え方である。さらにこの「やめて」は、「やめてヘッ」と、語尾にハ行の音を響かせるように息を過剰に吐き出す「お色気唱法」なので、ヤメテヤメテもシテのうち、という印象を醸し出す。この歌が結局、「あなたのあとをついてゆきたい」という古い女性像を裏書きするとしても何ら不思議はない。

「やめて」と言えば、奥村チヨの「中途半端はやめて」（七〇）という歌もあった。これは、「責任とって、あなたも男なら」[*2]と、相手に白黒はっきりつけさせようという女性の歌である。どうやらここで、究極の「責任」とは籍を入れることであり、その背後には、本書の一章でみた恋愛結婚イデオロギーの強迫がある。したがって、「経験」の場合と同様、この歌の「やめて」は、政治的にそれこそ「中途半端」な抵抗であり、

「恋の奴隷」（六九）ほどではないにせよ、保守・なかにし礼の美学を打ち出している。が、同じ奥村チヨの作品でも、山上路夫の書いた「くやしいけれど幸せよ」（七〇）は、いくぶん事情が違う。この歌は、「男と女を比べたらどちらが悪いの」と問いかけて、「一から十まで男が悪い[3]」とはっきり自答する。これは、各論ではなく総論であり、男性のワガママが通る社会そのものへの抵抗である。なるほど、それでも最後に語り手は、「抱かれ」て「幸せなのよ」と言いはする。しかし彼女は、ひとこと「幸せ」だと言う前に、その二倍、「くやしい」ことも強調する。

　だけど今日もまた　あなたに抱かれ
　くやしいけれど　（ン〜！）くやしいけれど　幸せなのよ

このサビにおいて、二回目の「くやしい」の前の「ン〜！」という一声は、お色気唱法ではない。怒ったような唸りというか力みが入り、本当にくやしそうなのである。穿った見方をすれば、この歌全体が「ン〜！」の迫力に収斂すると言っても過言ではない。それは、「くやしいけれど」のフェミニズムと、「幸せなのよ」のリアリズムが、互いにせめぎあい、きしみあう迫力である。

さらに、「くやしい」のを通り越して「我慢できない[4]」と訴えるのが、夏木マリの

「絹の靴下」（七三）である。すでに一章でふれた通り、この歌は、階級差を前提とした結婚という制度への懐疑をほのめかしている。そして、その制度が封じ込めているのは、女性のセクシュアリティであることを語り手は告発する。その告発は、欲望の独立宣言であると言いかえてもよい。たとえば辺見マリの「経験」の場合、「愛して」[*1]いることが身体的交歓の要件であった。奥村チヨの「くやしいけれど幸せよ」も、不本意ながら「恋するうれしさ」[*3]を否定することができない。一方、「絹の靴下」は、「愛」や「恋」を一言も口にすることなく、「抱いて獣のように」とか、「裸の私に火をつけて」[*4]とか、性的情熱のみを抽出する。「砂の上ころがる女が何より似合う」と自認する語り手は、男性の欲望を受け止める器ではなく、自らの欲望に従って相手をリードしうる女性なのだ。その積極性を目に見えるジェスチャーとして示したのが、夏木マリの誘惑の指であったことは言うまでもない。

　このような欲望の自律性という主題に照らすなら、夏木の「絹の靴下」を、北原ミレイの「ざんげの値打ちもない」（七〇）へと接続することもできる（そう言えば、北原ミレイも「漢字にカタカナ」だ）。この歌は、その最も印象的な一節において、

愛というのじゃないけれど
私は抱かれてみたかった[*5]

と、（男性において、なら珍しくないのだが）女性において「愛」と「性」が必ずしも連動しない、という事実を突きつける。もっとも、そこには、「やっと十四になった頃」という年齢設定があり、欲望する女性というよりは、性に目覚める（不良？）少女が印象づけられる。加えて、その五年後にあたる「十九」の頃、「細いナイフを光らせて／にくい男を待っていた」と「ざんげ」する語り手は、生産的な逸脱よりも、破壊的な違反に走っていたのだと言わざるをえない。その点、セクシュアリティの前向きな自己決定を実現すべきフェミニズムへの道のりは、まだ遠いと考えるべきだろう。が、愛と性の癒着を問い直すという意味では、北原ミレイから北原みのり、という（三〇年の距離をこえた）連続性も見えてくる。

女性の、女性による、女性のための（人さし指装着式）小型バイブレーターを開発した北原みのりは、恋愛の強迫から性の多義性を守るべきだと考える。つまり、彼女によれば、「セックスは、愛だったり、友情だったり、快楽だったり、欲望だったり」するので、「正しいセックスなどない」し、「ペニスをヴァギナに入れることがセックスである、と定義しているような文化や法の方が奇妙であって、実際に、人は、いろんな形のセックスを経験している」(1)。これは、マスターベーションのみならず、広義の「スキンシップ」やオーラルセックスや同性愛をも視野に収めたセックス観であり、求心的で規範的な異性愛のモードに対して再考を促すものだ。

考えてみると、歌謡史に限らず日本の大衆文化史において、これまで、女性を愛するアイデンティティのゆえに広く認知されて成功した女性というのは、ほぼ皆無である。この点、ゲイを自認する男性はとりあえず芸能界のような環境であれば社会的に認知され、それを「売り」にさえしうることを思うと、一口に同性愛といっても男女の非対称は明白であろう。日本のレズビアン文化は、ゲイ文化に比べ、いまだあまりにも貧しいし、世間からの偏見も厳しいのだ。このことは多分、出産に始まる母親業を女性の義務であり美徳であるとみなす文化的風土とも無関係ではない。そのため、規範の内側で生きようとする日本人女性には、異性愛の「常識」を逸脱する性的な「強さ」や積極性を遠ざけようという無意識が働く。しかしながら、アメリカのレズビアン批評家アドリエンヌ・リッチは、もはやそれ自体歴史的とも言えるエッセイ「強制的異性愛とレズビアン存在」（一九八〇）において、「資本主義と呼ばれる経済体制や人種主義というカースト制度」と同様な、「一つの制度としての異性愛」に批判を投げかける。誤解してはならないが、ここでリッチが光を投じるのは、「女性が他の女性との生殖器的性経験をもち、もしくは意識的にそういう欲望をいだくという事実」にとどまらない。より開かれた可能性として彼女が訴えるのは、「女同士のもっと多くのかたちの一次的な強い結びつき」にもとづく「実践的で政治的な支持の与えあい」である。(2)

もちろん、リッチは、そのような女性の連続体に男性が参与する可能性を考えてはいない。しかし、レズビアニズムが政治的に機能しないということは、異性愛を実践する女性にとっても損失であるばかりか、結果として男性の性役割をも不自由に固定する、と言わざるをえない。常に男が性的（ひいては社会的）主導権を握り、他者に対する「責任」を引き受けて、「弱者」をコントロールするという状況は、性指向にかかわらず、ある種の資質や信条をもった男にとって、大変な苦痛となる。したがって、異性愛を指向する男性が、「強い」女性、「逸脱」する女性、欲望の主体となる女性を支持する場合があってもまったく不思議はない。そして、（少なからず資本主義と共犯する）歌謡曲産業の支え手が基本的に男性であり、とりわけ女性歌手には「歌わせる」という側面があるにしても、流行歌とフェミニズムの連携はありうるし、その（すぐには見えづらい）連携を見極める視力を我々は持つべきだろう。実は、先に見た「絹の靴下」と「ざんげの値打ちもない」は、その詞を同じひとりの男性が紡いでいた。歌謡曲リブの七〇年代とは、何より、阿久悠という才能が画期的に頭角を現した時代だったのである。そして、彼が作詞を手掛けたある種の作品群は、強制的異性愛の呪縛とその超克を核心的な主題として、欧米のフェミニズムが八〇年代以降に理論化したポリティクスを、日本の土壌で先駆的に実践していたように思われる。

■ひとつではない女の性

「歌の中の『女』と『女性』」と題するテレビ講演（NHK人間講座「歌謡曲って何だろう」第九回、一九九九年八月三〇日放送）において、阿久悠は、「僕が本格的に作詞活動をしようと思ったときに、『女』として描かれてる歌を、『女性』という書き方で何とかできないものだろうか、ということが、これは大変な大きなテーマであった」と述べ、「勝手に男が作り出した」ところの「男の美意識」で成立している世の中を、「まったく裏から見て」詞を作る可能性を模索していた当時を振り返っている。そして彼は、とりわけ実験的な試みとして、山本リンダに提供した一連の作品があったと自己分析する。なるほど、当時は「アニメーション」に見えたリンダの「女性上位」ぶりが、今日ではしばしば現実となっている。最初にヒットした頃から二〇年後、九〇年代前半にリバイバルを見た彼女の歌は、紛れもなく時代を先駆けていた。

　リンダの政治学を典型的に示す具体例として、まず、いくぶんマイナーながら、「燃えつきそう」（七三）から話を始めよう。金子修介は、『失われた歌謡曲』の中で、リンダのこの曲にふれ、「靴を脱いではだしになったらその時点で、もう『♪もーえつきている』とは、イクのが早い」と解説しているが、[3]これはなかなか興味深い記憶違いである。もちろん、リンダの演ずる女はそんなに早々と力つきたりしない。正しくは、「裸足になるころには燃えついている」[*6]と彼女は歌う。だが、聴き手の脳裏で、「燃えつい

ている」が「燃えつきている」へと横すべりするのは、それなりの理由がある。歌の冒頭、

その気になったら　私はとまらない
この目が燃え出して　男を焼き尽くす

と豪語する女は、「尽きる」男のイメージを鮮烈に打ち出しているのだ。それゆえ、あえて平仮名で「燃えつきそう」と記されるこの歌の題名は、男は「燃え尽きそう」だが女は「燃え付きそう」だという、正反対の意味作用を暗にダブらせていることになる。すなわち、受動的に「弱い」男の性に対し、能動的に「強い」女の性がクローズアップされることで、ジェンダーとセクシュアリティの伝統的な連結は、あっけなくも見事に無効となってしまう。

ついでながら、リンダをめぐる金子のもうひとつの興味深い誤読は、「きりきり舞い」（七三）に関して、「歌い方は高い裏声で通した」と理解していることである。[4] なるほど、この曲を歌うリンダの声はか細く女性的だが、決していわゆるファルセットにはなっていない。実はあれがむしろ彼女の地声なのである。しかし、あの幼児少年的リンダ・ヴォイスが、あたかもオモテの声のごとく耳に残っている我々は、「きりきり舞

い」のリンダの方が作り声で歌っているかのような錯覚を受けるのである。ウラのウラは本来オモテのはずだが、彼女の様式化された発声はもはや表裏の感覚を突き抜ける。きりきり舞い、とはまさしくウラとオモテの区別を無化する高速連続反転を意味するのである。思えば、リンダのレトリックは、この他にも、「狂わせたいの」（七二）の「ぼやぼや」「ゆらゆら」[*7]や、「じんじんさせて」（七二）や「ぎらぎら燃えて」（七三）など、二重の同音反復が多いことに気づく。

このようなリンダの反転可能性は、彼女の歌う言葉の手触りとそのセクシュアリティ表象に即して、より詳細な分析を要するように思われる。というのも、彼女はしばしば、過剰な性をもてあますヘテロセクシュアルな色情、という（つまりは父権制に回収される）ある意味お決まりのイメージによって、そのフェミニズム的可能性を過小評価されているからである。「狙いうち」（七三）において、「磨き」をかけた肉体で「玉の輿」[*8]を目論む女は、（七〇年代歌謡の主流に抗い）結婚の計略性を空前絶後の激烈さで暴き出しているが、ここで、性的引力をもって男を手に入れようという戦略は、制度としての結婚のみならず、異性愛そのものの制度性をもあぶり出しているのではないか。

この問題をさらに見えやすくすくい取っているのが、リンダの新路線を最初に決定づけた「どうにもとまらない」（七二）であろう。この歌において最も意表をつくのは、

今夜は真っ赤なバラを抱き　器量のいい子と踊ろうか
それともやさしいあの人に　熱い心をあげようか[*9]

という部分である。なるほど、「やさしい」相手にハートを委ねるのは、ごく伝統的な女性のしぐさと言えるだろう。が、問題は、その前である。というのも、通常は女性にしか使われない「器量のいい」という形容の言葉が、ここではどうやら狙いをつけた男性に用いられているらしいからだ。それはもちろん、欲望する男と欲望される女、という所与の構図を強引に裏返すものとなる。しかし、はたして、「器量のいい子」とは、本当に男性なのだろうか。作品の歌詞に、それが女性であるという可能性を排除する決定的な要素は何もない。ただ、歌っているリンダが女性であるために、制度としての異性愛を刷り込まれた聞き手が、勝手に、狙う女と狙われる男、というイメージを描いているだけかもしれないのだ。こうしてみると、この作品は、十分に異性愛の絶対性を覆す契機を孕んでいる。

だが、かと言って、男喰いリンダからレズビアン・リンダへと、早計に二者択一的解釈を施すことも我々は慎まねばならない。それは、異性愛と同性愛を相互に排除しあうものとみなす、素朴な二項対立の認識論に荷担する発想であるからだ。「どうにもとまらない」においてもうひとつ忘れがたい印象を残すのは、

ああ蝶になる　ああ花になる
恋した夜は　あなた次第なの

という一節である。ここで、花というのは伝統的に女性のイメージを担っているが、問題なのは蝶のジェンダーである。もちろん、古くは大津美子の「銀座の蝶」（五八）、あるいは、そのイメージを受け継いで「ネオン暮らしの蝶々」の哀感を歌う藤圭子の「新宿の女」（六九）、そして「あなたに抱かれて私は蝶になる」と歌う（これまた阿久悠の作詞による）森山加代子の「白い蝶のサンバ」（七〇）など、蝶それ自体に女性の連想があることは間違いない。しかしながら、「どうにもとまらない」を理解するための同時代的サブテクストとしては、森進一がヒットさせ、藤圭子もほどなくカヴァーした、「花と蝶」（六八）という作品を忘れてはならない。この歌は、その冒頭、「花が女か、男が蝶か」という明示的なイメージづけを行う。つまり、花と並置された蝶は、「受動的」な美を刺す「能動的」な男性性を象徴する、という修辞的約束がすでに存在していたのだ。したがって、リンダが、相手次第で自分は蝶にも花にもなる、と歌う「どうにもとまらない」は、性的役割を流動化し、自分は（器量のいい子と踊る）「男」にも（やさしい相手にひかれる）「女」にもなる、というひそやかなバイセクシュアル・ソングとして立ちあらわれてくる。

この観点から、「どうにもとまらない」に続く「狂わせたいの」を聴き直してみるとき、リンダの歌が「好き好き好き」[*7]の三転回で狂わせたいのは、単にひとりの恋人の気持ちではなく、異性愛の規範そのものではないか、という読みの可能性も見えてくる。この歌のリフレインで、自分は「いつでも恋の奴隷」だと言う女性は、いやがうえにも、まだほんの三年前のヒット曲であった「恋の奴隷」を聴き手に想起させることになる。奥村チヨが「悪いときはどうぞぶってね」[*13]と歌った世界にあっては、文字通り奴隷のごとく相手のいいなりになろうとするマゾヒスティックな女性の視点から、それはそれでほとんど戯画と映るほどに伝統的な男女の主従関係が肯定される。では、リンダの演ずる女性は、恋愛における「奴隷」状態を良しとし、それを自ら欲していたのだろうか？答えは否である。なぜなら、彼女は、「体をつないだ鎖をはずしてどこかへ連れてって」欲しい、と奴隷的束縛からの解放をむしろ訴えているからだ。つまり、リンダの歌は、ポピュラーになった「恋の奴隷」というフレーズに否定的な反転を加えている。そこには、本来自由であるべき女性の身体を取り戻すべく、ホモソーシャルな異性愛男性の鎖を断ち切ろうとする力が密かに稼動しているのだ。

同様の力学は、「じんじんさせて」（七二）においても暗黙の可能性をほのめかしている。男の「愛」にも「金」にも「地位」にも満足できないという女性は、「心がじんじんしびれてみたい」[*14]と望んでいる。それでは、「愛」とは別次元の「セックス」で自分を満たしてくれる逞しい男がいいのかというと、「星の数」ほどいる「恋の相手」は「誰もかれも悪い男じゃないけれど／抱かれてもいいなんて思えない」と宣言してしまうのである。この宣言は、彼女が恐ろしく徹底的に男を選り好みする女なのである、と素朴に解釈する余地も残してはいるが、「星の数」（すなわち無限）の相手がいても駄目だということは、そもそも異性愛交渉のみによって彼女が性的充足を得る可能性は低いと考える方が妥当であろう。そのような事情を念頭におくと、次の一節は注目に値する。

男嫌いなんて言われちゃ困るけど
今はそっとひとりベッドで眠るだけ
くちづけも唇はやめにして

ここで、「男嫌い」というのは「レズビアン」の婉曲語として機能しており、内面化された同性愛嫌悪《ホモフォビア》のニュアンスを漂わせている。つまり、社会的な体面上、そのように「言われちゃ困る」ような領域にこの語り手の女性は足を踏み入れているのだ。加えて、「そっとひとりベッドで」というイメージを考えるには、フレンチ・フェミニストであるリュース・イリガライの『ひとつではない女の性』（原書一九七七）の知見が補助線となるだろう。イリガライは、この名高い著作において「女の自体愛」を語りながら、女性性器を「絶え間なく口づけしあうふたつの唇」であり、「ひとりの唇」と呼び、その唇のゆえ、「ひとりの女において、女はすでにふたり」であり、「ひとりずつに分離できない」ことを象徴的に討究した。その意味において、異性愛とは、「ふたつの唇の乱暴な分離」による「自体愛の中断」をもたらす危険性を孕んでいる。[5] とすれば、リンダの作品において、「そっとひとりベッドで」横たわる女性が放つ秘密の香りは、脱異性愛的なオートエロティシズムに満ちている。彼女は、くちづけを受ける場所へのこだわりを持ち、「唇はやめにして」と言うし、跪いて「この手にくちづけて」も駄目だと言う。彼女はおそらく、ペニスの挿入へ行き着くロマンティックな異性愛の儀式という、「どこにもあるよな手」で口説かれることには飽き足らない。むしろ、自らの多元的な「ひとつではない女の性」が開花する場所を手探りしているのだろう。ある種のリンダ作品は、反対の面にあって交わらないと思われてきた異性愛と同性愛の帯を、いったん断ち切ったのちにメビウスの輪のごとくねじって再度つなぎあわせることで、セクシュアリティが曖昧な反転を繰り返す独特のリンダ・リアリティを現出させている。そこにあるのはまさしく、ウラのウラがオモテになるという保証すらない、「ウラ＝ウラ」の世界なのだ。

強制的異性愛をこえて

こうして山本リンダが七〇年代前半にひとつの性的革命をもたらしたとすれば、七〇年代後半、これを引き継いだのがピンク・レディーである。この両者の連続性を考える際、身体レベルの露出やアクションはもとより、その楽曲の作り手が等しく阿久悠・都倉俊一であったことは、もちろん見逃せない。が、これまでの歌謡曲批評においては、この作詞・作曲コンビがしばしば言及されながら、事実上、リンダ〜ピンク・レディーの系譜を支えたサウンドの創作者である都倉の功績のみがクローズアップされてきた。たとえば、「どうにもとまらない」を評して、「ピンク・レディーはここから始まった」という梶本学は、「切れ目ないビートと駆け上がりストリングス」がのちに「ピンク・レディーを社会現象化させる原動力ともなっていった」と指摘する。[6] 本稿はしかし、阿久悠の生み出した歌謡「文学」としてのピンク・レディー作品が、異性愛の問い直しという主題において、リンダの言語世界を継承していることに注目したい。

歌謡曲に見られる性描写を語る際にとりわけ論調の冴える金子修介は、「ペッパー警部」（七六）における開脚の振り付けを、作品の歌詞とからめながら明快に読み解いている。すなわち、問題の振り付けは、「『♪あなたの言葉が注射のように』と歌われた直後の間奏部分で二回、全身を小刻みに震えさせながら両脚を開いては閉じ、開いては閉じし同時に両手も無防備にパーにしてこちらに見せ『♪わたしのこころにしみている、ああ、きいている』と続くわけで、『ワタシのこころ』＝『わたしのカラダ』、『注射』

＝『男性器挿入』、『しみる』『きく』＝『性感反応』という連想を利用して、あからさまにセックス行為を瞬時に想像させる」というわけである。[(7)] もちろん、金子レベルの想像力がないと、この部分から誰もが「瞬時に」セックスを想像するとは思われないが、彼の分析自体はまったく正しい。というのも、続く二番の歌詞は、「注射」に代わる射精行為のメタファーとして、「愛しているよと連発銃が／私を殺してしまいそう」[*15] であると、男根的イメージをたたみかけるのだ。しかし、この歌のポイントは、こうした異性愛のいとなみに割り込んでくる「ペッパー警部」というシュールなキャラクターの存在である。阿久悠は、（確か『スター誕生』であったと思うが）当時のテレビ番組中、「ペッパー」という名前について自ら種明かしの解説を加えていた。というのは、この言葉を日本語にすれば「胡椒」であり、それは、人の恋路に「故障」を入れる、というシャレでもある、というものだ。とすると、胡椒か故障か、つまりスパイスとして快楽に味を添えるものなのか、楔《くさび》として快楽を否定するものなのか、話は二重になってくる。

これと同様の二重性——異性愛に対する憧れと疑いの共存——は、ピンク・レディー第二弾の「Ｓ・Ｏ・Ｓ」（七六）の主調音でもある。「男は狼なのよ」という警告で始まるこの歌は、「羊の顔していても」やがて「牙をむく」[*16] 男の獰猛さを強調し、あたかもペッパー警部が歌の語り手にのりうつったかのようである。

この人だけは大丈夫だなんて
うっかり信じたら　駄目駄目ダメダメ　アァ駄目駄目よ
S・O・S！　S・O・S！　ほらほら呼んでいるわ
今日もまた誰か　乙女のピンチ

もちろん、モールス信号のS・O・Sを真似たイントロといい、この歌がひとつの戯画であることは明らかだし、色っぽく歌われる「ダメダメ」のフレーズは、イヤよイヤよも好きのうち、という因襲的なレトリックとしても響く。しかし、純粋に言語的なメッセージとして、かつあえて真面目に、「S・O・S」や「ピンチ」という語が示す状況を思い描くとき、この歌は、（自らの主体的な意志に基づかない）レイプとしての性交渉を強いられようとする女性が、それを拒んで助けを求めているという、笑っては済まされないテーマに接近する。なるほど二番では、「うっとりするよな夜」だから女性の方も「そんな気になる」と歌われるが、セックス＝愛、強姦＝暴力、という二分法が不十分なことは、これまでのフェミニズム批評が度々取り上げてきた問題である[8]。

こうして、デビュー直後の二曲においては、基本的に受け身の異性愛女性を批判的に描き出したピンク・レディーだが、続く数曲においては、積極的に欲望する女性、ないしは男を狙う女、という山本リンダ的なベクトルが強まっていく。男に薔薇の花を投げて破滅へと導く伝説的ヒロインの名を借りて、「そのうちに火のような女になり／ふらふらにさせるつもりです[*17]」という「カルメン'77」（七七）はその典型である。この歌は、「お色気ありそでなさそうでッす」というフレーズによって、古き良き「黄色いさくらんぼ」（五九）をさりげなく呼び覚ましつつ、しかしスリー・キャッツの言ってみれば安全な（男の脅威とならない）お色気を、「近ごろ噂」の「危険な女」のセクシュアリティへと書き換えている。その原型としてあるのはリンダのイメージであり、「薔薇の花」を「口にして踊っている」カルメンは、「赤い花」を「真っ赤な唇にくわえた[*6]」リンダの「燃えつきそう」のヒロインとも重なりあう。

また、続く「渚のシンドバッド」（七七）では、何といっても、「セクシー、あなたはセクシー[*18]」という画期的なワン・フレーズが異彩を放つ。もちろん、テレビを見れば、セクシーなのはストリッパーかと見紛うしぐさのピンク・レディー自身なのだが、当時、男性に「セクシー」という形容詞を用いるのは、「どうにもとまらない」の「器量のいい子」にもまして転覆的な言葉使いであった。ロッド・スチュアートが「アイム・セクシー」で一世を風靡したのが翌年の一九七八年だったので、アメリカの流行さえも先取りして、男性を欲望の客体として捉える視点を提供していたことになる。

さらに「ウォンテッド（指名手配）」（七七）も、そのタイトルの原義（指名手配／求められるもの）が示す通り、男性の身体の客体化と、女性の欲望の主体化を促すものである。「私の腕にかかえて／くちづけ責めにあわせる」とか、「両手に鉄の手錠を／足には重い鎖を／私のそばにいつでも／つないでおいてあげるわ」[*19]とか、ＳＭの女王様的な道具立ても効いている。作品の中間部では、「謎の運転手」や「アラブの大富豪」から「ニヒルな渡り鳥」まで、「大変装」を行う「恋泥棒」の様子が描かれるが、その男の「変装」を演じるのは女性であるミーとケイであり、とりわけ「アラブの大富豪」というフレーズを低音で呻くケイなどは、声の異性装に身を投じているとも言える。

無論、このような「リンダ的」ベクトルが導く当然の帰結は、異性愛制度が前提とする男女の主従関係の攪乱であり、ひいては、非異性愛的な可能性を含むセクシュアリティへの近づきである。その点、「近頃少し地球の男にあきたところよ」[*20]という「ＵＦＯ」（七七）は、強制的異性愛からの離脱を象徴的に宣言したピンク・レディー作品であろう。

手を合わせて見つめるだけで　愛し合える話もできる
くちづけするより甘く　ささやき聞くより強く
私の心をゆさぶるあなた

この一節は言わば、リンダが「くちづけ」を拒み、「心がじんじんしびれてみたい」[*14]

と歌った理想的境地の実現を示している。そこにあるのは、「もの言わずに思っただけで／すぐあなたにわかってしまう」という、(異性愛関係ではなかなか困難な)以心伝心のコミュニケーションである。ここで、ピンク・レディーが女性二人のユニットであるという事実は、アドリエンヌ・リッチが唱えるレズビアン連続体の想定を容易にするかもしれない。もっとも、「あなた」の「素顔」が「一度は見たい」という「UFO」の語り手は、「鏡にうつしてみたり／光をあててもみたり」するが、なかなか相手の実像は見えてこない。このような鏡の裏切りは、リッチが強調するレズビアンの不可視性にも通じるものだろう。

名づける権力と、現実を社会的に構造化する権力をもつ人びとが、あなたを見まい、聞くまいと決めるとき、だれかがたとえば教師としての権威をもって、世の中のことを、あなたがその世界に存在しないかのように説明するとき、そこには心的不均衡の瞬間が生じます。まるで、鏡をのぞいてそこに何もうつっていないのを見たかのように。それでもあなたが存在し、あなたとおなじような人たちがほかにもいることをあなたは知っていて、これは鏡のわるいいたずらだとわかります。(9)

「信じられないことばかりあるの／もしかしたら、もしかしたらそうなのかしら」という気づきの言葉は、もちろん、表面上、愛する相手が宇宙人かもしれない、という可能性を指している。が、女性が女性を愛することは、少なくとも、宇宙人を愛することよりは、「信じられないこと」ではない。この歌の語り手は、「地球の」男にあきたのか、地球の「男」にあきたのか、聴き手は決定しえないのである。

こうしていったん男からの離反というテーマが顕在化すると、「サウスポー」（七八）の世界は、（ファルスとしての）バットを持った打者に立ち向かう女性という、ジェンダー・ウォーの様相を呈してくる。なるほど、中間部に出てくる「熱い勝負は恋の気分よ」[*21]というフレーズは、異性愛ナラティブの痕跡を残してはいるものの、いかにも取ってつけたように響き、歌謡曲だから仕方ないのでラブソングの体裁にしておきましょう、という投げやりさすら漂う。この歌においてはもはや、女性が男性を狙うといっても、それは欲望の対象としてではない。打ち倒すべき敵として、である。「お嬢ちゃん投げてみろとやつが笑う」のに対し、「しばらくお色気さようなら」とセクシュアリティを棚上げにする語り手は、「男ならここで逃げの一手だけど／女にはそんなことは出来はしない」と表明し、男女の対決構図を明らかにする。それはまさに、〈王〉として君臨する男性に対するフェミニスト的な異議申し立てなのだ（そういえば、王貞治の娘たちは、父親を「お父様」と呼ぶようしつけられたという）。興味深いことに、この歌のレトリックは、「どきどき」「くらくら」「パチパチ」「メラメラ」という、山本リンダ的な同音反復の擬態語に満ちみちている。決定的なのは、「きりきり舞いよ、きりきり舞いよ」という、リンダの曲名への言及である。「サウスポー」と同年に阿久悠は、西城秀樹の「炎」（七八）でも、「きりきり舞いする男を見つめ／心のどこかで笑っているのか」[*22]と、翻弄するのは女性、されるのは男性、という構図を打ち出していた。が、ピンク・レディーが「私ピンクのサウスポー」と歌うのは、曲中のペルソナと歌い手自身を重ねあわせる自己言及的な行為である。自らの名前（の一部）を自らの歌の中で名乗ることは、個として自律的に存在する女性を印象づける戦略であり、もはや彼女たちに「カルメン」のような「あだ名」は要らなくなる。

さて、男を欲望しない性的越境者としてのピンク・レディー像は、「モンスター」（七八）においてひとつのクライマックスを示す。重要なのは、この歌においてモンスターの性別がわからないことである。あるいは、ジェンダーとセクシュアリティの伝統的枠組みからはみ出しているからこそモンスターなのだと言うべきかもしれない。「満月の夜が「出番」だというモンスターは、狼男のようでもあり、月と連想される女性の狂気を体現するようでもある。それは、「鉄のヤスリ」が必要な「牙」を持ちながら、「やさしすぎて」「ぼろぼろな」「可愛い人」[*23]であるとも描写される。そんなモンスターの歌は、（逸脱せず）人並みであるものや、（マイノリティではなく）マジョリティであるものに対し、嫌悪をあからさまにする。つまり、フランケンシュタインのごとく「顔に縫い目があったって／怖いひとと限らない」し、「爪がキリキリ尖っても／悪い人と限らない」一方で、「この世の中」には「いただけない人ばかりがうようよして真っ暗闇じゃないかしら」と嘆くのである。「うようよ」という表現は、正常で善良だと思われている一般市民の規範に疑問を投げかけるものである。そしてその「うようよ」は、明らかに、規範的な異性愛の横溢に対する不快感を含んでいる。

夏の夜は色っぽくふけていく
誰もが熱いキスを交わしたまらない
そこどけそこどけ　ほうら
そこどけそこどけ　ほうら

ここで「たまらない」というのは、何らかの理由で性的に疎外された者の憤りであり、彼／女は、くちづけあう有象無象の異性愛主義者《ヘテロセクシスト》たちのあいだを「そこどけそこどけ」とかき分けていく。しかし、イントロ部分の装飾的な叫び声を除き、人々がモンスターを怖がったり、そもそもその存在に気づいている気配はない。それゆえ、語り手は、「モンスターが来たぞ、モンスターが来たぞ」と一生懸命宣伝せざるを得ない始末である。

モンスター　さあ勇気を出してごらん
モンスター　大いばりでね
モンスター　震えていちゃ駄目じゃないの
モンスター　手をあげるのよ

ここで「手をあげる」というのは、注目すべき行為である。それは、「暴力に訴える」という意味に取れなくもないが、むしろ、教室の生徒が指名されるべく挙手するように、あるいは横断歩道を渡る人が車に合図するように、自らの存在をアピールして認知してもらうためのしぐさである。とすれば、おそらくは語り手である女性の分身であり、自己の中の他者としてあるモンスターは、周囲に対して何らかのカミングアウトを必要としているのだ。

認知されない異様な存在というモチーフは、「モンスター」に続く「透明人間」（七八）へも引き継がれていく。八〇年代以降の欧米フェミニズム批評の文脈では、先にふれたリッチの影響力もあり、社会的に見えなくされた〈他者〉という問題がしばしば議論された。その文脈においては、不可視性というのが、性や人種をめぐるアイデンティティの抑圧を表わすひとつのキータームとして機能するようになる。実際、日本でも、後年、「レズビアンは『透明人間』か？」と問いかけるようなレトリックも広まっていった[10]。もちろん、ピンク・レディーの歌は、社会的な被害者というより、陽気なイタズラ者としての透明人間を無邪気に歌っているように聞こえる。しかし、「天下無敵のチャンピオン」を倒したり、「エクソシストの大恐怖[*24]」を演出したり、透明人間が目論むのは、あくまで既成の秩序に揺さぶりをかけることである。

同様の魔物路線の政治性を補強するのは、「女だと甘く見てたら」「泣きべそをかくことになる[*25]」と「狼たち」に警告する「カメレオン・アーミー」（七八）である。これは、「狼」としての男のなすがままであった「S・O・S」の世界からは大きく前進している。「見えつ隠れつ変幻自在」のカメレオン軍団は、モンスターと同様、性的範疇の一義的な固定化を拒む。そして、「スパンコール」に「レインボーカラー」の「ダンシングスクエア」を彩る「レーザービーム」が、ある種キャンピィなパフォーマンス空間を演出する。【二〇一九年の紅白に出場したＭＩＳＩＡは、虹色の旗を背景に歌い、性的少数派の認知を訴えたが、一九七〇年代のアメリカで広まったレインボーフラッグと同性愛者の連想を、阿久悠がいち早く「カメレオン・アーミー」に取り入れた可能性もここで排除はできないだろう。】こうして見てくると、（なるほどピンク・レディーの視覚的なインパクトは、規範的な異性愛者の欲望を刺激するものでありながら）彼女たちが発する言葉の揺らめきを丁寧にすくい取るならば、そこにはいつも主流や規範に対する抵抗のスタンスがある。既成の価値に固定されないもの、逸脱した変種としてあるもの、そしてしばしばグロテスクで「不自然」なものの復権を、二人の女性ペアは一貫して謳いあげた。

こうしてデビュー以来、十曲に及ぶ連続ヒットを記録したピンク・レディーというユニットの人気と売り上げは、「ジパング」（七九）以降急速に衰えていき、それとともに七〇年代は象徴的な幕を下ろす。しかしながら、時代のイコンとして歴史に刻まれた彼女たちの作品は、時をこえて再び目覚めるように仕掛けられたタイムカプセルであったのかもしれない。

二千と一年過ぎて　未来を信じていたら
もしももしも　もしももしも
ある時それは突然見える　ミラクル・アイランド*26

阿久悠はおそらく、二一世紀の幕開けを見通して、自らが投げかけた（あまりにも早すぎた）言葉たちの輝きが、「ジパング」に予告された通り「心によみがえる」時代が来ると信じていたのだろう。ジパング＝日本という風土に育まれた七〇年代歌謡曲の領分とは、男女をめぐる価値観の変動をへて、ようやく今、その輪郭が突然見えてくるミラクル・アイランドなのだ。

〈注〉
（1）北原みのり『フェミの嫌われ方』（新水社、二〇〇〇年）一七八頁。
（2）アドリエンヌ・リッチ『血、パン、詩。』大島かおり訳（晶文社、一九八九年）八六―八七頁。
（3）金子修介『失われた歌謡曲』（小学館、一九九九年）一七九頁。
（4）『失われた歌謡曲』一八〇頁。
（5）リュース・イリガライ『ひとつではない女の性』棚沢直子・小野ゆり子・中嶋公子訳（勁草書房、一九八七年）二四―二五頁。
（6）稲増龍夫&ポップス中毒の会『歌謡曲完全攻略ガイド68〜85』（学陽書房、一九九六年）六九頁。同じことは、近田春夫がリアルタイムで（一九七八年の時点で）指摘していた。つまり、「ピンク・レディーの路線はすでに山本リンダにおいて完成されており、聞きものは都倉サウンドの代表的なストリングスのユニゾン」だという、編曲上の連続性である。『定本　気分は歌謡曲』（文藝春秋、一九九八年）二六〇頁。
（7）『失われた歌謡曲』一八三頁。ホットパンツの衣装が多かったピンク・レディーの場合、開脚のジェスチャーも一種の体操的な健全さを残していたが、元歌のヒットから四半世紀をへてテレビ放映されたJALバーゲンフェアのCMにおいて、「ペッパー警部」の替え歌を歌いながらスカートで大きく脚を開く藤原紀香と相沢紗世は、ピンク・レディーのパフォーマンスが秘めるセクシュアリティの意味を明確にし、はからずも金子の分析を補強した。

(8) 欧米のフェミニズム理論を受け、日本で近年論争となった性交/強姦の議論については、小谷野敦『恋愛の超克』(角川書店、二〇〇〇年) 一八―二一頁を参照。

(9) 『血、パン、詩。』二九三頁。

(10) 別冊宝島編集部編『わかりたいあなたのためのフェミニズム・入門』(JICC出版局、一九九〇年) 二一四頁。

Ⅲ　欲望の時空

7　黒いインクがきれいな歌——文字と郵便

■文字の誘惑

歌謡曲のタイトル表記には、いろいろな約束がある。森昌子の「せんせい」（七二）は「先生」であってはならないし、同じ色でも、天地真理の「水色の恋」（七一）は漢字だが、八神純子の「みずいろの雨」（七八）はひらがなである。上條恒彦の「出発《たびだち》の歌」（七一）を「旅立ちの歌」と書いてはいけないし、子門真人の「およげ！たいやきくん」（七六）に感嘆符を忘れてはならない。たとえ布施明が普通に「かおり」と発音していても、彼の歌に小椋佳がつけたタイトルは「シクラメンのかほり」（七五）である。こうした例から浮き彫りになってくるのは、歌というのが、歌われ、聴かれるものであると同時に、書かれて読まれるものでもあるという、見過ごしがたい側面である。これは、タイトル表記の問題だけにとどまらない。たとえば、「露面《ろめん》電車」や「昧爽《あさあけ》」や「玻璃《ガラス》」*1といった歌詞表記を持つ「風をあつめて」（七一）は、はっぴいえんどの作品として耳から感得すると同時に、松本隆の作品として目から受け入れるべきものでもある。

言い換えるなら、歌謡曲とは、基本的に音声として存在するが、その始まりとしてある文字への郷愁を消し難く宿している。これは歌謡曲というジャンルの本質に関わる二面性であろう。つまり、桑田佳祐のごとく即興的な作詞を行う場合を除き[1]、まず、紙面に記された言葉を音声化するというのが通常の歌謡曲的なプロセスである。とりわけ職業的作詞家が詞を書く場合、歌作りの順序が詩先行であれ曲先行であれ、歌い手にとっては、はじめに文字ありき、ということになる。そして実際、歌詞カードや音楽雑誌において、歌詞というのは活字化される。歌詞集が本の形で出版される場合もある。そんな中、歌謡曲のテクスト批評は、何をもって決定的なテクストとするのか、というのはつまり、漢字・ひらがな・カタカナ・特殊記号などの表記や、文字間・改行の処理をどう固定すればよいのか、なかなか厄介である。とりあえず楽曲リリース当初の歌詞カードを「原典」と考えるべきではあろうが、数多く出回る雑誌のソングブックや単行本の歌詞集を見ても、同じ歌の詞が同一の仕様で印刷されているとは限らない（本書においても、これまで、歌詞の表記に統一的な情報ソースを用いてはいない）。が、少なくとも、曲のタイトルは、レコード／CDジャケット上に印刷され、あるいはテレビ画面にテロップとして表示され、さまざまなメディアにおいてほぼ一定の文字として広く流通する[2]。この書き言葉が孕む問題系に注目するとき、歌謡曲とは、歌い手の身体が発する視覚的メッセージを別にしても、純粋な聴覚文化であるとは考えがたい[3]。

思えば、現代思想史の流れの中で、七〇年代とは、いわゆる脱構築批評の台頭によって記憶される時代であった。脱構築（ディコンストラクション）とは、乱暴に要約すると、コミュニケーションの時間的なズレについての認識論であり、書き手の手元を離れたテクストが、異なる意味へと自走／分裂するプロセスを見据える思想である。そこにおいては、いわゆるロゴス中心主義という姿勢が痛烈に批判される。その批判とは、（はじめに言葉ありき、という）西洋文化の起源としてある神の〈声〉を相対化するものであり、ひいては、話し言葉に付与された特権的な支配力を解体するものである。つまり、ロゴス中心主義批判は、（現前する身体から発せられる言葉に信を置く）音声中心主義への批判と連動する。（分かりやすく言うなら、歌手の生の声と姿を求めてコンサートへ出かけるファンというのは、良くも悪くもロゴス中心主義的聴衆である。）従来の〈中心〉を突き崩す脱構築の思想は、当然、フェミニズム批評とも親和性が高く、ロゴス／声ないしは男根《ファルス》という単一の身体的起源から、反復・増幅する文字文化の多元的・遠心的な可能性へと権力の磁場を開け広げた。

　日本の七〇年代歌謡曲をこの文脈に照らすとき、音声言語の絶対性に抗う可能性、ないしは書き言葉の復権を主張する可能性は、山口百恵の「美・サイレント」（七九）にひとつの極致を見ることができるだろう。「Be silent」[*2]というフレーズを中間部で繰り返すこの歌は、もちろん英語の「Be」を日本語の「美」に変えたタイトルを持つのだが、聴き手にしてみれば、言葉を視覚的に読まない限り、聴覚だけではそのコンセプトを理解することができない。この多言語的な差異のおとずれは、書き記された言語を見るまで遅延されるのだ。つまり、この歌において、文字は、音声の支配を許さない。そのことを端的に告げるのが、「美」を「沈黙」に結びつけたタイトルである。実に、この歌の核心は、沈黙である。何しろ、「あなたの○○○○が欲しいのです／燃えてる×××が好きだから」と、歌の途中でボーカルが途切れてしまうのだ。ただ、楽曲のリズムを聴いても、印刷された歌詞の伏せ字を見ても、ここに沈黙する言葉が四文字であることは間違いない。まさに、英語ならばフォーレターワードと呼ばれる禁じられた「四文字語」である。もちろん、「あなたにあげる」「女の子の一番大切なもの」[*3]とは「まごころ」である、とかつて発言した山口百恵は、この四文字が「じょ・う・ね・つ」に「と・き・め・き」である、という表向きの模範解答を用意していた。が、続く歌詞は、「女の私にここまで言わせて」というのだから、聴き手は、当然もっと激しい言葉を想像する。とはいえ結局のところ、この沈黙の意味は（もどかしくも挑発的に）決定不可能である。この歌にあっては、欲望する女性主体のみが確かに打ち出され、欲望される男性の身体は不確かにその輪郭を消し去られてしまう。

阿木燿子を歌う山口百恵は、「美・サイレント」と同様、「愛の嵐」（七九）においても、女性的欲望のうちに回帰する文字言語を可視化する。まず一番では、

炎と書いてジェラシー
二人でこうして一緒にいるのに
ルビをふったらジェラシー
あなたがどこかへ行ってしまいそう[*4]

と説明されるのだが、二番の同じ部分では、「狂うと書いてジェラシー」と説明が追加される。つまり、声として発音してしまえば同じ「ジェラシー」でも、文字として表記すると、「炎《ジェラシー》」と「狂う《ジェラシー》」という二通りの（品詞さえ）異なる言葉が生じることになる。そもそも、「愛の嵐」を耳から聴いただけで、「ルビをふったら」という歌詞を聞き取るのは必ずしも容易ではない。宇崎竜童の攪乱的なメロディーは、「ルビ」という日本語本来の抑揚を崩し、「ル」よりも「ビ」に高い音を与えているので、この部分が「指をふったら」と聞こえてしまう可能性は高い。その場合、人さし指を立てて左右にふるのは、〈ノー〉を表わす西洋的なジェスチャーであり、沈黙のしぐさこそが〈禁止〉の命令を下すことになる。ともあれ、ある種の歌謡曲は、自らの存在を保証する前提を自ら破壊するかのごとく、音楽作品でありながら、聴覚／音声の支配を揺るがし、視覚／沈黙の優位を許す。

その他にも、(しばしば女性的想像力を介して浮かび上がる) 書き言葉の可能性にこだわった歌謡曲作品は、枚挙にいとまがない。とりわけ文字のモチーフに意識的なのが、いくつかの阿久悠作詞作品である。たとえば、大橋純子の「たそがれマイ・ラブ」(七八) には、

凍える手で　広げて読む
手紙の文字が　赤く燃えて
私はもう　あなたの背に
もたれかかる　夢をみてる[*5]

という一節がある。これは、文字そのものに命が宿る、という錯覚に淫しつつ、やはりそれが命の痕跡でしかないことを哀しむ歌である。あるいは、「涙という字を書いて／ちぎって窓から捨てます」[*6]という桜田淳子の「ひとり歩き」(七五) も、書き言葉に命を幻視する作品である。これは、文字を儀式的に破棄することで、その文字が意味するものとも決別しよう (=涙を捨てよう) という試みを歌っている[(4)]。それは、人前に出るとき、掌に「人」の字を書いて舐めるのと基本的には同種の試みである。ただし、文字として紙面に記された「涙」とは、もはや単なる記号ではなく、それ自体が視覚的に

認知される輪郭を持った身体性を獲得している。そして、「ひとり歩き」の語り手はさらに、自らの身体（が抱える愛しさや切なさや苦しさのすべて）を、文字という疑似身体のうちに託す。

私という字を書いて　ブルーのインクで消します
顔を見るのもいやな　嫌いな私です

これは、ワラ人形ならぬ言わば文字人形を使い、自分で自分を呪い消してしまおうとする行為だが、書き記された名前というのは、それが愛しいにしろ厭わしいにしろ、時として冷たい記号であることをやめ、ある種の言霊《ことだま》を宿す。ここで、「ふたりで名前消して」[*7]人生をリセットする尾崎紀世彦の「また逢う日まで」（七一）や、「息でくもる窓に書いた／君の名前指でたどり」[*8]愛を予感する堺正章の「街の灯り」（七三）などを思い出してもよい。端的に言えば、文字を見て命を想うことが、七〇年代歌謡曲の重要な哲学であった。

一方、上にあげた例を補完するかたちで、人生そのものを書かれたテクストとみなす想像力もすぐれて七〇年代歌謡曲的である。それは、文字を見て命を想う反対に、命を見て文字を想う想像力である。野口五郎の「むさし野詩人」（七七）などは、その典型となろう。

二〇歳の春ははかなくて
生きてることは哀しい詩《うた》だ
十五行目から恋をして
二〇行目で終わったよ[*9]

「はたち」の「はる」は「はかなくて」と三度重なる「は」の頭韻は、もちろん、それらの言葉が音として息づくことを訴えている。が、生きることとは哀しく詩行を重ねることである、との認識は、文字を記す詩人・松本隆の感性を特徴的に示してもいる。「むさし野詩人」というタイトル自体、大岡昇平の『武蔵野夫人』という文学テクストを呼び覚ますものだ。野口五郎といえば、失われた恋人の人生を本に喩えて追慕する「青春の一冊」（七九）があることもここで想起しておきたい。さらに、命から文字に向かうベクトルがかいま見えるのは、中島みゆきが桜田淳子に提供した「しあわせ芝居」（七七）である。「恋人がいます」と「心のページに綴りたい[*10]」というこの歌の語り手は、（不確かな声に出して演じる）「芝居」としての人生ではなく、（確かな文字に綴る）詩的な「ページ」のきらめきに信を置いている。そう言えば、同じ中島／桜田ペアーの作品である「追いかけてヨコハマ」（七八）には、「残した捨てゼリフに誰か見覚えはありませんか[*11]」という印象的な一節があった。音声として発せられたはずの言葉に「聞き覚え」ではなく「見覚え」を尋ねるのは、すぐれて詩的なずらしである。それは、流れて消えてしまう声の代わりに、残された痕跡としての言葉を探し求める恋の追跡者に寄り添った修辞法である。

なるほど、人生が書かれたテクストでしかないと考えるのは、歌謡曲という生きた声のジャンルにとって哀しい矛盾であると言わざるをえない。だが、文字文化論で名高い言語学者ウォルター・J・オングも言うように、「生きいきした人間的な生活世界からぬきとられ、硬直して視覚的な凝固物となったテクストが、耐久性を手にいれ、その結果、潜在的には無数の生きた読者の手で、数かぎりない生きたコンテクストのなかによみがえるための力を手にいれる」こともある[(5)]。文字と命をめぐって思索／詩作する歌の書き手たちは、そういう力を静かに信じているはずだ。

■手紙のジェンダー

阿久悠は、歌謡曲における感傷の表出を論じる中で、「交通機関の進歩」とならび、「電信電話の発達」が、人間の情感を味気なく変質させてしまうことを説いている。つまり、コード付きの電話から、コードレス電話、そして携帯電話と機器が進歩するにつれ、コミュニケーションの緊張感や距離感が薄らぎ、電話を使う人間（ひいては電話を歌う歌）というのは感傷から遠ざかっていく、というわけである。[6] それでもまだ、七〇年代の電話は、フィンガー5の「恋のダイヤル6700」（七三）にあった通り、「リンリンリリン」と鳴るものだったし、「指のふるえをおさえつつ」[*12] ダイヤルを回すものであったので、それなりの儀式的な緊張感があった。おそらく、電話を「かける」という日本語の動詞は、そのうち古語になるだろう。それは、ダイヤルをジコジコと回すプロセスを暗示するものであり、プッシュホンの電話は「する」ものか「入れる」ものとなる。[7] かつては、とりわけ、外から電話を「かける」行為が、ひとつのセレモニーとしての意味を持っていた。ので、尾崎亜美の「マイ・ピュア・レディ」（七七）に歌われたように、

ダイヤルしようかな
ポケットにラッキーコイン
ノートに書いたテレフォン・ナンバー[*13]

というようなトキメキ感も生まれえた。ところが、携帯電話は番号を紙に書かなくて

も機械が覚えていてくれるし、公衆電話を利用するにしても、たいていはカードを使う時代が訪れる。永遠に失われる「ラッキーコイン」の重みは心地よくとも、使用後に戻ってくる「ラッキーカード」では詩にならない。ついでながら、「花屋の店先の赤い電話」[*14]を描くダ・カーポの「結婚するって本当ですか」（七四）ももはや懐かしい。今はもう、赤い公衆電話というものをすっかり見かけなくなった。【それどころか、緑の公衆電話さえ珍しくなった。】

しかし、何にもまして、電信技術の普及が人間生活（と歌謡曲の領分）から奪ったものは、手紙の抒情である。七〇年代は、書簡という主題が流行歌と自然な形で溶け合ったおそらく最後の時代である。少なからぬ歌謡曲作品において、手紙は、人間関係を動かす核心的なモチーフとなり、距離の美学を生成し、出会いと別れを演出した。なるほど、さだまさしの「案山子」（七七）では、「手紙が無理なら電話でもいい」[*15]からと、故郷を離れて暮らす弟に実家の兄が連絡をよこすように言う。つまり当時、すでに手紙は手間のかかる連絡手段として、多くの場合、電話で代用されるようになっていた。が、「手紙が無理なら電話でも」ということは、「無理じゃなければ電話より手紙を」ということであり、（少なくとも旧世代の人間にとって）声よりも文字のコミュニケーションの方が愛おしいものであることをほのめかしている。これはなぜだろうか。

まず第一に、手紙は、電話と違い、形として残るので、繰り返しメッセージを読み返すことができる。あるいは、できてしまう。八〇年代の歌になるが、「何度も繰り返し泣くから」「手紙なんてよしてね」という「ひとり上手」（八〇）の中島みゆきが、「電話だけで捨ててね」[*16]と歌ったのは、文字の反復性と声の一過性とを対照的に強調する。反復可能なテクストという点でいえば、今日、電子メールも手紙に近い側面を持つ。携帯メールの新時代を刻印する松浦亜弥の「ドッキドキ！LOVEメール」（二〇〇一）は、「何度も同じメール見ちゃってるこの感じ」[*17]に胸をはずませる歌である。【ただし、「何度も同じライン見ちゃってる」人間はごく少数派であろう。現代のSNSは、書き言葉を限りなく話し言葉に近づけるツールであり、読み返すべき往復書簡というより文字による会話の記録として機能する。】再読可能な文字はつまり、トキメキや哀しみの再生を促し、一度きりの電話よりも情感の強度を高めるのだ。ただし、メールの場合、何かの間違いで受信したメッセージが消える可能性もあり、手紙に比べるとその形は不確かである。また、当然のことながら、電子的に処理された文字は、個人的な筆跡を再現することができない。ので、「左ききのあなたの手紙」を「右手でなぞって真似てみる」[*18]という、アリスの「秋止符」（七九）のような感傷には浸れない。そして、メールにはインクも便箋も使わないので、「涙で文字がにじんでいたなら／わかって下さい」[*19]という、因幡晃の（女歌である）「わかって下さい」（七六）のような事態も生じない。古き良き手紙を手にする者だけが、目の前の文字に書き手の身体の痕跡を認め、相手の体温がほんの少し便箋を暖めたであろうプロセスを感じ取る。

さらに、コミュニケーション手段として手紙が電話と大きく異なるポイントは、メッセージを作成し、発信するのに費やす時間の長さである。会話というのは基本的に即興なので、何ら準備や推敲のプロセスを経ない。（メールは手紙より会話に近いので、脳と指が直結しやすく、手紙のように封入や投函の必要もない。）したがって、手紙には電話より手間ひまがかかっている分、そこには心もこもっている、という考え方が成り立つ（ただし、メッセージを受け取る側が、この「手間」を「心」だと感知する能力を持っていない場合、手紙というのは報われない）。考えてみると興味深いことに、じっくり作文する行為について、日本語では言葉を「紡ぐ」（ないしは「綴る」）という動詞を用いることがある。この概念は、その糸へんの漢字が示す通り、伝統的な役割分担上、女性のいとなみとして連想される。ある意味、マフラーやセーターを「編む」という行為にもつながるだろう。ところが、男性はそういうマメさを持っていないと通常思われがちなので、（とりわけ異性のために）長い時間をかけて文章を書く男、というのは規範的な「男らしさ」のイメージにそぐわない。歌謡曲の中でも、男が手紙を書くパターンは少ないし、書くとしても簡略なものにとどまりやすい。たとえば、麻丘めぐみの「わたしの彼は左きき」（七三）に歌われる「彼」は、左手で「短い手紙を書く」[*20]という。あるいは、「結婚するって本当ですか」の冒頭、語り手のもとに届くのも、別れた男性がよこした「短い手紙」[*14]である。もちろん、このような一般状況に反して文字をしめやかに書き綴る男性の歌には転覆的効果が生まれるのだが、それはのちほど検討することにして、まずは、七〇年代歌謡文学の一大テーマをたどるべく、女性が手紙を書き送るケースをいくつか確認してみよう。

基本的に、手紙が歌の主題となる場合には、物理的あるいは心理的な距離感が前提となる。とりわけ、手紙の歌謡曲に典型的なのは、（離れた場所にいる相手との大切な再会を待ちながら）女性の語り手が紡ぎ出す期待と不安の言説であろう。代表例として、畑中葉子と平尾昌晃が歌った「カナダからの手紙」（七八）もさることながら、やはり、あべ静江の「みずいろの手紙」（七三）を忘れてはならない。「涙いろ」の便箋に「泣きそうな心」を綴る語り手は、「手紙読んだら少しでいいから／私のもとへ来てください」[*21]と、つのる想いを紙と文字に託す。もちろん、「涙いろ」とは、奥村チヨの「涙いろの恋」（六八）から松浦亜弥の「ＬＯＶＥ涙色」（二〇〇一）に至るまで、女性の感傷を示唆する歌謡曲的記号である。実際、手紙の歌には涙が似つかわしい。南沙織の「哀しい妖精」（七六）は、「いくつの手紙出せば／あなたに逢えるかしら」と問い、さらに、「いくつの涙流せば／この想い届くでしょう」[*22]と畳み掛ける。一方、感傷のうちに一抹の干渉を交えるのは、「夜ふかしぐせ」だと「若さがどんどんなくなるのです」[*23]と、半ば母親的な気づかいを見せる清水由貴子の「お元気ですか」（七七）である。この歌は、「お元気ですか」の一言に始まり、「来てください」と最後を結ぶ点、「みずいろの手紙」とまったく同じフレームであり、この二曲を作詞した阿久悠の書簡形式に対するこだわりがかいま見える。「来てください」といえば、「この手紙着いたらすぐに／お見舞いに来てくださいね[*24]」という、太田裕美の「最後の一葉」（七六）も書簡が始まりにある。これは、「哀しい妖精」と同様、松本隆の作詞作品であり、O・ヘンリーによる同名の短編小説を下敷きにしている。一つの文学テクストから紡がれた歌にふさわしく、冒頭で「手紙」を書くヒロインは、三年三冊分の「厚い日記」を綴ってもいる。木の葉と同時にページを意味するタイトルの「一葉《リーフ》」とは、そうした書き言葉に対する切実な自意識を宣言するものだ。

さて、歌謡曲における手紙が感傷を誘う装置として機能するのは、会えないもどかしさによる場合に加え、会わない決意の切なさによる場合もある。つまり、「涙で綴り終えたお別れの手紙[*25]」を歌う由紀さおりの「手紙」（七〇）や、「サヨナラだけの手紙」を書いて「あとは哀しみをもてあます[*26]」という久保田早紀の「異邦人」（七九）のように、文字を記すことによって関係の終焉が確認される場合である。梓みちよの「メランコリー」（七六）によると、「緑のインクで手紙を書けば／それはサヨナラの合図になる[*27]」そうだし、面と向かっては言えない別れを切り出す手段として、手紙は間接的にしてドラマティックな小道具となる。あまり長々と書いても意味がないこの種の手紙は、手間ひままをかけなくてもよいので、男性が書くことも珍しくない。とりわけ、メモとしての置き手紙を残して去る、というのはある意味むしろ男性的なしぐさかもしれない。たとえば、堺正章の「さらば恋人」（七一）では、「さよならと書いた手紙」を「テーブルの上に置いた」男が、「ふるさとへ帰る地図は／涙の海に捨てて行こう」[*28]と決意して旅立ってゆく。また、かぐや姫の「置手紙」（七四）では、語り手が、「たくさんの紙袋を抱えたままで」「この手紙」を「読んでいるだろう」恋人に、「最後の男の気まぐれとしての別れを告げ、読んだ手紙は「そこらの窓から捨ててくれ」[*29]と言う。（どうでもよいが、かつては買物といえば「紙袋を抱えた」のだった。これは、レジ袋を手に下げるより、不便ではあるが、審美的である。）ともあれ、少なからず身勝手な「置手紙」の男も、「今日の淋しさは」「いつまでも消えそうもない」と、やはり感傷することだけは忘れない。一方、文字を残して去るのが女性の場合、置き手紙の代わりに、口紅のメッセージを残すという、すぐれてフェミニンな演出もありうる。荒井由実の「ルージュの伝言」（七五）はあくまで一時的な家出の歌であったが、「さよならを描《か》こうとした口紅が折れてはじけた」[*30]という小椋佳の「めまい」（七六）や、「横文字のグッドバイ」[*31]をドアに口紅で記す桜田淳子の「リップスティック」（七八）の場合、別れの決意は切実であり、ルージュの紅い痕跡は、文字に宿る女性性と官能性を究極の形で主張する。

女性と書き言葉の関係を考察するD・スペンダーは、「男／女、公／私」という伝統的な二分法の枠組みのもとでは、女性が「私」の領域と連想され、「自分のために書く」「日記」に加え、「手紙、『教養書』、道徳訓、女たちの関心事——特に家事に関する分野——についての記事」などが、女性的な書き物のジャンルとみなされてきた歴史を振り返る[8]。無論、あらゆる書き言葉が女性的である、というわけではない。政治的な場で何らかのパブリックな証しを刻印する行為は、男性の権威を象徴しうる。トワ・エ・モワの「虹と雪のバラード」（七二）が、「生まれかわるサッポロの地に／君の名を書く／オリンピックと」[*32]と高らかに歌ったのは、「書く」ことの雄々しさを称えるものだろう。しかし、個人的な文字を綴る行為が「女性的」とみなされる文化圏において、男が女に宛てて書く（別れのメッセージではない「前向きな」）手紙というのは、しばしば逸脱的な意味あいを帯びる。通常は、パブリックな文字を永遠に刻み、プライベートな文字はあとに残さない、というのが「男性的」な美学／政治学であるからだ。

　逆に言うと、あとに残らない「手紙」であれば、男性が書いても安全だし健全でさえあることを示すのが、「砂に書いたよ／テレながらラブレター」[*33]という光景を歌った榊原郁恵の「夏のお嬢さん」（七八）である。これは、ジェンダー交差歌唱作品であり、歌詞の内容は男から女への明るい呼び掛けになっている。「砂に書いたラブレター」と言えばもちろん、オールディーズ・ファンにはお馴染みのパット・ブーンが歌ったスタンダードナンバーである。が、「夏のお嬢さん」には、失われた過去の恋を振り返るパット・ブーン的な感傷はない。あるいは、「命短し恋せよ乙女」で知られる吉井勇が、「砂の上の文字は浪が消しゆきぬ／このかなしみは誰か消すらむ」と短歌を詠んだような抒情もない。刹那に消えていく（反復不能な）文字を是とする「夏のお嬢さん」は、あくまでロゴス／音声を志向する。とりわけ、「アイスクリーム、ユースクリーム」というサビが、「ice cream」（アイスクリーム）を「I scream」（私は叫ぶ）にズラして「you scream」（君は叫ぶ）へつなげる掛け言葉であることは興味深い。アイスクリームはすぐに溶けてなくなるし、叫び声はそれが発せられた瞬間に失われるのだ。このような即時的状況を生きる男が、砂の上にその場限りのラブレターを書いたとしても、別に「女々しい」印象を与えることはない。過去や未来を想わず、現在のみに身を委ねるのは、ある意味、ストレートに逞しい態度である。

では、男性が綴るプライベート（で再読可能）な手紙というのは、ジェンダーの力学を具体的にはどのように攪乱しうるのか。男が書き、女が読む、という転覆的な手紙の歌を以下にいくつか拾い上げてみることにしたい。まず、八代亜紀の「愛の終着駅」（七七）を見てみよう。この歌の冒頭では、語り手の恋人である男性が「寒い夜汽車で膝を立てながら書いた[*34]」手紙にスポットが当たる。汽車に揺られながら書く手紙というのは、孤独な書き手のウェットなセンチメンタリズムを強調するようでもあり、ドライな投げやりさを暗示するようでもある。ともあれ、その手紙を受け取った女性は、相手の真意を読み通せないまま、「文字のみだれは線路の軋み／愛の迷いじゃないですか」と問いかける。

君のしあわせ　考えてみたい
あなた何故なの　教えてよ
白い便箋　折り目のなかは
海の匂いが　するだけで
いまの私を　泣かせるの

つまり状況的には、男性が突然、女性のもとを去って旅に出かけた、ということであろう。伝統的な歌謡曲や演歌の場合、男が旅立つということは、イコール別れを意味する動作となる。しかし、この歌の手紙は、「君のしあわせ」が旅立ちの目的であることを告げる。それはもちろん、自分と別れるのが「君のしあわせ」だという意味にも取れるが、将来の幸福のため一時的に離れてすべきことがある、という意味にも取れる。そもそも、タイトルにある「愛の終着駅」とは、肯定的な「ゴール」のことなのか、否定的な「行き止まり」のことなのか、その意味は宙吊りのままだ。ここで、「文字のみだれ」や「白い便箋」という、手紙の身体性が強調されていることは意味深い。語り手が手にしているのは、何度でも再読と再解釈が可能な書き言葉なのである。したがって、「いまの私」がその手紙を読んで泣くとしても、未来の「私」が同じ文字を読んで微笑むかもしれない、という生産的な可能性は決して排除されていない。言い換えるなら、男性によって書き記されたこの手紙は、自らの意味を固定的に自己決定しないという意味において、読み手に対して開かれた性格のテクストとなっている。

一方、「愛の終着駅」とは逆に、女性が男性のもとを離れて旅に出かけるのが、サーカスの「アメリカン・フィーリング」（七九）である。この歌は、「あなたからのエアメール／空の上で読み返すの[*35]」という爽やかな一行から始まっている。ここで、女性が手紙を「読み返す」という、反復のしぐさが打ち出されていることにまずは注目しておきたい。男性が女性に愛の手紙を綴るという〈新しい〉関係性の中にあっては、ジェンダーの布置関係も変化する。

ひとり旅の先々で
いつもあなたを想っていた
そうよ　初めて気づいたの
あなたの胸は　愛のエアポート

この歌はつまり、男が船で女が港、という通俗演歌的世界観を裏返し、そしてまた海路を空路へと刷新し、「エアポート」としての男性と、「コバルトの風」になって空を翔ける女性という、新時代の構図を描き出す。自立した「ひとり旅」に身を投じる語り手は、まさに、フェミニズム先進国の「アメリカン」な感覚を生きている。とりわけ、この歌に先行するサーカスのヒット曲が、「Mr.サマータイム」（七八）であったことも文脈としては重要だろう。こちらは、「待ち伏せた誘惑に／誘われて思わずあなたを忘れたの」[*36]という、女性の逸脱する性を扱う作品だったからだ。もちろん、伝統的な通念に照らすなら、いわゆる浮気というのは男性の専売特許であり、それを許す〈港としての女性〉が男性の帰りを待つ、というのが通常のパターンである。が、帰るべき（空）港としての男性を持った「アメリカン・フィーリング」の女性は、この先も色々な意味で自由な「発着」を繰り返すはずだ。この歌において、「エアメール」と「エアポート」は、（読者／旅人である）女性の主体的反復の磁場となり、一度限りのオリジナリティを特権化するロマンティックなロゴスの神話を相対化する。

さて、上に見た二例は、読み手である女性の視点から、男性の書いた手紙が歌われるものであったが、書き手である男性が、現在進行形で書いている自分を歌うのが、井上陽水の「心もよう」（七三）である。これは、プライベートな物思いの歌であり、男性ジェンダーを攪乱する「さみしさ」がひとつのキーワードとなっている。

さみしさのつれづれに
手紙をしたためています　あなたに
黒いインクがきれいでしょう
青い便箋がかなしいでしょう[*37]

村瀬学は、この歌に漂う不思議な違和感について、「主人公は『黒いインク』や『青い便箋』のことばかりに注意をうながしている」ので、「手紙の中身はどうでもいいように聴こえる」ことを指摘する。[(9)] なるほど、その通りであろう。だが、いかに一方的であれ、「あなたにとって見飽きた文字」を送り続ける語り手は、やはり、相手に伝えるべきメタレベルのメッセージを何か持っているはずだ。そこで、いくぶん視点を変え、「黒いインク」や「青い便箋」という形式そのものがこの歌の主題である、と考えることはできないだろうか。つまり、視覚的に認知される書き言葉の（不）可能性そのものが、「心もよう」を貫くテーマなのではあるまいか。興味深いことに、この歌は、脱構築的に、聴覚よりも視覚を特権化する。

あなたの笑い顔を

不思議なことに今日は覚えていました
十九になったお祝いに
作った歌も忘れたのに

語り手の関心は、どうやら耳より目にあって、視覚的なタブローとしての笑顔は、歌われて消える歌よりも、反復を許しやすい。彼は、時間とともに変わりゆく世界のなかにあって、反復可能なものを求めている。その点、季節をこえて残る手紙の「インク」や「便箋」は、それ自体、変わりゆくものに対するレジスタンスのよすがとなる。そして、語り手が他の何よりも悲しむ変化とは、「ふるさとに住むあなた」の変化である。通常は、故郷に残された女性が、都会に出た男性が変わってしまうことを嘆くものであるが、この歌では、嘆く者と嘆かれる者をめぐるジェンダーの力学に転倒がある。

あざやか色の　春はかげろう
まぶしい夏の　光は強く
秋風のあと　雪が追いかけ
季節はめぐり　あなたを変える

「心もよう」を締めくくるイメージが、移ろう季節と天候のそれであることは、決して偶然ではあるまい。そもそも、「心もよう」というタイトルは、「空模様」という日本語をふまえた造語であろう。実際、歌の途中には、「曇りガラスの外は雨／私の気持ちは書けません」という、雨模様の天気に言及する一節がある。とすれば、雨はここにおいて涙の暗喩と化し、語り手に書けない「気持ち」をにじませるだろう。彼が文字を記す「青い便箋」とは、（「心もよう」と同年のヒットである）「みずいろの手紙」の場合と等しく、季節に褪せない「涙いろ」を映し出していたのかもしれない。

■郵便的流行歌

続けて、手紙という形式にもう少しこだわってみよう。生身の声を介さない（というのはつまり、情報の送り手と受け手が同じ時空にいない）コミュニケーションには、どうしても無視できない側面がある。端的に言えば、書き記された間接的メッセージとは、いつも必ず意図された相手のもとに届くとは限らない、という現実である。たとえば、青い三角定規の「太陽がくれた季節」（七二）では、悩める「青春」の小道具として、「届かないあの手紙」[*38]がイメージされる。

君は何をいま　待ち続けるの

街の片隅で　膝をかかえて
届かないあの手紙　別れた夢

ここで、「届かない」手紙とは、そもそも、書かれないから届かないのか、書かれたのに投函されていないのか、投函されたのに配達されないのか、きわめて不透明である。この同様の曖昧さを抱えるのが、かまやつひろしの「我が良き友よ」（七五）だろう。この歌の語り手は、懐かしい旧友との再会を試みて、「便りしたため探してみたけど／暑中見舞いが返ってきたのは秋だった[*39]」と言う。この「返ってきた」というのは、「返事が来た」という意味か、「（宛先不明で）返送されてきた」という意味か、にわかに判断しがたい。いずれにせよ、「探してみたけど」期待する結果は得られなかった、ということである。かくして、これらの歌の背後には、どうにも消えない郵便的不安が影を落とす。

さらに、手紙とは、意図した相手に届かないばかりか、意図しない相手に読まれてしまう、という危険性を孕む。というのも、（のちには石川ひとみのカバーでヒットした）三木聖子の「まちぶせ」（七六）を聴けばわかるように、好きな相手の気をひくためならば、「別の人がくれたラヴ・レター見せたり[*40]」もする人間が存在するからだ。そのため、手紙の送り手はしばしば、メッセージを読んだら（かぐや姫の「置手紙」のように）「捨ててくれ[*29]」とか、由紀さおりの「恋文」（七三）の中でレトロに歌われるごとく「拙き文を読まれし後は／焼いて欲しく候[*41]」とか、書面の残らないことを望む。

　このように不安定な手紙の本質は、実のところ、人間の意思疎通のプロセス一般にも敷衍することができる。「あてにならない郵便制度」としてのコミュニケーションを論じる東浩紀の言葉を借りるなら、

> 「エクリチュール」とは結局、情報の不可避的かつ不完全な媒介のことだと考えられるだろう。伝達が必ず何らかの媒介《メディア》を必要とする以上、すべてのコミュニケーションはつねに、自分が発信した情報が誤ったところに伝えられたり、その一部あるいは全部が届かなかったり、逆に自分が受け取っている情報が実は記された差出人とは別の人から発せられたものだったり、そのような事故の可能性に曝されている。[10]

　そして、このような郵便性——あるいは情報が誤配される可能性——は、まさしく、流行歌という形式にもついてまわる宿命である。なるほど、音声信号として伝達される歌を郵便的な「エクリチュール」とみなすのは、いくぶん違和感もあろう。しかし、細川周平がその著書『レコードの美学』で指摘する通り、そもそも〈蓄音〉する「フォノグラフ」とは、その語源から言っても「音」（phone）と「書」（graph）を同時に内包

するものであり、「レコードは当初より音と文字、正確には書かれたものの総称としてのエクリチュールを結びつけるものと考えられていた」(11)。つまり、反復的な再生／再読が可能であるという点、複製技術を前提とする大衆音楽は、その本質において(電話的というより)手紙的である。事実、七〇年代、歌謡曲とは再読可能なテクストである、という意識を打ち出すメタ歌謡曲が存在したことは見逃せない。

たとえば、ちあきなおみの「喝采」(七二)である。この歌は、「黒いふちどり」の知らせを受け取る、という郵便的モチーフから語りが始まるのだが、興味深いのは、

暗い待合室　話す人もない私の
耳に私のうたが　通りすぎてゆく*42

という一節である。ここにおいて、歌手として歌う主体である「私」は黙して待合室にいるにもかかわらず、あたかも他人の声であるかのように自分の歌がスピーカーから聞こえてくる。声はもはやその起源である身体を離れ、複製されたメッセージとして、あまねく外界に流れているのである。そのような状況下では、主体と客体、過去と現在がめくるめく交錯する。「私の／耳に私のうた」というフレーズが、メロディーの切れ目をまたいで居心地悪く「私」を反復しているのは、そうした自己の分裂ないしは増殖

を示唆しうるだろう。

さらに、複製された声としての歌謡曲、という認識を決定的にしたのが、山口百恵の「プレイバックPart2」（七八）である。ここでは、カーラジオから流れてきた「勝手にしやがれ、出て行くんだろ」[*43]という流行歌の一節が、語り手の命令によって文字通りもう一度「プレイバック」される のだ。ちなみに、この一節は、正しくは「出て行くんだろ」ではなくて「出て行くんだな」であり、情報の誤認ないしは改変が行われている。実は、こうして引用された沢田研二の元歌である「勝手にしやがれ」（七七）も、その最後のリフレインにおいて、「派手なレコード」にあわせて「ワンマンショー」[*44]を演じる男が描かれる。これは、複製音楽作品のモチーフとして、自己言及的であると言うべきだろう[(12)]。

なるほど、歌謡曲が基本的にラジオから聴くものであった時代には、聴き手は比較的受け身に何の曲がかかるのかを待つ立場にあった。が、七〇年代、消費経済が進み、カセットテープによるエアチェック【もう死語かもしれないが、ラジオの音楽番組などで流れる楽曲を私的に録音する行為】が一般化するとともに、レコードという媒体が広く商品として流通するようになると、歌謡曲の鑑賞体験とは、自らの意志で好きなときに繰り返しうるものとなった。ちなみにレコードの売り上げにもとづくオリコンチャートが始まったのは、一九六八年のことである。言い換えるなら、オリコン時代以降、流行歌はますますその反復可能なエクリチュール的性格を濃くしていったのである。そう考えると、七〇年代に流行をみたのは、手紙についての歌謡曲というより、手紙としての歌謡曲であったと言うべきかもしれない。まさに、歌とは【七〇年代、NHKの『みんなのうた』で財津和夫が歌った曲のタイトルを引くならば】〈切手のないおくりもの〉だったのである。

『声の文化と文字の文化』を書いたウォルター・J・オングは、「書くことと読むことは、一人でする行動である」がゆえに、「こころを、精力的で、内面的で、個人的な思考に引き込む」と述べている[13]。実のところ、書くことと読むことは、はっきり区別できる行為ではない。何かを書くということは、自らが（自分の書いた文面の）最初の読み手になるということでもある。その意味で、書くことは読むことの一種であり、（他者との対話を求めるはずの）手紙さえ、自分と向き合うために書かれることもある。岩崎宏美の「ドリーム」[*45]（七六）の語り手のように、「愛とひとつ書いただけの手紙を折って窓から飛ばし」ても、もちろん愛する相手に届くはずはない。ばんばひろふみの「SACHIKO」（七九）に歌われる女性にしても、「自分にあてた手紙[*46]」を書き、そのまま燃やしてしまう。一方、手紙としての歌謡曲を聴く／読むことも、通常の音声的コミュニケーションとは異なり、基本的には「一人でする行動」である。それは、読み書きと同様、孤独な内省をともなう瞑想ないしは創造のいとなみとなる。小川知子の「別れてよかった」（七二）は、束縛された愛の暮らしから自由になった女性が、ひとりで楽しめる趣味を色々列挙する歌だが、その語り手が、これで「レコード聴いて手紙も書ける」[*47]と言うのは、その二つの（どちらもすこぶる個人的な）行為の近しさを示している。

もっとも、流行歌が、いつでも個人の孤独を保証してくれるとは限らない。それはやはり、純粋に沈黙する文字ではありえない以上、何とも力強く、かつ大変恐ろしいことに、聴き手の自我を不意に侵犯する。本や雑誌の活字であれば、視線を注がないという選択によって情報を受信しないままでいられるが、レストランやスーパーなどの生活空間に流れる音声の場合、否応なく鼓膜を刺激するので、我々は情報に対して無防備に受け身である。その点、歌謡曲体験というのは今なお従来からの電話的（ないしは時として暴力的）な側面を残している。あるいは、郵便受けに投げ込まれていて手に取らざるをえない、ダイレクトメールやチラシを連想してもいい。もちろん、あるとき何気なく流れていた歌がいつしか耳に残り、やがてそれが時間とともに芳醇な甘い記憶に変容することもある。が、たとえば九〇年代半ば、聴きたくもない小室サウンドの誤配に迷惑した筆者などは、今なおただただその誤配を恨むばかりである。あるいは逆に、届くべき相手に「配達」されぬまま、ＣＤショップという名の宛先不明郵便課《デッド・レター・オフィス》で眠っているメッセージも存在するだろう。もしかしたら、自分に宛てられたラブレターが、自分の生まれる以前に書かれていた、ということさえありうるかもしれない。歌謡曲を鑑賞するということは、たまたまかかってきた電話を受けるということではないし、毎日ポストを覗き、入っていたものを読み捨てる、ということでもない。何度読み返しても懐かしい手紙との出会いを信じるならば、我々は、誤配に満ちた郵便制度の中で、自分に宛てられたメッセージを自力で探し出さねばならないのだ。

〈注〉

（1）桑田佳祐は、『ロックの子』（講談社、一九八五年）で、自らのアマチュア時代を振り返り、紙面に頼らない歌作りの方法にふれている。「出まかせだから、口から。アドリブ。毎回違ってた。でも、ほら、だんだんフレーズごとに決まってくるでしょ、だいたい。だんだん固まってくるわけ。それで歌ってたな。ただ、その固まってきた部分を紙に書き直してみるとか、そういうのはしないの」（一〇四―〇五頁）。

（2）タイトルに関しても、時に「一定の文字」として流通しない歌がある。たとえば、石川さゆり一九七七年の大ヒット曲は、「津軽海峡冬景色」なのか、「津軽海峡・冬景色」なのか。オリジナルのレコードジャケットを見てもナカグロ（・）はないが、「津軽海峡」と「冬景色」のレタリングは二行に分かれて印刷されており、そこにはある種の断絶感がある。筆者は、地理的にも心理的にも断絶を主題とするこの作品は、ナカグロつきのタイトル表記が似つかわしいと考えるが、現実の活字メディアには二通りの表記が混在している。

(3) 近年の音楽ネット配信に否定的な落合真司は、「形のない信号だけの商品」に疑問を投げ、「CDを買ってきてフィルムを開けるときのわくわくした気持ちや、歌詞カードの手触りなどがないとやはり寂しい」と述べている。『中島みゆき・円環する癒し』（青弓社、二〇〇一年）九頁を参照。

(4) ちぎったものを窓から捨てるのが好きな阿久悠は、井上順の「昨日・今日・明日」（七一）でも、「悲しい話はちぎり／窓から捨てたらいいさ[*48]」という詞を書いている。ここには、物理的実体を持たないはずの「話」を、「ちぎり」うる紙面の文字に変える想像力が働いている。

(5) ウォルター・J・オング『声の文化と文字の文化』桜井直文・林正寛・糟谷啓介訳（藤原書店、一九九一年）一七二頁。

(6) 阿久悠『NHK人間講座――歌謡曲って何だろう』（NHK出版、一九九九年）八八―九一頁。

(7) 八〇年代には、斉藤由貴が、「最後のファイブが押せなかったテレフォン[*49]」を小道具に用いる「白い炎」（八五）を歌い、歌謡曲もプッシュホンの時代へと移行する。

(8) D・スペンダー『ことばは男が支配する――言語と性差』れいのるず＝秋葉かつえ訳（勁草書房、一九八七年）二八四頁。

(9) 村瀬学『なぜ「丘」をうたう歌謡曲がたくさんつくられてきたのか――戦後歌謡と社会』（春秋社、二〇〇二年）一三六頁。

(10) 東浩紀『存在論的、郵便的――ジャック・デリダについて』（新潮社、一九九八年）八三―八四頁。

(11) 細川周平『レコードの美学』（勁草書房、一九九〇年）四二―四三頁。

(12) それにしても、沢田研二はなぜか引用されることが多い。サザンオールスターズが「勝手にシンドバッド」（七八）を歌った経緯はすでに四章でみたが、その翌年には、石野真子さえもが「ジュリーがライバル」（七九）を歌っていた。【その後、二〇一一年には、平井堅が「危険なふたり」を下敷きにした「お願いジュリー☆」を歌っている。】

（13）『声の文化と文字の文化』三一二頁。

8　いいえ、欲しいの！ダイヤも——女性と都市

■町／街から都会へ

「まち」という言葉には、期待の響きがある。それは、人々が何かを期して行き交う「待ち」の空間を指すのかもしれない。「風待茶房《かぜまち》」【二〇一〇年に「閉店」】というHPを立ち上げた「風街」詩人の松本隆は、そんな「まち」の和音に耳を傾けていた。そもそも、「まち」が都市空間を名指す場合も、それが単一のイメージを喚起するわけではない。前章において、聴覚だけでは意味内容を決定できない言葉について考えたが、「まち」もその応用編ということになるだろう。具体的には、都市化の進み具合と空間の規模に応じて、「まち」は少なくとも三種類の異なる概念を含んでいる。そのうち最も小さく田舎寄りなのが「町」であり、そこにいくぶんの広がりと洗練が加わると「街」へふくらみ、さらに開けた大都市になると「都会《まち》」というルビ表記の概念にたどりつく。この多層的なズレを歌謡曲空間に即して見てみると、もちろん戦後から、淡き夢の「町」やサンドイッチマンの「街」は存在していた。けれども、流行歌の風景に

「都会《まち》」が大きく浮上して、それを「町」や「街」から峻別する「とかい」という音が繰り返し響き始めるのは、のちほど詳述するように、七〇年代――より正確には七〇年代後半――に入ってからのことである。そこで、歌謡曲における町／街が都会へと移行した時代に光を当てるべく、そもそも都市――の中でもとりわけ、その極致としてある東京――とは、一体いかなる空間のことなのか、そしてその空間がいかに性差の問題系と絡みあっていくのか、以下に整理を試みたい。

まず少し時代を遡って前置きをするならば、昭和二〇年代から三〇年代にかけて、流行歌における東京の表象は、正から負へと変化した。阿久悠の言い方を借りるなら、東京「を」歌う希望の歌から、東京「で」歌う哀愁の歌への変化である(1)。この現象はもちろん、戦後の復興期から、高度成長期への時代背景に呼応している。つまり、敗戦から新たな一歩を踏み出すべく、いささか強引にも「夢のパラダイス」[*1]にされた東京は、それが未知の場所である限りは、美しき幻でありえた。けれども現実に大量の労働人口が都市部に流れ込み、さまざまな挫折や失望が訪れると、東京への憧れは哀感や郷愁に変わり、流行歌の主調音は明から暗、高から低へと向かう。活字メディアを見ても、「一九六〇年頃から、東京を人間的な温かさや親切心に欠ける、極度に荒涼とした、寂しい場所として表現するため、『東京砂漠』という言葉が、しばしば新聞などで使われた(2)」。

しかし、歴史はサイクルをもって繰り返すとみえ、昭和四〇年代から一九七〇年代になると、再び都市のイメージにほのかな明るさが戻ってくる。はっぴいえんどのアルバム『風街ろまん』（七一）のコンセプトが象徴するように、少なくとも、歌の中の街には、懐かしくも新しい抒情が吹き抜けるようになる。「風街」といえば、山田パンダの「風の街」（七五）も、表参道・原宿への愛着を甘酸っぱく歌いあげていた。なるほど、裏を返せば、その頃、何らかの希望を必要とするほど現実の街が乾いていた、ということかもしれない。当時の都市部では、高度成長のツケである公害がピークに達し、風が運ぶものといえば工場の煙か自動車の排気ガスであった。実際、都市を殺伐とした砂漠に喩えるのは、活字メディアのみならず、歌謡曲にもしばしば使われたレトリックである。けれども、そこには、決して現実に挫けまいとする意志と期待感があった。たとえば、いしだあゆみの「砂漠のような東京で」（七一）は、「愛した人のためならば」と、たとえ「枯れはてる」にしても「花になる」[*2]ことを宣言する。また、「町はいま砂漠の中」にあろうとも、そこに「希望の匂い」[*3]を嗅ぎ取る和田アキ子の「あの鐘を鳴らすのはあなた」（七二）も前向きなトーンであった。さらに、内山田洋とクール・ファイブの「東京砂漠」（七六）は、「空が哭《な》いてる／煤け汚されて」と嘆きつつ、「だけど私は好きよこの都会《まち》が」[*4]と、東京の肯定へ向かう。

　ここで注目したいのは、上記の「砂漠」の三曲がいずれも、女性の語り手を通し、暮らすべき空間としての「まち」を描き出していることだ。歌謡曲と都市の関係を通時的に考えるとき、七〇年代に特徴的なのは、都市が女性の生活空間になった、という大きな変化である。それ以前、都市というのはそもそも男性の目線から描かれることが多かったし、そこに日常的な生活感は希薄だった。有楽町のティー・ルームも、ほの暗いナイト・クラブも、ドラマティックに出かける非日常の場所であり、一種の祝祭空間であったからだ。もちろん、東京にはカンカン娘やドドンパ娘、花売り娘やバスガールもいたが、(特定のレッテルを貼られない)「普通の」女性が都市部に登場するのは、天地真理の世界あたりからになる。まず、「ひとりじゃないの」(七二)では、「あなたが雨の街ふりかえってくれて/私が小走りに傘をさしかけたら」[*5]という、傘を小道具にした軽やかな光景にスポットが当たり、「あなたの街のあのあたり」まで「小さな傘が羽になるなら/今すぐ飛んでゆきたい」[*6]という、「虹をわたって」(七二)のモチーフを補強する[(3)]。加えて、「とてもきれい」な「街並みが輝く」[*7]という「ふたりの日曜日」(七二)、「若葉が町に急に萌えだした」[*8]という「若葉のささやき」(七三)も、何気ない街角の風景を印象的に切り取っている。同様に日常的な街を描いたのが、南沙織の一連のヒット曲である。「二人が出逢えたこの街」[*9]を歌う「早春の港」(七三)、「街は色づくのに会いたい人は来ない」[*10]という「色づく街」(七三)、「町を歩いていても喧嘩しちゃうの」[*11]という「傷つく世代」(七三)、そして「暮れそうで暮れない黄昏れどきは/街の灯り数えましょうか」[*12]という「人恋しくて」(七五)など、街は青春アイドル歌謡の舞台に欠かせない場所となった。それは、もはや、出かける先というよりも、日々を生きる身近な空間になる。かくして、「小さな恋の物語」（七三）のアグネス・チャンは、「小鳥の歌に目覚める街」で「いついつまでも暮らしたい[*13]」と願い、（少し次元はズレるが）「二人でお酒を」（七四）の梓みちよも、「どうにかなるでしょ、ここの街の／どこかで私は生きてゆくのよ[*14]」と、都市生活者の楽天主義を歌う。

　こうした七〇年代前半の「町／街」は、まだ若葉や小鳥に彩られ、春夏秋冬の自然な季節感を漂わせていた。そこには、比較的ゆるやかな安らぎと調和の感覚がある。ところが、七〇年代の後半に入ると、無機質の有機体とも言うべき「都会」というキーワードが、歌謡曲の世界に突如あふれ出す。たとえば、ともに「都会の空[*15・16]」というフレーズを含む荒井由実の「あの日にかえりたい」（七五）とピンク・レディーの「ペッパー警部」（七六）。あるいは、「季節が都会ではわからない[*17]」という千昌夫の「北国の春」（七七）と、「都会のすみであなたを待って」「季節に取り残された[*18]」という狩人の「あずさ2号」（七七）。そして、「アスファルトに降る雨」を「すぐに乾く都会の涙[*19]」に喩えた大橋純子の「サファリ・ナイト」（七八）に、極めつけはやはり、クリスタルキングの「大都会」（七九）であろう。誤解してはならないが、これらの作品は、必ずしも都会を否定的に表象するものではない。一見明らかな望郷の歌に思える「北国の春」でさえ、語り手は、「あのふるさとへ帰ろかな」と思案するだけで、「帰る」とも「帰りたい」とも言ってはいない。「振り向けばつらいことばかりの／東京は捨てたよ」と、恋人を連れて「雪解け頃」の北へ帰る新沼謙治の「ヘッドライト」（七七）さえ、「そんなに泣くなよ」とか、「もう二度と戻らない街には／未練など持つなよ」[*20]とか、語り手は、期せずして、東京を離れたがらない女性の姿を浮き彫りにする。なるほど、人工化の度合いが高度に進んだ都市というのは、冷たく乾いた虚構の空間である。けれどもそれは、〈自然な〉美意識や価値観を批判的に問い直す契機を孕んでもいる。だからこそ、松本隆のような都会の詩人は、〈作られた〉美のあり方に魅せられもする。彼が太田裕美に書いた「木綿のハンカチーフ」（七五）や「九月の雨」（七七）は、「都会の絵の具」[*21]や「都会にうず巻くイリュミネーション」[*22]に対して曖昧にアンビバレントだし、彼が原田真二に提供した「てぃーんず　ぶるーす」（七七）の語り手も、「造花のように美しく」「都会が君を変えてしまう」[*23]ことに、単なる哀しみをこえた畏怖の念を覚えているようだ。

　もちろん、「町／街」から「都会」への移行が進むにつれ、そこに行き交う人の数は大幅に増えていく。野口五郎の「私鉄沿線」（七五）は、「買い物の人でにぎわう街」の「人波」[*24]を描写しているし、「街は恋するものたちの港」[*25]だという山口百恵の「パールカラーにゆれて」（七六）は、都市に集まる人々の不特定多数性を暗示している。さらに、「群集をのみこんだ都会《まち》」[*26]を想う岸田智史の「きみの朝」（七九）や、「キラキラ行きかう都会の人ごみ」[*27]を描く水谷豊の「カリフォルニア・コネクション」（七九）は、よりストレートな表現で都市の人口密度に言及している。しかしながら、都会を特徴づけるのは、個の集積としての群集であって、そこにはマスゲームのような協調があるわけではない。人々は自らの欲求をそれぞれに追いかけているだけだ。したがって、都会の群集を想うということは、とりもなおさず、その構成要素としてある個人を想うことでもある。たとえば、「都会の迷路」の中から生まれた自己信頼を歌う、大橋純子の「ビューティフル・ミー」（七九）という作品がある。これは、脚韻をふむ「美しい私《ビューティフル・ミー》」と「美しい都市《ビューティフル・シティー》」への讃歌であり、脱日本的な〈個人主義の共同体〉を想像するものである。

きのうまで壊れた夢の散らばった
冷たいこの街きらいだったけど
突然あたたかく輝いて見える
知らない人さえとても愛おしい[*28]

これは、「子供の頃から一度もきれいと言われない」女性が、自分も「きっと今夜は美しいはず」と信じられた瞬間を歌っている。そのとき、「それぞれの窓に愛がある」

と「はじめて気づいた」語り手は、〈美しい都会の私〉を発見することで、同様に美しい〈私〉であるはずの「知らない人」とも結ばれていることに目覚めるのだ。およそ、アメリカやフランスのような女性問題の先進国においては、このような理想としての個人主義が、民主主義の根幹であるという認識が市民に深く根づいている。角度を変えて言うと、フェミニズムとはそもそも、「〈都市〉という土壌なしに生まれなかった思想と運動」なのだと考えてもよい。というのも、共同体単位の役割分担が固定的な農村の場合とは異なり、「自由の実現をはかろうとする〈個人〉」こそが「都市的文化を創造する主体的エネルギー」の源であり、「女性は言わば、〈遅れてきた個人〉として近代社会の積み残しの課題を担う」という宿命を帯びていたからだ。[4]

もちろん、女性が〈個人〉であろうとするならば、女性が欲望する主体となることが大前提になるが、とりわけ日本では、それを可能にしたのが、都市（とそれに連携する歌謡曲）であったように思われる。七〇年代とは、欲望の磁場である都市が飛躍的に女性の領分へと変容した時代だったのだ。くわしくは以下のセクションで述べることにするが、とりあえずの足掛かりに、太田裕美の上京ソングをまずは一瞥しておきたい。通常の理解に従うと、「木綿のハンカチーフ」という歌は、都会の色に染まっていく男と、田舎の純真な女、という対比の構図を示すことになる。が、話は果たしてそれほど単純であろうか。ここで気になるのは、「都会」で流行している「指輪」をプレゼントしよう、という男に対し、故郷の女が返す言葉である。

いいえ　星のダイヤも
海に眠る真珠も
きっとあなたのキスほど
きらめくはずないもの
きらめくはずないもの[*21]

ここで、「星のダイヤ」の部分を歌として耳から聴くと、リズムが「ほし～」と延びているうえ、「の」の後でメロディーに間があくために、どうしても「欲しいの！ダイヤ」と聴こえてしまう。だいたい、もし、指輪の価値を否定したいなら、「星の」とか「海に眠る」とかの詩的な言葉の装飾を施すのは逆効果である。なるほど、「あなたのキス」を持ち上げるためにそのような形容をしているのはわかる。が、結果として、彼女は、本来否定すべき「ダイヤ」や「真珠」さえ、我知らず美化しているのだ。この、都会的洗練に憧れる女性の（抑圧された）欲望は、「木綿」に続く太田裕美の「赤いハイヒール」（七六）においてくっきりと回帰する。再び通常の理解に従うと、この歌のヒロインは、上京しても幸せそうではなく、都会に馴染めない女性のように見えるかもしれない。しかし、最終的に、彼女が東京を捨て、「僕と帰ろう」という男とともに「ふるさと」[*29]へ向かうのか否か、この歌は何も結論を出していない。ハイヒールで歩く都会より、「裸足」で歩く「草原」がいい、というのは、男の側の希望的な見解に過ぎないのだ。この歌のタイトルは、「ふるさと行きの切符」でも「緑の草原」でもない。ヒロインにとっての心の拠り所は、苦しくったって、悲しくったって、「赤いハイヒール」なのである。

■欲望する女性の都市

二〇世紀終盤、ヨーロッパの高級ブランド商品は、場合によってはその半分近い売り上げを日本という一国（ないしは日本人女性という一集団）に依存するようになった。良くも悪くも、日本人がもしブランドに興味を失ったら、ヴィトンをはじめ、世界のファッション関連会社の多くは、死活問題に直面するだろう。【二一世紀最初の二〇年が過ぎ、日本の相対的貧困化が進む中、高級ブランドを身につけることへの同調圧力は以前より下がっている。一方、SNSの浸透により、「かわいさ」への強迫やルッキズムの表面化は顕著になっており、女性の欲望はますます可視化されているとも言える。】振り返ってみるならば、日本がファッション都市型消費経済大国への第一歩を踏み出したのは、まさしく七〇年代のことではなかったか。ここでいうファッション都市とは、広告化、記号化、情報化を特徴とする消費文化の中心地である、とひとまず定義したうえで、外堀を埋めるべく、当時の社会状況を大まかに復習しておきたい。まず、一九七一年、マクドナルドの第一号店が銀座三越にオープン、ミスタードーナッツも箕面市に第一号が登場し、ファストフードの進出が始まる。そのすぐあとを追って登場したのが、一連のコンビニエンス・ストアである。七三年にファミリーマート、七四年にセブン－イレブン、七五年にはローソンがそれぞれ営業を開始している。つまり、日本の七〇年代とは、遍在する同一記号としての店舗が都市にあふれ出し、今日的な消費文化のネットワークがスタートした時代であった。もちろん、都市情報のネットワーク化も見逃せない。一九七二年に『ぴあ』が創刊されたことは、時代のメルクマールとして記憶されるべきだろう。また、同じ頃、女性向けのファッション雑誌も次々と登場する。まず『アンアン』（一九七〇年創刊）と『ノンノ』（一九七一年創刊）の爆発的な人気により、いささかの皮肉もこめて「アンノン族」という流行語が生まれた。さらに、七五年には『JJ』が創刊され、若い女性のブランド志向が一層加速する【が、こちらは、読者層を取り巻く環境の変化を理由に、二〇二一年二月号をもって事実上の休刊となった】。都会の夕暮れ色が「グラビアみたいに見えている」[*16]という「ペッパー警部」の一節が雄弁に物語る通り、当時のヴィジュアル雑誌文化は急速な浸透力をもって、都会人の知覚や思考を鮮烈に色づけ出していた。

そんな中、一九七三年、パルコが渋谷へ進出したことは、ひとつの社会学的な事件であった。それは、店の前の街路を（「パルコ」の和訳によって）「公園通り〜ＶＩＡ　ＰＡＲＣＯ」と名づけたうえ、歩道のデザインも独自にプロデュースすることで、公共の都市空間そのものを、ひとつの広告ないしはファッション・メディアに変えてしまったのである。（さすがに「パルコ通り」では反感を買ったであろうが、「公園通り」はなるほど代々木「公園」に通じているところがミソであった。）都市論の見地から渋谷パルコに注目する研究者が言う通り、「街＝メディアとテレヴィ・コマーシャルやカタログ雑誌、情報誌とをメディア・ミックスすることで都市を記号化された消費の空間として編成していくこと、この渋谷＝パルコ的なるものこそ、一九七〇年代以降、東京を中心に広がっていった都市空間のあり方に他ならない」(5)。この渋谷パルコ空間の記憶を刻印する歌が、太田裕美の「九月の雨」である。「木綿」と「ハイヒール」を継承するこのシティ・ソングにおいて、語り手は、タクシーの中から「ガラスを飛び去る公園通り」*22を眺め、今まさに失われようとしている恋の追憶をたどる。この「公園通り」が当時のキーワードとなる固有名詞であることに気づかないと、「九月の雨」がすくい取っているリアリティの濃淡も見過ごされてしまう。「季節に褪せない心」が愛おしく思えるのは、短いサイクルで模様替えするファッション街区が助長する感覚でもあるからだ。もちろん、それは、東京という空間のみに限定されるものではない。神戸が「ファッション都市宣言」を行ったのも、渋谷パルコの誕生と同じ一九七三年のことであった。

ともあれ、このような「消費の空間」としての都市においては、人間が街の風景の一部となり、商品を身につけて街を歩く女性は、動く広告となる。前述の渋谷パルコのオープニングに謳われたキャッチコピーは、「すれちがう人が美しい」というものであった。つまり、都市というのは多くの店や娯楽場が集まるひとつの「見せ物」だが、「むしろ、そこに大勢の人間が集まっているという事実そのもの」に意味があり、「自分自身が『見せ物』にもなる」という、劇場的な逆転ないしは攪乱がある。(6) こうして、シュガーベイブの「DOWN TOWN」（七五）に歌われたごとく、人々は「ダウンタウンへ繰り出そう」[*30]というモチベーションを得る。そして、七〇年代前半のストリートファッションといえば、女性の下半身に多彩な変化の見られたことが特徴であろう。すなわち、六〇年代後半以来の「ミニ革命」が浸透する一方で、パンタロン、ホットパンツ、マキシ、ミディなど「ボトムス百花繚乱」の状況が現出する。(7) これは、しばしば指摘される通り、通常のスカートに象徴される伝統的かつ画一的な女らしさのイメージを打ち破る意味あいを持っていた。誤解してはならないが、女性は、必ずしも、男性に欲望されるために美しく自らを飾るわけではない。そもそも、ファッション雑誌やファッションとは、ションを見て欲情（しようと）する男性はごく少数派であろう。女性のファッションとは、身体の自己所有ないしは自己決定という側面が強く、意識される視線があるとすれば、むしろ、異性よりも同性——そしてつきつめれば自分自身——のそれである。

別の言い方をすると、女性は、「すれちがう人が美しい」空間を堪能し、また、自らその空間の構成要素となることで、それまで遠ざけられていた「欲望」や「経済」の領域へ主体的に参入することとなる。その意味において、ファッションは、七〇年代の女性を〈男性化〉した。今なお、デパートの売り場において「婦人」と「紳士」に割り振られた空間の比率を考えれば、女性こそがファッション都市の消費経済をリードする主役であることは明らかだ。一方、七〇年代にはもちろん、男性にもブーツやタンクトップなどの流行が訪れ、女性誌にいくぶん遅れながら、男性向けのストリートファッション雑誌も登場した。そのグループ名からして「市街」がコンセプトであるダウン・タウン・ブキウギ・バンドが、「カッコマン・ブギ」（七五）をヒットさせた時代でもある。しかし、身なりや身だしなみを気にする男性が、どこか滑稽に見えがちなことは、「春夏秋冬朝から晩までファッション・ブックとにらめっこ」[*31]するコミックな男性像に表れている。

カッコマンになりたくて
カッコマンになりきれない
カッコマンになりきらなきゃ

それが悩みの種ジャン

ここで、「なりたくて」「なりきれない」という逡巡は、男性がファッションにコミットしようとする際の心理的ジレンマをいみじくも物語っている。同じ雑誌を眺めるにしても、これが女性の場合、桑名正博の「セクシャルバイオレット№1」（七九）に歌われたごとく、「ファッション雑誌を膝から落として／駆け寄る心」[*32]は、挑発的でサマになる。ところが、男性が意図してファッションに身を投じる場合、「装飾」や「洗練」に細かい注意を向ける、という意味においてそのジェンダーは〈女性化〉する。七〇年代に「ヴィジュアル系」を目指すことは、まだ、男性性の不安を呼び覚ます行為であったのだ。つまり、新しく台頭したファッション都市というのは、与えられた性別と逆方向に性差を意味づける作用を持ち、男女のイメージを流動化する攪乱的な空間を提供していたと考えることができる。

さて、竹田青嗣の評論家デビュー作となった『陽水の快楽』（八六）は、流行歌と文芸批評を接合する試みとして草分け的な仕事であったが、興味深いことに、これは、陽水論であると同時に、都市論でもあった。この評論は、七〇年代前半のアーティスト初期作品を論じる「陽水の快楽」と、七〇年代後半以降へ視点を移す「陽水の眩暈《めまい》」の二部から成っている。そしてその第二部において、竹田は、「都会のエロス的幻影」というキーコンセプトを提示する。これは、陽水という一個人の感性よりむしろ、時代の動向を言い当てたものだ。「町／街」が「都会」へと変貌しつつあった頃、陽水の作品に限らず、多くの流行歌が呼び覚ますようになったのは、「建築や空間や街路やイリュミネーションの意匠的造形であり、モードやファッションの方向性と速度であり、広告やポスターやCFのデザインやコピーが、編み上げてはときほぐしてゆく、都市の表層的幻影にほかならない」ことを竹田は指摘する。ただしここで、「エロス」や「表層」や「幻影」といった言葉遣いに、非難や侮蔑のニュアンスは含まれていない。むしろ、「都市の中で、ひとびとの欲望がマス・イメージによって吊り支えられ、そのことによってロマン的憧憬のかたちが大きく変容した」ということである。(8)

このような変化は、七〇年代後半、広告するファッション・メディアとしての歌謡曲が、（今日まで続く）流行の基本型を生み出したことと無縁ではありえない。つまり、一九七五年からテレビコマーシャルにおいて本格化した化粧品のイメージソング合戦により、都市の幻影が流行歌を色づけるのみならず、流行歌が都市のエロス／ロマンスを生成ないしは再生産するようになったのである。歌謡曲が、時代を「映す」だけでなく「移す」メディアであることは、この時期にとりわけ見えやすくなった。ちなみに、ここで言うイメージソングとは、いわゆるCMソングとは異なり、音楽社会学者・小川博司の定義を借りるなら、「ある企業や商品のコンセプトを表現しているが、企業名や商品名が歌詞の中に入っていない曲で、広告音楽として使用され、かつレコードとして市販されている曲」のことである。[9]もちろん、食料品や旅行に関わるイメージソングも存在したが、質量ともに飛び抜けてインパクトがあったのは、やはり、化粧品と歌謡曲のタイアップである。思えば、七〇年代後半から八〇年代にかけて、絶大な影響力を持ったラジオ歌謡番組は、宮川泰の司会が一時代を築いた「コーセー化粧品歌謡ベストテン」である（ロイ・ジェームスに始まる「不二家歌謡ベストテン」もコーセーと双璧を成したが、こちらはＡＭ放送なのでサウンドの鑑賞には適さなかった。一方、「コーセー」は、ナレーションをかぶせないで楽曲をイントロから丸ごと流し、リスナーにエアチェックの便宜をはかっていた）。

それにしても、なぜ、いかに、化粧品であったのか。『化粧品のブランド史』を著した水尾順一は、本邦初の化粧品イメージソングが竹越ひろ子の「サマーブルー」（七二）であったことを指摘した上で、広告の戦略として定番化した歌謡曲の数々を、主だった会社別の年表にまとめている。[10]そんな中、七〇年代後半をリードしたのは、まぎれもなく、資生堂であった。主な作品として、小椋佳の「揺れるまなざし」（七六）、尾崎亜美の「マイ・ピュア・レディ」（七七）、ダウン・タウン・ブギウギ・バンドの「サクセス」（七七）、南沙織の「春の予感」（七八）、矢沢永吉の「時間よ止まれ」（七八）、堀内孝雄の「君のひとみは１００００ボルト」（七八）、南こうせつの「夢一夜」（七八）、ツイストの「燃えろいい女」（七九）、柳ジョージ＆レイニーウッドの「微笑の法則」（七九）などがあった。また、資生堂を追うかたちで、カネボウも、サーカスの「Mr.サマータイム」（七八）、布施明の「君は薔薇より美しい」（七九）、桑名正博の「セクシャルバイオレットNo.1」（七九）といったヒット曲を送り出した。改めて言うまでもないが、こうした歌の前提となるのは、もちろんファッション都市である。「ショーウインドウに映った街」が「今日の私に似合ってる」[*33]という、「マイ・ピュア・レディ」の時空などはとりわけ典型的だろう。あるいは、海辺のリゾートで「都会《まち》の匂いを忘れかけた」[*34]（「時間よ止まれ」）としても、それは、都会に属したアイデンティティの逆説的な確認にほかならない。

すでに述べたように、都会とは、劇場的な攪乱の空間である。そこでは、まなざしが交錯し、乱反射する。イメージソングを「劇場社会の付随音楽」と捉える小川博司が早くから指摘した通り、「そもそも化粧は、素顔を隠し、別の顔を作り上げる（メイクアップ）のだから、きわめて演劇的である」し、化粧品のイメージソングにあっては、「視線と変身」のモチーフが鍵となることは間違いない。そのモチーフとは、小川によれば、「女性に熱いまなざしを送り、女性をドラマの主人公へと仕立て上げていく」ものであり、つまりは「男性の視線を女性に向かわせる」ようなベクトルを帯びていたという。[(11)]とすれば、視線の政治学においてしばしば指摘されるような、見る主体としての男性と、見られる客体としての女性、という昔ながらの構図が浮上する。

ここではしかし、小川の洞察を基本的枠組みとしてふまえつつ、そのような伝統的構図を覆すような女性の「視線と変身」にむしろ注意を喚起したい。たとえば、まさしく「視線」のドラマを歌う例として、ポーラ化粧品とタイアップした桑江知子の「私のハートはストップモーション」（七九）があった。

マンションのエレベーター　降りたとたん
出逢いがしらはじけた　熱い視線
春先によくある　アクシデントなのに
感じたときめき　ああ　せつなすぎる[*35]

ここにあるのは、対等な視線の衝突である。男が女を見るのみならず、女が男を見ている。そして女は、「ノックもなしに飛び込んできた恋」に受け身の構えで応じるのではなく、「通りすぎるなんてできない」から「私あなたをはなさないわ」と、自らの強い意志を表明する。このドラマを演出する「エレベーター」とは、字義通りには「昇らせるもの」を意味するが、二オクターブを一音ずつ駈け昇るこの歌のイントロは、それをヒロインの気持ちの昂揚と巧みに重ねている。

女と男をめぐるこうした新しいまなざしの力学は、ほかでもない、一連の資生堂イメージソングの政治学でもあった。すなわち、見られると同時に見つめる女性の瞳が強調され、視線の（対象というより）発信源としてある女性の主体位置が確認されたのである。とりわけ、「揺れるまなざし」とならび、「君のひとみは10000ボルト」は、タイトルそのものが、女性の強力な視線を際立たせる。「誘惑のかげり」をたたえた「鳶色のひとみ」が示唆するのは、女性が誘惑（される側ではなく）する側に回り、力強く「馬」を駆って性差を攪乱する「二〇世紀のジャンヌ・ダーク[36]」となりうる可能性なのだ。そうして、「季節はずれのミストレル」のごとく駆け抜けたヒロインはしかし、今度は夏の風となって「燃えろいい女」の街角に再来する。この歌もまた、従来の男女観にひねり《ツイスト》を加えつつ、新しい都会の女性像を鮮明にシャウトして、輝かしい。「またひとつキラメク風が／この街を散歩する[37]」という冒頭の一節は、「街にひと吹きの風[38]」というフレーズに始まる「揺れるまなざし」や、「ちょっと走りすぎたかしら／風が吹いていったわ[33]」という始まりの「マイ・ピュア・レディ」など、先行する資生堂作品の〈風〉景とも響きあいながら、文字通り爽やかな風を立てて颯爽と街をゆく「ナツコ」にオマージュを捧げる。

おびえた男心を

さらって振り向きもしない女
夏の午後を焼き尽くせ
熱い熱いまなざし

ここに歌われる「熱い熱いまなざし」は、「この目が燃え出して／男を焼き尽くす」[*39]と宣言した山本リンダ的な女性像にも通じるだろう。それは、男に〈おそらくは心地よい〉「おびえ」を呼び覚ます目線である。少なくとも、ヒロインに「燃えろ」と呼び掛ける語り手は、さらなる「おびえ」の快感を欲している。そして、二番でも、ポイントはやはり、「まなざし」である。すなわち、「飛びかうウワサの中を／自由にかけぬけていく女」は、「笑顔の似合う娘より／ちょっと気どったまなざし」を外界に撃ち放つ。都市の女性が男女の力関係において主導権を握るというパターンは、〈これまた「ざわめく街に揺れる風」[*40]という風街感覚を喚起する〉「微笑の法則」についてもいえる。これは、微笑みが、(一)「目元を走る」、(二)「唇に浮かぶ」、(三)「肌にこぼれる」という、何とも資生堂的な三法則を示すものだが、その第一法則が「目」に関わっていることは強調に値するだろう。語り手の男性は、美しい女性に振り向いてもらえず、「俺に微笑んでくれ《スマイル・オン・ミー》」と、相手からの視線を嘆願する立場なのだ。この歌は、「今はもうすべて移り行き」とか、「今はもう虹の消えた砂浜さ」とか、〈今はもう〉の抒情性をにじませて、喪失と降伏の悦楽とでもいうべき美学に殉じている。「光薄れた九月の夕闇」に生きる男は、まぶしい朝の光が「俺の心を打ちのめす」と語り、輝く女性と翳りゆく男性の明暗法《キアロスクーロ》を印象づける。

こうして、化粧品ソングは、しばしば、男性と対等である以上に、男性を翻弄する「強い」女性の目線を打ち出した。リードする女性の前に、男性は劣勢ないしは敗北を余儀無くされる。「あのまなざし／揺れて眠れない」[*38]（「揺れるまなざし」）、「どうやら俺の負けだぜ」[*34]（「時間よ止まれ」）、「騙した男が騙される」[*41]（「君は薔薇より美しい」）、といった事態になるのも不思議はない。「10000ボルト」の電流にはもちろん、抗うすべもなく感電してしまう。このような転覆的状況は、男が女を求めて手に入れて守り、女は男に愛され抱かれて未来を託す、という図式からの解放を意味する点、男の側にも（不安と同時に）ある種の自由を約束するものだ。欲望の主体となった女性を前に、優位を放棄した男性は、受動の快楽を知る。広告する歌謡曲が、後期資本主義との共犯という代価を払いつつも、女性が自らの身体を所有するプロセスを促し、性差の地図を書き換える糸口を提供したという事実は認めねばならない。

都市と女性をめぐるこうした七〇年代の状況は、その後、山根一眞が『「ギャル」の構造』で使用した言葉を借りるなら、情報と遊戯とを経済的に連動させる「情遊化社会」へと受け継がれていった。その原動力となった存在は、山根によると、「一九八〇年代の日本に登場した、経済至上主義を原点とし、自己の容姿をも武器に都市に跋扈する非社会性と幼児性をあわせもった蠱惑的な若い女性」であるという。興味深いことに山根は、ひとつの「時代思想」ともなったそのような「ギャル」の概念的な誕生を、沢田研二の「OH！ギャル」（七九）のうちに見出している。なるほど、「男のペースで生きては駄目」とか、「女の辞書に不可能はない」とか、「女は誰でもスーパースター[*42]」とかいったメッセージは、阿久悠らしいデフォルメのうちにも女性の時代の到来を的確に予知するものであった[12]。

　かくして、八〇年代以降、都市はますます女性の欲望を具現する空間へと変貌していった。とりわけ、七〇年代がその幕を下ろすや否や、松村和子が「帰ってこいよ」（八〇）を歌ったことは象徴的であろう。この歌は、上京した幼馴染みを故郷で待ちわびる恋人の想いを歌った作品である。が、上京したのは女性であり、待ちわびるのは男性なのだ。これは、「木綿のハンカチーフ」の裏返しである。ただし、松村和子のジェンダー交差歌唱作品は、素朴に都市批判や農村回帰を訴えるものではない。津軽三味線をロックへ融合したサウンドは、その後の吉田兄弟と同様、〈地方〉の記号をメディアに新しく接続する都市化のベクトルを打ち出していた。「気立てのやさしい娘《こ》だったよ／お前の嫁に欲しかったねと[*43]」過去形でつぶやく男の母親は、もはや、女性が田舎へ帰ってくることを期待していない。都市の欲望とは、まさに、「気立てのやさしい」「嫁」という美徳からの逸脱を促す脈動である。時代は、バブルへの階段を昇りつつ、男性から女性にも富とエロスを拡散的に再分配する方向性へと歩み出していた。

■アルファベットの磁力

さて、以上、都市が歌謡曲を、そして歌謡曲が都市を、どのように動かしていったのか、テーマ論的にあとづけてみた。が、ここで少しアプローチを変え、歌謡曲の都会化という議論に、スタイル面から若干の補足を加えておきたい。というのは、七〇年代歌謡曲が、都会的洗練のジェスチャーとして、日本語の歌にどう英語を織りまぜていったか、という問題である。個々に具体例を確認するまでもなく、本章ですでにふれた都市に関わる歌謡曲は、しばしば歌詞の一部にアルファベットを含んでいる。言い換えるなら、都市的なるものは、英語的なるものときわめて親和性が高い、という仮説をひとまず立ててよいだろう。実際、佐藤良明が『J－POP進化論』において唱える日本の歌のダイナミズムとは、和と洋の対立が、田舎と都市の対立とパラレルを成すという枠組みのなか、「洋に舞い上がりつつ、和の重力に屈してしまうという構図」から、「和風も洋風も黒人風も、それぞれをプラスのイメージとして、こだわりなく折衷した歌を楽しむ」ようになるという（一九七〇年あたりから急激に進んだ）流れを指している。[13] 佐藤はそのような結論を、音階と日本語リズムの分析から導いているのだが、同じことは、七〇年代流行歌の使用言語からも素朴に確認できそうである。すなわち、英語に舞い上がりつつ、日本語の重力に屈してしまうという構図から、日本語も英語も、それぞれをプラスのイメージとして、こだわりなく折衷するようになったのが七〇年代だったのではないか。

もちろん、カヴァー・ポップスやGSにおいて、カタカナ英語は六〇年代からすでに日常化していたが、アルファベットの英語は歌謡曲にどう受容されていったのか。たとえば、一九六八年に始まったオリコンの記念すべき第一回の第一位は、黒沢明とロス・プリモスの「ラブユー東京」（六六）であったが、それはまだ「Love You 東京」ではありえなかった。その後、オリコンの年間シングル・チャートの五〇位以内に入った歌をたどっていくと、ヒット曲の題名にアルファベットが登場するのは、意外にも遅く、一九七七年の年間第八位となったピンク・レディーの「S・O・S」（七六）が最初であったことがわかる。続いて、一九七八年の上位五〇曲を見ると、同じくピンク・レディーの「UFO」（七七）、サーカスの「Mr.サマータイム」（七八）、山口百恵の「プレイバックPart2」（七八）、そして沢田研二の「LOVE（抱きしめたい）」（七八）という四曲が、その題名にアルファベットをいくぶんためらいがちにしのばせている。翌年の一九七九年には、西城秀樹の「YOUNG MAN」（七九）をはじめ、五〇曲中五曲のタイトルにアルファベットが見られるが、さらに一九八〇年になると、アルファベット・

タイトルは五〇曲中の一〇曲、割合にして全体の二割にまで跳ね上がる(14)。

八〇年代には、曲のタイトルのみならず、日本人のアーティスト名そのものにもアルファベットが目立つようになるが、七〇年代には、RCサクセションも歌謡界でさほどメジャーではなかったし、かろうじてCharの名がポピュラーになったくらいである。

しかし、いささか単純な着眼ながら、グループを成すアーティスト名における「と」と「&」の割合を比べてみると、当時の英語感覚の広まり具合が見えてくる。つまり、七〇年代前半には、内山田洋とクール・ファイブ、はしだのりひことクライマックス、平田隆夫とセルスターズ、山本コウタローとウィークエンド、宮史郎とぴんからトリオなど、「と」のグループが数多く活躍し、「&」のグループは、ペドロ&カプリシャスにベッツイ&クリス程度であったと考えてよい。ところが、七〇年代の後半に入ると、「と」のグループは軒並み勢いを失い、逆に、世良公則&ツイスト、柳ジョージ&レイニーウッド、ロス・インディオス&シルヴィアなど、「&」の優勢が目立ち出す（その傾向は八〇年代のもんた&ブラザーズ、ラッツ&スター、杉山清貴&オメガトライブ、チャゲ&飛鳥へと連続する）。唯一、「青春時代」（七六）の森田公一とトップギャランが、消えゆく「と」の意地を見せていた。この「と」から「&」への移行の過渡期にあった象徴的なグループが、七〇年代半ば、「わたし祈ってます」（七四）をヒットさせた敏いとうとハッピー&ブルーである。ちなみに、リーダーの敏いとうは、本名の伊藤敏を（日本語表記のまま）英語風の姓名順にひっくり返してもいる。ネーミングの和洋折衷ぶりに関しては、オリジナルに手の混んだグループだ。

繰り返すが、流行歌の言語スタイル上の都会化／英語化は、まず、六〇年代カヴァー・ポップスを特徴づけるカタカナ語のあふれ出しから始まった。とりわけ、当時、あまたの外国曲を訳詞（というか翻案）した漣健児の言語感覚について、その「カタカナな感じ」を評価する声は高い。つまり、「正式とか常識とかは、つまらない」し、「面白いことは、いつも逸脱」なので、輸入翻訳型ポップスにおける強引なカタカナ語は、「正式じゃない感じ」を心地よく醸し出す。[15] そして、それと同じことは、七〇年代歌謡曲における「英語な感じ」についても言えなくはないだろう。日本人の作詞家がファッション感覚で使用した横文字フレーズは、正しくなくとも「それっぽい」ところに意味があった。英文法を平気で誤ることについて、日本の流行歌史上、小室哲哉の右に出る者はまずいないとしても、ウソの英語をそれっぽく歌っている作品はずいぶん以前からあった。たとえば、平山三紀の「フレンズ」（七二）のサビで、「Someday, sometime, someday you've got it」[*44] という部分は、someday という未来を表わす副詞があるにもかかわらず、現在完了形の動詞を使っているので時制がおかしい。あるいは、しばたはつみの「マイ・ラグジュアリー・ナイト」（七七）において、「My luxury, luxury in the night」[*45] という結びの英語に文法的な問題はないが、タイトルの「ナイト」を形容する

「ラグジュアリー」は、(発音的に「ラクシャリー」と表記すべきことはさておき) 直後に名詞が来る場合、〈物質的な贅沢〉を示唆するので、形容詞形の「ラグジュアリアス」にしないと、この歌が訴える〈内面的充足〉を表現できない。

このような、実は「正式じゃない」「英語な感じ」は、とりあえず「カタカナな感じ」の延長上にあるといえるが、さらに、七〇年代歌謡曲の言語スタイルに画期的なひねりを加えたのが、タケカワユキヒデではなかったか。英語で歌われたゴダイゴ初期のシングル「僕のサラダガール」(七六)は、カネボウの化粧品イメージソングであり、彼らの音楽も、ファッション都市の要請と連動していたことは間違いない。しかし、ヴォーカルのタケカワユキヒデは、「英語な感じ」というよりも、正しい「英語の感じ」を打ち出す歌い手であった。(さすが、東京外語大の誇りである。) 問題はむしろ、彼の正式な英語ではなく、彼の「正式じゃない」日本語なのだ。たとえば、「ガンダーラ」(七八)のサビで「愛の国」[*46]というフレーズを歌う彼は、「の」を英語風に二重母音化して「ノゥ」と発音するために、「I know 国」とでも言っているように聴こえてしまう。つまり彼は、歌謡曲に英語を侵食させることで、日本語の発音体系さえも崩し、「ガイジンさん」がしゃべりそうな「日本語な感じ」を現出させたのである。実際、彼の歌声を聴き、そのカタカナ表記の名前を見た者の多くは、彼が埼玉生まれの武川行秀ではなく、日本語の不自由な日系外国人だと思ったことだろう。なかなか見事ななりすまし《パッシング》をやってのけた彼の存在により、歌謡曲における日本語と英語の距離は飛躍的に縮まった。この「日本語な感じ」はもちろん、以下にもふれる桑田佳祐が、（発明した、というのではなく）独自に極めたスタイルである。【このような（日本語を英語っぽく歌う）歌の系譜については、輪島裕介がくわしく論じている。「カタコト歌謡の近代」でグーグル検索されたい。】

さて、歌謡曲言語の脱・日本化を示すひとつの指標として、脚韻という形式についても少し考えてみたい。欧米の詩作品ではお馴染みの韻というものは、基本的に、子音が独立して響かない日本語とは相性が悪い。とはいえ、榎本健一《エノケン》に注目する佐藤良明が「ダイナ」と「飲ませて頂戴ナ」[*47]の脚韻を指摘した通り、戦前から、英語の影響下で語尾を揃える言葉遊びはあった[16]。しかしそれは、和と洋のギャップを強調することで、コミカルな効果に訴えようという試みである。一方、七〇年代には、（カタカナ）英語と日本語を折衷した脚韻が、都会的な洗練のジェスチャーとして、異化よりも同化の試みとして、歌謡曲にしばしば登場した。文学史的には、戦後、欧米のソネット形式を日本の詩にあてはめて押韻する「マチネ・ポエティク」の方法が試されたが、その実験が短命な挫折に終わったのち、同じ理念を開花させたのは、ほかでもない流行歌の詩学であったのだ。歌謡史的には、もちろん、今日、ラップの流行により、J－POPの脚韻は日常化しているが、七〇年代歌謡曲における同音語尾の先駆的な作品は、ダウン・タウン・ブギウギ・バンドの「スモーキン，ブギ」（七四）である。（このタイトルは、英語の -ing 形を -in' と省略するアポストロフィを無理矢理カタカナにくっつけているため、縦書きでは表記できなくて困る。）この歌の行末に来る「ショートピース」「ちょっとポーズ」「飯も食えず」「そっとかくす」「ちょっとふかす」のフレーズは、いずれも「ス〜〜〜（パッパ）」[48]という喫煙の擬態語である長音の「ス」へと流れ込み、すぐれてリズミカルな押韻を実践する。また、七〇年代後半、「おいでイスタンブール／うらまないのがルール」[49]と、カタカナでリズムを揃えた庄野真代の「飛んでイスタンブール」（七八）の脚韻も忘れがたい。あるいは、中原理恵の「東京ららばい」（七八）も、「東京ララバイ／夢がない明日《あす》がない／人生は戻れない」[50]と、外来語の「ララバイ」に日本語の否定語尾をさりげなくからませている。さらに、究極の日英折衷韻として、桑田佳祐が歌う「思い過ごしも恋のうち」（七九）を取り上げておきたい。

別れ話は misery
昔話は history
月の日も思いきり
しゃぶりつくように patiently[51]

この部分は、英語も日本語も、「・i」の音で行末を揃えている。同じ音はまた、フレーズの途中でも、中間韻としてあらわれる。すなわち、「月」の「き」に、「思いきり」の「い・き・り」のすべて、そして「しゃぶり」の「り」と、「ように」の「に」も、「・i」の音だ。さらに続くサビの部分でも、「お〜も〜い、すごしも〜こ〜い、それでも〜い〜い、いまのうちぃ〜」と執拗なまでに「い」の音を重ねている。これは、歌詞の意味内容に照らすなら、みじめ《ミザリー》だろうが過去《ヒストリー》があろうが、根気よく《ペイシエントリー》恋するのだ、という、（口を横開きにした）「イ」の音が喚起する〈歯の食いしばり感〉や〈ファイト感〉のようなものを伝えるだろう。そもそも、まだスティーヴン・キング原作の映画『ミザリー』も公開されていなかった当時、「misery」というのは通常の日本人が耳にする英単語ではなかったので、桑田は、単語の意味が通じることよりも、音の響きが呼び覚ますイメージを最優先したに違いない。

ところで、上の引用部に「月の日も思いきり」と表記した部分は、サザン作品の歌詞集を見ると、「次の日もひとりきり」と書かれている。[17] 実際に録音された作品では、「ひとりきり」ではなく「思いきり」と歌われており、歌詞を固定しない桑田佳祐らしいのだが、よくわからないのは「次の日」か「月の日」か、である。彼の曖昧な発音から、「ぎ」と「き」の区別はつかないのだ。けれども、「思い過ごし」の翌年、「恋するマンスリー・デイ」（八〇）でまさに女性の「月の日」を歌った桑田であるならば、「次の日」が「月の日」に横すべりするとしてもまったく不思議はない。いずれにせよ、言わば英語を使うドサクサにまぎれ、彼は日本語の音と意味さえ曖昧に揺らしてしまう。その感覚的・無意識的・自由連想的なコトバの乱反射は決してあなどれない。

かくして七〇年代、英語（っぽい日本語）は、化粧品やブランドの服と同様、ひとつの記号として、あるいは一種の身体的な快楽として、メディアを侵犯しはじめた。歌謡曲が、しばしば日本人にも聞き取れなくなる時代の始まりである。そもそも「言語を使うということは、ある規則が支配する世界へ参入することである」のは言うまでもない。その世界とは、批評用語で「父の法」と呼ばれる掟に規定されている。精神分析批評に明るい下河辺美知子は、そうした文脈をふまえて尾崎豊の作詞／作曲法を分析し、彼の歌うメロディーが、通常の話し言葉における日本語の高低アクセント規則をことごとく破っていることに注目する。尾崎はつまり、「言語が権力闘争の場であることを直感として知っていた」がゆえに、「歌う声」を「隠れた武器」に、「言語規則という父への反抗を行なった」というわけである。[18] おそらく、そのような反抗の素地はすでに七〇年代、日本語の英語化現象によって準備されていた。そして今日、いわゆるＪ－ＰＯＰの時代にあっては、日本語のアクセントや意味の切れ目がメロディーラインと一致している歌を見つける方が難しいかもしれない。なるほど、耳から聴いても意味のわからない歌というのは、古き良き美意識からすれば、嘆かわしき日本語の乱れ以外の何ものでもない。

しかし、それを、固定的に有意味な言語そのものに抗うメタレベルの反逆として受け止めるなら、歌謡曲の都会化＝ファッション化＝英語化が脱・父権化のベクトルと重なりあう可能性も否定はできないだろう。桑田佳祐が新潮文庫から出した自作品歌詞集には、『ただの歌詩じゃねえか、こんなもん』という一見投げやりなタイトルが付されている。が、そのように言い放ってみせるしぐさは、ある意味七〇年代的な韜晦であり、英語まじりの日本語も、少なくとも当初は破壊による創造という逆説を冒険的に生き抜いていた。「ただの歌詩」は、「ただの歌詞」をこえて、〈詞《ことば》〉から〈詩《うた》〉へのひそかな飛翔を夢に見ていたのだ。

〈注〉

（1）阿久悠『NHK人間講座――歌謡曲って何だろう』（NHK出版、一九九九年）三一―三七頁。

（2）総合研究開発機構編『大都市と文化――ニューヨークと東京　その神話と現実』（学陽書房、一九八四年）四三頁。

（3）風街ならぬ傘街ろまんは、歌謡曲の定番である。雨傘ではないが、「パラソルにつかまり／あなたの街まで飛べそうです[*52]」というキャンディーズの「暑中お見舞い申し上げます」（七七）は、ビーチ版の「虹をわたって」だと言えるだろう。その他にも、「傘の花が咲く土曜の昼下がり[*53]」の街角を歌った三善英史の「雨」（七二）は言うにおよばず、いわゆる相合い傘のモチーフとして、「ふたりに傘がひとつ[*54]」という太田裕美の「雨だれ」（七四）、「ひとつの傘の中」で「帰り道[*55]」を歩いた記憶をたどる風の「あの唄はもう唄わないのですか」（七五）、雨のバス停で「さりげなく傘をさしかけ[*56]」てくれた相手への片想いを歌う竹内まりやの「涙のワンサイデッド・ラヴ」（七九）など、傘と街の関係は深い。

（4）大久保武・大澤善信・木本喜美子・橋本和孝・藤原眞砂・和田清美『シティライフの社会学』（時潮社、一九九一年）五三―五四頁。

（5）林進編『メディア社会の現在』（学文社、一九九四年）の一二〇頁に引用された若林幹夫の言葉。七〇年代のパルコ問題とその余波については、吉見俊哉編『都市の空間　都市の身体』（勁草書房、一九九六年）の第八章として収録された難波功士の論考、「広告化する都市空間の現在――西武流通（セゾン）グループの軌跡を事例として」（一二三―六二頁）にくわしい。

（6）樺山紘一・奥田道大編『都市の文化――新しい読みと発見の時代』（有斐閣選書、一九八四年）三六頁。

（7）アクロス編集室編『ストリートファッション1945-1995――若者スタイルの五〇年史』（パルコ出版、一九九五年）一三六頁。

（8）竹田青嗣『陽水の快楽――井上陽水論』（ちくま文庫、一九九九年）一五七、一七三頁。

（9）林進・小川博司・吉井篤子『消費社会の広告と音楽』（有斐閣選書、一九八四年）六〇頁。

（10）水尾順一『化粧品のブランド史――文明開化からグローバルマーケティングへ』（中公新書、一九九八年）六七―八二頁を参照。この化粧品ソングの年表に、『消費社会の広告と音楽』一一四―一一九頁に付された（全商品）イメージソング・リストを照らし合わせると、当時の主要な広告型のヒット曲をほぼ網羅的に一瞥することができる。

（11）『消費社会の広告と音楽』八〇―八一頁。

(12) 山根一眞『「ギャル」の構造——情遊化社会と女性パワー』（世界文化社、一九九一年）二五—三〇頁。この沢田研二の曲が出た翌年、太田裕美も「南風」（八〇）の中で、「君は光のオレンジ・ギャル[*57]」というリフレインを歌った。

(13) 佐藤良明『Ｊ－ＰＯＰ進化論——「ヨサホイ節」から「Automatic」へ』（平凡社新書、一九九九年）二八、一六三頁。

(14) 『Ｏｒｉｃｏｎ №1 Ｈｉｔｓ ５００——１９６８〜１９８５上』（クラブハウス、一九九八年）一二四、一二五、一七〇頁の表を参照。

(15) 高護（監修）『漣健児と六〇年代ポップス』（シンコーミュージック、一九九八年）一一四頁。

(16) 『Ｊ－ＰＯＰ進化論』八三頁。

(17) 桑田佳祐『ただの歌詩じゃねえか、こんなもん』（新潮文庫、一九八四年）六一頁。

(18) 下河辺美知子「尾崎豊と声のポリティックス——人は盗んだバイクで走り出せたのか？」『文藝別冊・尾崎豊』（河出書房新社、二〇〇一年）一八七頁。

9 季節に褪せない心があれば、歌ってどんなに不幸かしら——抒情と時間

■時計の停止

都会は時計の領分である。都市生活者はしばしば、左胸の鼓動より、手首にはめた機械の微動に従って生きている。何しろ、あらゆるものが分刻み、秒刻みのリズムで動いているのだ。これが伝統的な農村の文化であれば、日が昇り、日が沈み、季節がめぐる、そのゆるやかなサイクルのままに、人間の暮らしも流転する。暦さえあれば、一日をさらに細分化して時を計る必要はない。しかし、都会にあっては、もういくつ寝るとお正月、という単位の時間を生きていると、周囲の動きからすっかり取り残されてしまう。というか、そもそも、徹夜の珍しくない都会にあっては、一つも寝ないうちに日付けだけが進んでいたりもする。

「時計化された生」に近代の本質を見る社会学者の真木悠介が言うように、「近代人の〈生活の時計化〉」は、まず労働の場、そして教育の場へと浸透したが、それを飛躍的かつ決定的に押し進めたのは放送メディアである。とりわけ、家庭内にテレビが普及した

ことにより、まったく個人的な私生活の領域にさえ、「客観化され計量化され管理化された時間」が流れることとなった。この点、テレビが広く普及した七〇年代というのは、日本において最も社会の時計化が進んだ時代であったといえる。いつも同じ時刻に放映される番組たちは、時間ですよ、と視聴者の注意を促すのだ。もちろん、テレビとは秒単位で多額の金銭が動く世界であり、それ自体が巨大なビジネスである。利潤の効率を求める限り、「そもそも資本とはその本性上時間とのたたかいである」し、「ビジネス」とは英語の語源に立ち返るなら文字通り「忙しさ」を意味している。資本主義経済のもとでは、「かせいだり、たくわえたり、節約したりする」ものとして、時間は貨幣に還元しうる価値となり、時は金なり、という諺も単なる比喩ではなくなってくる[1]。こうして人は、家の外では象徴的な手錠としての腕時計によって、また家の中では規則的なテレビ番組によって、時間の推移を切に意識することとなる。それは少なからず窮屈な事態であり、都会化＝近代化が進めば進むほど、時間とは、人間にとって、抗うべき圧力となり、闘うべき宿敵となっていかざるをえない。

　こうした文脈をふまえるとき、サザンオールスターズの「勝手にシンドバッド」（七八）のリフレインにおいて、三度執拗に繰り返される「今何時[*1]」という問いかけが耳に残る。この部分は、誰がどうして時刻を尋ねているのか、脈絡がまったく不明である。が、その脈絡のなさゆえにいっそう、時計に支配された時代の強迫がリアルに伝わってくる。その直前の中間部では、桑田佳祐の歌声がどんどん早口にスピードを増し、時間が飛び去っていく感覚に拍車をかける。とはいえ、「今何時」かの問いに対してはっきりと時刻を告げる答えは返らない。「そうね大体ね」、「ちょっと待ってて」、「まだ早い」というだけである。そこには、時計の専制に違和感を覚える人間のささやかな抵抗——とまで言えないならば当惑——のしぐさを見て取ることもできる。[2]

かくして、歌謡曲のモチーフに、時計という小道具が浮かび上がる。もちろん、秩序や幸福をもたらすものとして、ではない。忘れ去るべき呪縛や拘束として、である。たとえば、上條恒彦の「出発《たびだち》の歌」（七一）のように、「化石の街」と「時計の森」を捨てて「銀河の向こうに飛んでゆけ」*2と、時空を超える壮大な夢を歌った異色のアプローチがあった。加えて、よりポピュラーなかたちで数多く浮上してくるのは、時間を止める愛、というロマンティックな主題である。七〇年代前夜になるが、まずこの主題を鮮烈に打ち出したのは、由紀さおりの「夜明けのスキャット」（六九）である。「ルールルールルルルー」というスキャットのみの一番に続き、二番では、作詞家・山上路夫のロマンティシズムが光る。

愛しあうその時に　この世はとまるの
時のない世界に　二人は行くのよ

夜はながれず　星も消えない
愛の唄　ひびくだけ
愛しあう二人の　時計はとまるのよ
時計はとまるの[*3]

ここでいう「時のない世界」とは、〈時計的な時間〉の流れない世界である。しかしそこには、時計では計りえない独自の時間が息づいている[3]。なぜなら、そこには、「愛の唄」が「ひびく」のであり、「ひびき」とは何らかの時間の移りゆきを前提としているからである。補助線を引くならば、「時間芸術」としての音楽を論じる国安洋の議論がここで参考になるだろう。彼は、時計の時間と音楽の時間を区別して、次のように述べている。

> 時計の時間は出来事をはかるものであって、決して出来事を生み出すものではない。例えば、自然の出来事は時間を経験するが故に生ずるのではなくて、時間の中に存在する物に何か力が働くから生ずる。つまり自然の出来事にとって時間はその原因ではない。ところが音楽の場合には、時間のみがリズムと拍子において働く力の動因あるいは源泉となっているのである[4]。

「夜明けのスキャット」はつまり、時計に規定された外的な時間ではなく、「愛の唄」が内的に生成する時間を捉えている。ここにおいて、愛は唄の状態に憧れるし、唄は愛

「愛の唄」は唄の状態に憧れるし、唄は愛の状態に憧れる。両者はほとんど交換可能な概念になると言ってもよい。そして、愛と唄とが幸福に重なりあうひととき、時計はその支配力を失う。少なくとも、失うように感じられる。

同様に、多くの七〇年代歌謡曲は、外的時間の停止する刹那を夢に見た。ジャックスのスローバラード「時計をとめて」（七二）は、「二人が見つけたこの恋を／離したくないいつまでも[*4]」と、至福の瞬間にとどまり続ける願いを歌う。「早くあなたに会いたくて／時計を逆さに回してます[*5]」というキャンディーズの「暑中お見舞い申し上げます」（七七）も、（その行為の意味はよくわからないが）時間の流れを攪乱したいという意図は明らかである。他にも、「美しい人生」と「限りない喜び」に「時は立ち止まる[*6]」という松崎しげるの「愛のメモリー」（七七）や、タイトルを見れば一目瞭然であろう矢沢永吉の「時間よ止まれ」（七八）を忘れてはならない。また、桑江知子の「私のハートはストップモーション」（七九）も、映像文化時代ならではのイメージを用いつつ、出逢いの「熱いショック[*7]」に時間の静止する感覚をエモーショナルに歌いあげている。加えて、「なぜにあなたを見てると／時間がたつのを忘れているのだろう[*8]」という野口

五郎の「きらめき」(七六)や、「二人の夜は熱いまま時も忘れて[*9]」という、しばたはつみの「マイ・ラグジュアリー・ナイト」(七七)、そして「時をとめてしまえば[*10]」という南沙織の「春の予感」(七八)なども思い出してみると、時計からの解放は、どうやら、愛の期待や法悦によってこそ実現しうることになっている。

しかし、このような時間の停止に対するこだわりは、裏を返せば、いかに時間の流れが激しいか、ということでもある。それはまた、愛とはいかに短命か、という認識の言い換えである。甲斐バンドの「HERO(ヒーローになる時、それは今)」(七八)が明快に定義するように、「生きるってことは」「矢のように走る時の狭間で踊ること[*11]」だ、というのが現代人の基本認識であるのかもしれない。ちなみにこの歌は、服部時計店のイメージソングであったが、同じ服部時計店は、翌年、財津和夫の「Wake Up」(七九)ともタイアップしており、なかなか分かりやすい(5)。もちろん、飛び去る時の矢そのものは、どうにもとまらない。ふと気づいてみれば、ガロが「学生街の喫茶店」(七二)で述懐したように、「時は流れた[*12]」ことを痛感するのみである。喫茶店と言えば、あべ静江の「コーヒーショップで」(七三)に登場するマスターも、「時の流れを見つめてる[*13]」人物であった。一方、「時の流れをうらむじゃないぞ[*14]」というかまやつひろしの「我が良き友よ」(七五)は、「今も昔も」酒はうまい、とひとつの逃げ道を提案する。あるなるほど、コーヒーよりはアルコールの方が、時間を忘却するには役立つだろう。あるいは、沢田研二の「時の過ぎゆくままに」（七五）のごとく、時間の流れに逆らわず、「男と女」で「堕ちてゆく」[*15]という生き方もある。しかし、逃避的ないとなみから現実に戻ってしまえばまた、「時が二人を追い越してゆく」[*16]という、布施明の「シクラメンのかほり」（七五）に反復される強迫が訪れる。つまるところ、「シクラメン」の作者・小椋佳が「めまい」（七六）で明言したように、「時は私にめまいだけを残してゆく」[*17]という宿命を避けることは難しい。となると、風が「ささやかなこの人生」（七六）で歌ったように、「時の流れを背中で感じて／夕焼けに涙すればいい」[*18]という感傷のすすめに我々は従うしかないのだろうか。

■暗喩としての列車

時間というのは、それ自体、あまりにも捉え難い概念なので、多くの論者は、時間の物理的な形状を想定し、その性格を見極めようとする。たとえば、「時計によって規定され、管理される時間」の特徴について、以下のようにイメージづけした議論がある。これは、時間を空間化する言説である。

第一は、自律的であること、すなわち時間は時間それ自身の〈自然の〉原理によって進むものであり、人であれ神であれ一切の意志の介入を許さないことである。したがって、わたしたちにとって時計の刻む時間は、それ自体絶対的なものであり、時間を見失ったり喪失したりすることを極度に恐れることになる。第二は、時間は切れ目なく一様に続くものであり、過去へ向っても未来へ向っても無限に伸びる数直線として理解されることである。(6)

時計的時間を特徴づけるこの絶対性と直線性、言い換えるならば不変性と不可逆性は、〈掟〉としての厳格さと冷酷さをそなえている。それは、少なくとも、「女性的」に柔軟なイメージを許容するものではない。この時計的時間の対極に位置するのが、フランスのフェミニスト思想家ジュリア・クリステヴァが論じた「女の時間」という概念である。彼女は、時間の問題を性差の問題と絡めながら、「女の主観性」が「時間を測る特有な尺度」を持っていることを説き、その特徴を「反復性」と「永遠性」のうちに見い出した。つまり、月経や妊娠のような「自然界のリズム」に親和する女性的時間は、「過ぎゆく線的時間とはほとんど何の関係もない」ような「無限」の「想像空間」としてあり、さまざまな「再生の諸神話」と緊密に結びつく、と彼女は主張する。それは、「目的論、線的予見的展開としての時間」ないしは「出発、進行、到着の時間」を相対化する、というわけである。(7)

ここで面白いのは、線的すなわち非・女性的な時間を記述するクリステヴァが、「出発、進行、到着」という交通的なレトリックを用いていることだ。元来、『方丈記』の昔から、あるいは洋の東西を問わず、直線的な時の流れを象徴する代表格は何といっても川であった。もちろん、七〇年代歌謡曲においても、流れゆく川のうちに失われた時を見つめる伝統的な歌はある。「水の流れに」「かえらぬ初恋《こい》」[19]の記憶をたどる五木ひろしの「千曲川」（七五）や、「あの日と同じ流れの岸」に「もういない」「あの人」[20]を想うさとう宗幸の「青葉城恋唄」（七八）などである。しかしながら、近代化・機械化の完成した都会の時間とは、川ではなくして列車とともに流れていくのだ。もちろん、列車とは、時刻表に従って動くものであり、時間の暗喩として、時間を空間化して走るひとつのシンボルとなる。

　したがって、進みゆく列車というのは、とりもなおさず時間の強迫を呼び覚ます。そのことを端的に示すのが、イルカの「なごり雪」（七五）の冒頭であろう。「汽車」で遠く去っていこうとする「君」のかたわらで「僕」が「時計を気にしてる」[21]のは、単に発車の時刻を確認している光景ではない。「時がゆけば幼い君も大人になる」ことに初めて気づいた「僕」は、「君」を奪っていく無情な汽車に〈時間〉そのものの具現を見ているのだ。同様にして、欧陽菲菲の「夜汽車」（七二）にも、リアリズムとシンボリズムがまぎれもなく溶け合っている。「希望という名の夜汽車にゆられ／過去から明日へと何処まで行くの」[22]とは、明らかに空間の移動を時間の移動に重ねた表現である。

さて、直進する列車が「男性的」な時間を象徴するならば、時空の移動はジェンダーの問題とも関わってくる。伝統的には、チューリップの「心の旅」（七三）や石橋正次の「夜明けの停車場」（七二）や森進一の「冬の旅」（七三）に描かれるごとく、男性が旅立ち、女性はとどまる、という性の力学が存在する。だが、七〇年代歌謡曲には、ちあきなおみの「喝采」（七二）やペドロ&カプリシャスの「ジョニィへの伝言」（七三）や麻生よう子の「逃避行」（七四）のごとく、女性が旅に出る歌も多い。ただ、これを単純に、女性の自立や社会進出と結びつけるのはいささか早計である。というのも、定められたレールの上を走る列車に乗るということは、時間／運命に支配されるニュアンスを醸し出すからである。それは、必ずしも自分の意志とは関わりなく、決まった道の上を受け身に「乗せられていく」というういとなみなのだ。

そのため、汽車で旅立つ「なごり雪」や「逃避行」には、ある種の諦念と敗北感が漂う。これは、男が列車に乗る場合も同様であり、「明日の今頃は僕は汽車の中」[*23]という「心の旅」は、決して「男らしく」主体的な主人公を描いてはいない。ある意味マゾヒスティックに、自らの身体を、自分の意志をこえた何かへと委ねるのが、高速（拘束？）の乗り物の力学である。したがって、苦渋の別れには列車が似合い、希望の旅立ちにはレールのない出発が似合う。本書の一章で見たように、太田裕美の「ドール」（七八）が進歩的なのは、「明日はフェリーで旅してみよう」[*24]と海路を選んだことと無関係ではない。細川たかしの「心のこり」（七五）の語り手も、「秋風が吹く港の町を船が出てゆくように」[*25]新たな旅に出る意志を宣言する。あるいは、「ジョニィへの伝言」のごとく、「西でも東でも」[*26]ともあれ次に来たバスに乗るというのもよい。はたまた、キャンディーズの「微笑がえし」（七八）のごとく、素朴に「歩いていく」[*27]のも前向きである。

さらに、時間という名の〈掟〉に対して最も挑戦的な旅となるのは、言うまでもなく、タイム・トラベルである。これは文字通り、時間の直線性・不可逆性を無効にしようとするものだ。このモチーフを扱った金字塔的歌謡作品は、やはり、サディスティック・ミカ・バンドの「タイムマシンにおねがい」（七四）であろう。その発想を受け継いだのが、原田真二の「タイム・トラベル」（七八）である。また、あからさまにSF的ではないにせよ、久保田早紀の「異邦人」（七九）も、「過去からの旅人」を呼ぶ「時間旅行」[*28]を歌っているし、ゴダイゴの「銀河鉄道９９９」（七九）も、星々への旅なので一種のタイム・トラベルとなる。さらに言えば、渡辺真知子の「迷い道」（七七）も、「現在・過去・未来／あの人に会ったなら」[*29]という、きわめて時間旅行的な彩りの作品である。もちろん当時、歌謡曲に限らず、テレビや映画でも、『タイムボカン』（七五～七六年放映）が人気を博し、宇宙戦艦ヤマトが時空をワープしていた。そのような流行は、人類の月面着陸（一九六九年）がもたらした新しい可能性への興味という、素朴な科学史的理由に還元されるべきものではなく、七〇年代の深層を貫く時間意識、とりわけ時計的時間への強迫に起因すると考える余地は十分にあるだろう。

■喪失と抒情

現実的に言うならば、人は時計に必ず敗北する。が、その敗北はある意味、審美的な体験である。もちろん、その体験を抒情的に昇華しうる言葉を見い出すことができるなら、である。そもそも、抒情とは、時間との関わりにおいて生まれる美意識にほかならない。というのも、本来「抒情詩」というのは（『広辞苑』にも英語が併記されている通り）「lyric」の訳語であり、その西洋的定義からいって「短詩」の総称である。それは、物語の推移を時間とともにたどる叙事詩や小説とは異なるジャンルとして、ある切り取られた刹那や無時間の美を宙吊りにするものだ。ただし、抒情詩とは、「作者自身の感動や情緒」の表出であるとする『広辞苑』やその他の辞書の定義は必ずしも正確ではない。語り手の感情を述べず、風景描写に終始する抒情詩だって立派に存在するからである。つまり、抒情とは、主題上の主観というよりスタイル的な客観がもたらす感覚であり、短くせき止められた内的時空の中で、移りゆき流れゆく外的時間に絶望する様式である、とここでは定義しておきたい。この点、数分のうちに完結する歌謡曲というのは、長時間のオペラなどと違い、そもそもストレートな抒情表現に適している。流行歌の歌詞を、英語ではlyricsと呼ぶのも決して偶然ではない。そして、日本の抒情的歌謡文学の紡ぎ手として、松本隆という才能がとりわけ異彩を放つとすれば、それは、彼が他のいかなる作詞家よりも、時間をめぐる想いに囚われているからである。以下、とくに断りのない限り、松本隆の書いた七〇年代歌謡曲のみに焦点を絞り、歌い手の差異を横断して連続する彼の言葉たちを自由連想的にすくい取ってみたい。そこには、喪失と抒情をあざなう時間の詩学――ないしは、脱・男性的な〈敗れ〉の美学――が浮かび上がってくるはずだ。

初めに、本章ですでに見た時計と列車のモチーフを再確認する意味で、一九八〇年の作品になるが、竹内まりやのアルバム『Love Songs』に収録された「五線紙」の一節を引用しておきたい。

耳元を時の汽車が　音もなく過ぎる
僕の想い出の時計は　あの日を差して止まってる*30

これは、まさしく、松本隆である。ただし、彼の本領は、「汽車」よりも「電車」を描くときに一層際立ってくる。前者は、長いスパンの時空を移動するイメージであり、後者は、そのスパンが短くなるのだが、それについてはいったん措くことにして、まずは時計の停止をめぐる問題を見てみよう。先に具体例を挙げた通り、時間を止める愛のロマンティシズムとは、現在という一瞬の至福を永遠化するものであった。ところが、松本隆の時計は、〈いま〉を差して止まらない。それは、過去のある一点を差して静止している。同様の事態を歌うのが、太田裕美のアルバム『12ページの詩集』（七六）に収録された「ガラスの腕時計」という歌である。

あの日から動かない　腕時計があるの
はかなげに淋しげに　時間が止まってる
あの人の心を変えた　いじわるな季節の流れ
何故かしらとても憎くて　ああ
文字盤に小石ぶつけた[*31]

ここにおいては、愛の物語というよりも、それを破壊する時間そのものが主題の核心となる。（アルバムタイトルにある12という数字は、時計の文字盤に刻まれる数であり、暦に記される月の数である。）つまり、人を裏切るのは、特定の個人ではなく、（時計的な）時間そのものなのだ。罪を憎んで人を憎まず、という言い方にならうなら、時を恨んで人を恨まず、というのが松本隆的な世界観である。それは実に正しく賢明であろう。

時間に勝利する幻想のなか、至福の〈いま〉を信じて称える歌は、たとえ情熱的であるとしても、必ずしも抒情的であるとはいえない。抒情には、必ず時間的な距離があり、ズレがあり、哀しみのエレメントがある。松本隆が抒情の本質を極めているとすれば、それは、彼が、時間に敗れる人間のたたずみや立ち止まりを見据えているからだろう。彼自身の言葉を借りるなら、「しゃがみこみ」ということになろうか。「ギターの弦に錆びついてる時がしゃがみこむ」[*32]という鈴木茂の「8分音符の詩」(七六)や、「君といた年月が矢のように過ぎ去って/残された哀しみがしゃがみこんでます」[*33]という岡田奈々の「青春の坂道」(七六)は、〈動かなくなってしまった時計〉のはかなさと淋しさを変奏しているとみなすことができる。

さて、もちろん、古くから、日本的な抒情歌の伝統というものはあった。そこでもやはり、時間的な距離は重要であり、何らかの喪失感が抒情を彩ることとなる。けれども、かつては、世の栄枯盛衰を想う「荒城の月」にせよ、幼年時代を懐古する「ふるさと」や「赤とんぼ」にせよ、懐かしさや郷愁の感覚は、何十年という時間を経たのちに初めて生まれるものだった。ところが、都会というのは、幸か不幸か、世界の移り行きが速く、一年の距離があれば過去を感傷できてしまう。つまり、日本の都会化・現代化は、抒情を生成するのに要する時間を短くした。松本隆のオリジナリティは、素早く移ろうそうした都会の抒情に新しい等身大の表現を与えたことだろう。とりわけ、彼一流の感覚が冴えるのは、〈過ぎ去る時間〉としての象徴的な乗り物を、あくまでリアルな交通手段として描くときである。なかでも松本的なのは、人生の岐路を演出する長距離列車の旅よりも、都会の中を日常的に走る交通機関（電車、地下鉄、タクシー）での移動にほかならない。

一例として、いささかマイナーな歌ながら、矢沢永吉のアルバム『I Love You, OK』（七五）の中の「サブウェイ特急」という作品に注目してみたい。これは、一見、〈いま〉を走り抜ける〈男らしい〉ワイルドな語り手の歌である。

聞こえないぜ　そんな小声でびくびく
地下鉄みたいに　吠えてみろよ
あの娘が待ってる　駅は素通りするのさ
まだしばられるには　早すぎるぜ[*34]

停止を嫌い、男根的に地下を突き進むこの列車はしかし、時間が飛び去ることへの不安も同時に乗せている。そのことは、「ジェームズ・ボンドは、そう／髪の毛がはげるまでも／長生きなんて様にはならねえぜ」という、語り手の「カッコマン」的な自意識が物語る。松本隆自身、しばしば、〈悩める男〉の復権を訴え、たとえば、自らの作詞作品における「ハードボイルド」の美学について次のようにコメントしている。

ハードボイルドっていうと、すごいマッチョで強がってるっていう感じなんだけど、あのー、きちっとアメリカのハードボイルド読むとね、あの、チャンドラーとか読めば、ハメットもそうかな、あのー、女々しいのね（笑）。すごくね。けっこう、男がなんか、なよなよしてるっていうかね、なんかその悩み方がやっぱり、逆に男らしい、それが描ければいいなっていう感じで。[8]

いわゆるマッチョな男は、常に充足した現在を生き抜くものであり、時間の流れに思いを馳せて感傷したり恐怖するなどはもってのほかである。しかし、訪れ来るハゲの不安を語ってしまう男は、直線的時間という絶対的な〈掟〉の前に、良くも悪くも男性性を解体させてしまう。少し次元は異なるが、原田真二の「てぃーんず　ぶるーす」（七七）なども〈悩める男〉の歌であり、「冷たいレールに耳あてれば／ふたりの秋が遠ざかる」[*35]という一節が、直進する時間の〈掟〉を仮借なき鉄の道のイメージにダブらせている。

しかしながら、都会の中の移動を扱った典型的松本作品としては、後にも先にも、太田裕美が歌う「九月の雨」（七七）を取り上げねばならない。この歌を貫くテーマももちろん時間であるが、以下の一節は、松本隆の抒情を端的に凝縮している。

季節に褪せない心があれば
人ってどんなに倖福《しあわせ》かしら[*36]

これは、三番の歌詞の最初の部分だが、直前で転調があり、かつ、高いキーの変則メロディーで歌われるため、サウンド的にも聴き手をハッとさせるところである。この部分を際立たせる形で曲を作った筒美京平は、松本隆の言葉の呼吸を理解している。ともあれ、この歌では、都会を走るタクシーが、時間の流れを具現する象徴的な乗り物となる。そして、語り手が、行き先として「あなたの住所をポツリと告げた」以上、タクシーは、たとえ線路の上ではないにしろ、目的地へ向って最短距離を走る非情な装置となる。しかもその目的地に待っているのは、おそらく、破滅である。「さっきの電話であなたの肩の近くで笑った女《ひと》」を目の前にするのだから。この点、「九月の雨」は、前年にハイ・ファイ・セットが歌った（荒井由実作詞の）「冷たい雨」（七六）とも連続する。つまり、「ドアを開けたらあなたの靴と誰かの赤い靴[*37]」が並んでいる、という終末の場面が刻一刻と近づいているのだ。「ライトに浮かんで流れる傘に／あの日の二人が見える気もした」という「九月の雨」は、「ふたりに傘がひとつ[*38]」という「雨だれ」（七四）

の甘い記憶を自己言及的に呼び起こしてもいるだろう。もちろん、タクシーの車内にいる限り、「九月の雨」の語り手に可能性はない。彼女がかすかな希望を再び見い出すのは、「涙も洗い流す」雨に打たれ、「愛が昨日を消して行くなら／私明日に歩いてくだけ」と、自らの足による歩み出しを決意する瞬間である。

この「九月の雨」はさらに、同じ九月という季節を扱う時空間移動型哀愁歌として、竹内まりやの「September」（七九）へとテーマ的につながっていく。こちらの歌の語り手は、別の女性とのデートに向かおうとする「彼」の後をつけて「飛び乗った電車」[*39]から、窓の外を流れてゆく九月の風景を見つめる。ところが、そこに浮かび上がる世界の色は、「九月の雨」よりむしろ、いまひとつの太田裕美作品、「最後の一葉」（七六）を彷彿とさせる。すなわち、

街は色づいたクレヨン画　涙まで染めて走る

という「September」の一行には、「街」を「クレヨン」が「染め」るという独特の言葉遣いにおいて、

街中を秋のクレヨンが　足ばやに染めあげてます[*40]

という「最後の一葉」がエコーするだろう。どちらの歌も、「走る」電車や「足ばや」な秋の深まりを描き、空間的移動と時間的推移を重ねている。とりわけ、「九月は」「さよならの国」だという「September」は、「九月」という時間を「国」という空間で表現する感覚が鮮烈である。さらに、

解《ほど》きかけてる愛の結び目　涙が木の葉になる[*39]

という表現も、「最後の一葉」を想起させるものだ。涙が「はらりと落ちる」とでもいう代わりに「木の葉になる」というレトリックは、「September」冒頭の一語である「辛子色」の響きとも共鳴する。これは、「彼」が着ているシャツの色なのだが、木の葉を散らす秋の〈枯らし色〉でもあるからだ。そして、太田裕美の歌では、枯れゆく季節の哀しみを止めるべく、「凍える冬」でも「散らない木の葉」[*40]がリアルな絵として描かれる。もっとも、O・ヘンリーの原作である「最後の一葉」では少なくとも、その絵の描き手は死んでしまう。病人を勇気づけるため、寒い夜に無理をして屋外の塀の上にその絵を描いたからである。つまり、時間の凍結は、結局のところ、何らかの死によってのみ実現されるがゆえに、動きが「凍える」という事態は恐怖を呼び覚ます。

「September」の語り手は、

会ってその人に頼みたい　彼のこと返してねと
でもだめね気の弱さ　くちびるも凍える[*39]

と言うが、なるほど、「凍える」くちびるでは、言葉を語れないいし、歌も歌えない。かくして、松本隆的な感性は、時が流れることを哀しみながら、時が凍りつくことを怖れるという、身動きの取れない矛盾に囚われる。そのような感性は、「good-bye, good-bye」(「September」)にせよ、「ハロー・グッバイ」[*40](「最後の一葉」)にせよ、別れの言葉が鳴り響く「さよならの国」を彷徨うばかりである。

おそらく、太田裕美のために紡がれた詩は、(はっぴいえんどの一員ではなく、歌謡曲の作詞家としての)松本隆の原点である。松本隆が最も松本隆的なのは、彼が太田裕美的なときである。というのはつまり、彼が時間に敗れる〈女性的〉人間として抒情するときである。その意味で、太田裕美的なるものは、八〇年代に入り、太田裕美ではない歌い手によって継承された。「September」を含むアルバム『Love Songs』(八〇)の竹内まりやはすぐれて太田裕美的だし、その同じ延長線上には、(設定年齢は下がるけれども)「卒業」(八五)と「情熱」(八五)の斉藤由貴がいる。だが、誰よりも正しく太田裕美を受け継いだのは、松田聖子であろう。歌い手のキャラクターがいかに違っていようとも、この二人の作品世界に流れる松本隆の抒情には明らかな連続性があるし、その抒情は、等しく時間へのオブセッションに彩られている。メジャーな松田聖子のヒット曲だけを見渡しても、「心は砂時計よ」[41]という「白いパラソル」（八一）、「あなたが時計をチラッと見るたび／泣きそうな気分になる」[42]という「赤いスイートピー」（八二）、「時間だけ後戻りしたの」[43]という「Sweet Memories」（八三）、「時の流れが傷つけても／傷つかない心」[44]に憧れる「瞳はダイアモンド」（八三）、「時は逃げない」から「もっとスローにささやいて」[45]という「Rock'n Rouge」（八四）、さらにはタイトルそのものが時の主題を宣言する「時間の国のアリス」（八四）と「Strawberry Time」（八七）など、松本隆が囚われていたテーマの一貫性は疑うべくもない。

　今日、いわゆるJ-POPの多くは、煽情する音楽であって、抒情する詩《うた》ではない。高橋尚子がレース前に聞いて準備運動をするのに便利なサウンドである。【シドニー五輪で金メダルを取った彼女は、試合前にｈｉｔｏｍｉの「ＬＯＶＥ２０００」を聴く、と言っていた。】つまり、流行歌とは、即時的にパワーを出したり気分をほぐしたりするために聞くものとなり、通時的に人生を思索したり、過去を呼び覚ますためのよすがにするものではなくなってしまった。ひとつの原因は、メディアと情緒の関係が変化したことであろう。つまり、「真面目な」感動や哀しみのカタルシスを求めるとき、かつては、活字や聴覚メディアが重要だったものの、次第に、広く普及した視聴覚メディアがそれに取ってかわり出したのだ。なるほど、映像がもたらす臨場感とリアリティは、人間の生の素朴な感情にふれやすい。泣きたい人間は、映画やレンタルビデオ【はもう借りられないので、今はレンタルDVD／ブルーレイ】やテレビドラマを観るようになった。歌は、カラオケで元気良く歌うものになった。が、それはそれでよいのだろう。

流行歌とは、（一時的に）流行する歌であり、その定義上、廃れる歌の謂でもある。だから、ヒップホップはどんどん流行ればいいし、昭和の歌謡曲は、どんどん「古く」なればよい。なぜなら、新しいものは、永遠に新しいままではいられないので、やがて必ず時に流され古びていく一方、流行のシーンから消えて本当に「古い」ものは、逆に清新なインパクトを持ちうるからである。

「季節に褪せない心」は人間を幸せにするかもしれないが、おそらくは歌を不幸にする。人間が忘却する生き物であればこそ、時代のタイムカプセル（ないしは宝石箱かびっくり箱）としての流行歌がその存在意義を持つのであり、変わらぬ興味と感慨をもっていつまでも同じ歌を楽しめるとしたら、そもそも流行歌という概念が崩壊してしまう。いわゆるエバーグリーンというのは偉大だが【山下達郎の「クリスマス・イブ」（八三）のごとく、三〇年以上ヒットを続けてギネス世界記録に認定されるような例外的名曲を除き】たいていはインパクトに欠け、むしろ、忘れられた頃のリバイバルこそが鮮やかな輝きを帯びる。誤解してはならないが、喪失がもたらす抒情や感傷とは、ただ単に不毛な「女々しい」心性のことではない。消えていくこと、去っていくこと、永続しないことに対する強い自意識のあった七〇年代は、それゆえにいっそう、甦ること、回帰すること、思い出して生き直すことを促す逆説的な生命力を秘めている。〈もう一度〉の美学は時代をこえて普遍的なものではあるが、七〇年代の流行歌一般を見渡してももちろん、「あの素晴しい愛をもう一度」（七一）、「夢よもういちど」（七五）、「『いちご白書』をもう一度」（七五）や八代亜紀の「もう一度逢いたい」（七六）といった歌が歌われ、カーペンターズの「イエスタディ・ワンス・モア」（七三）も洋楽ながら日本に多くのファンを得た。なるほど、松本隆は、〈もう一度〉より〈もう二度と〉を愛おしむ詩人だが、そもそも喪失や欠如のないところに抒情は生まれないし、ある意味、季節に色褪せることとは、再発見を導くための必要条件ともいえる。七〇年代が過去と言える距離に退いた今こそ、あらためて、失われた歌謡曲の復権を唱えるゆえんである。

〈注〉

（1）真木悠介『時間の比較社会学』（岩波書店、一九八一年）二六四―八〇頁を参照。

（2）そういえば七〇年代、「ロードショー」（七六）一曲のみをヒットさせたのは、古時計であった。いささか風変わりなアーティスト名である。

(3) たとえば、「二人が暮らした歳月《としつき》を／何で計ればいいのだろう[*46]」という森田公一とトップギャランの「青春時代」(七六) も、時計や暦では計れない時間の感覚を訴えている。

(4) 村上陽一郎編『時間と人間』(東京大学出版会、一九八一年) に収録された国安洋の論考、「音楽的時間」二一二頁。

(5) 林進・小川博司・吉井篤子『消費社会の広告と音楽』(有斐閣選書、一九八四年) 一一五頁のイメージソング・リストを参照。

(6) 松本亮三編『時間と空間の文明学I――感じられた時間と刻まれた時間』(花伝社、一九九五年) 一五頁。

(7) J・クリステヴァ『女の時間』棚沢直子・天野千穂子編訳 (勁草書房、一九九一年) 一二〇―一二一頁。

(8) 一九九九年一一月二六日にNHKのBS2で放映された番組、「風をあつめて～作詞家・松本隆、日本ポップス史を彩る30年の軌跡～」の中で松本隆が語った言葉。

あとがき

自分がなぜ男女観の問題にこだわるのか、というのはなかなか自己分析できませんが、歌謡曲が私の人生に与えた影響は、はかりしれません。たぶん、「男らしさ」や「女らしさ」の問題を意識しながら歌を聴くようになったのは、松田聖子が最初であったと思います。というのは、彼女の歌に歌われる男性像というのが、いわゆる男らしい男ではなくて、こういう男もアリなんだ、という安心感を与えてくれたわけです。そしてまた、彼女の歌に歌われる女性の言葉、それが、しばしば私自身の気持ちを代弁しているようにも思われました。私は、当然、松本隆という言葉の使い手にたいへん興味を抱きました。

松田聖子の連続ヒットが一段落した頃、私は専門的にアメリカ文学を学ぶようになり、ジェンダーやフェミニズムの方法論に親しむ機会を得ました。たぶん、客観的には、ぜんぜん虐げられていなかったのですが、自分ではどうにも虐げられた人生だと思っていた私は、社会的弱者の希望を信じるスタンスに、素朴な感情移入をしていたのです。そして、性差をめぐる方法論を念頭に、かつて聴いた流行歌を改めて思い出してみると、リアルタイムでは意識しなかったいろいろな問題の断面が見えてくるのでした。とりわけ、それまではあくまで天才的なコピーライターだと思っていた阿久悠という作詞家は、きわめて雄弁なジェンダーの思想家であると思うようになりました。今回、本書のタイトルに、彼のフレーズを援用したのも決して偶然ではありません。なぜ、我々は歌謡曲の時代を生きながら、その強力なジェンダーの磁場をずっと見過ごしてきたのでしょう？　本書の視点が新たな問題提起になれば、と思う次第です。

おそらく、本書の最大の難点は、七〇年代歌謡曲を論じながら、筒美京平の偉大さを論じていないことです。けれども、歌謡曲とはやはり、少なくとも私にとって、子供の頃から、ハッとする（メロディーとともに）言葉の玉手箱でもありました。おそらく、誰でも一度や二度は、歌の歌詞について家族や友人と議論した経験があろうかと思います。たとえば、高校生だった兄が、「はるかにかすみ見えるだけ[*1]」というのは、「かすんで見えるだけ」なのか「かすみが見えるだけ」か、と言い出したことを思い出します。あるいは、文学とはほとんど縁のない父が、「今でも好きだ、死ぬ程に[*2]」という最後の陳腐な一行のせいで、せっかくのいい歌が台なしになる、と「文学的な」批評をすることもありました。また、「悲しみに心閉ざしていたら／花屋の花も変わりました[*3]」とはどういう意味だと思うか、小学生の私に母が尋ねたこともありました。当時、主人公の気持ちになって考えましょう、という国語教育を受けていた子供らしく、自分が悲しいから、花も元気がなくなるんでしょ、とそれらしい答えをした私に、母が、いつのまにか季節が変わった、っていう意味かもよ、と言ったことは、今でも鮮明に記憶しています。

本書を書きながら思ったのは、そのように、言葉が光る角度のようなものを考えさせてくれた、けれども『昭和の詩歌』というような文学全集には残らないであろう、大衆詩人としての作詞家たちにささやかな感謝を捧げたい、ということです。とはいえ、有馬三恵子や竜真知子など、本書でもっと他にもふれるべきであった名前がいろいろ思い浮かび、書き足りなかった人名や曲名に、いま、後ろ髪を引かれる思いではあります。有馬三恵子といえば、南沙織の「ひとかけらの純情」（七三）に透き通る抒情も論じるべきでしたが――もう、このあたりで潔く諦めをつけることにします。

本書の出版に至る過程では、多くの方々のお世話になりました。そもそも批評文を書くというといとなみは、私の場合、アメリカ文学研究を通して慣れ親しんだことなので、（ここにお名前は列挙しませんが）その研究を支えて下さった先生方や友人の存在なくしては、この本が書かれることもなかったと思います。私が初めて歌謡曲についての文章を活字にしたのは、雑誌『ユリイカ』の歌謡曲特集（一九九九年）でしたが、当時の編集者、須川善行さんに私を紹介して下さったのも、日本アメリカ文学会の下河辺美知子先生（＝尾崎豊ならびに近年は中居正広研究家）でした。同学会には、『J－POP進化論』の佐藤良明先生も所属されていますので、歌謡曲とアメリカ文学には、何か本質的な接点があるのかもしれません。ちなみに『ユリイカ』の須川さんは、締めきりに遅れた私の原稿を、朝から西荻窪のミスタードーナツで丁寧に見て下さいました。その後、「強制的異性愛の彼岸——七〇年代流行歌とジェンダーの政治学」という文章を、東京学芸大学の紀要（二〇〇〇年）で活字にしましたが、これは本書の第六章における「ひとつではない女の性」のセクションとおおむね重なっています。けっきょく、これら二本の歌謡曲論を読んで下さった（当時）晶文社の津々見潤子さんから、単行本出版のお誘いをいただきました。その少し前、晶文社から『軟弱者の言い分』を上梓した小谷野敦さんが、津々見さんと私のパイプ役になって下さったおかげでもあります。しかし、今回の企画を事実上産み育て、いつも前向きな励ましを下さった津々見さんは、遅筆な私のせいで、本書の完成を見る前に、他社へ移られることとなりました。そこで、編集は晶文社の斉藤典貴さんに引き継いでいただきましたが、彼もまた、（異様に歌謡曲にくわしい）刺激的なアドバイザーとして、スローペースの執筆をあたたかく見守るとともに、歌詞の著作権をめぐる申請など、さまざまな実務にテキパキ動いて下さいました。

ここで、そうしたみなさんのすべてに、心からのお礼を申し上げます。

二〇〇二年九月（の雨は優しくて）

舌津智之

文庫版あとがき

二〇〇二年に出版された本書が、二〇年の時を経て、装いを改める運びとなった。文庫本化にあたっては、当初の事実誤認や表現の不備を正すとともに（ちくま文庫の校閲は素晴らしく、今回、指摘されて初めて気づく作品解釈上のミスなどもあった）、時代の変化に伴い補足が必要となった箇所については【　】内に注記を加えている。一九七〇年代とは、やがて郷愁の磁場から歴史研究の対象へと変わりゆく時代であるとしても、インターネットの進化により、過去の聴覚的追体験がすっかり容易となった現代、歌謡曲というジャンルはこれまで以上に見直されてよい。

本書の初版が出てから現在に至るまで、各種の市民講座や人権セミナーなどで、「歌謡曲から考える男女（の共同参画）」をテーマにお話しする機会を多々頂いている。本書はあくまで流行歌の歌詞論である一方、ジェンダー入門の書として受け止められることも多い。その意味で今回、斎藤美奈子さんに解説文の執筆をご快諾いただけたことは、望外の喜びである。

また、本書を、そのタイトルの由来となる作詞家・阿久悠さんにお読みいただけたことも、著者冥利に尽きる喜びであった。彼のとある受賞パーティーにご招待いただき直接お目にかかった際、御本の評判はどうですか、と聞かれ、リンダ論、ピンク・レディー論あたりに色々反応を頂きます、とお伝えしたところ、うん、あれは面白かったですね、と微笑んで下さった彼の表情が今も目に浮かぶ。「面白かった」というのは、拙論が「正解」や「彼の意図」であったという意味ではなかろうが、阿久さんは、ご自身の作品がさまざまに論じられることを歓迎する心の余裕をお持ちの方であった。お会いしたわずか数年後、彼はまだ七〇歳の若さで急逝された。彼の存在がなければ本書が書かれることもなかったことは言うまでもない。その言葉で時代を動かした阿久さんのお仕事に、改めて敬意を表したい。

この文章は二度目のあとがきになるので、以下、本書の初版が出版されたのちにお世話になった方々への謝辞を記しておくこととする。まず二〇〇二年当時、NHKの書評番組で佐藤良明先生が本書を取り上げて下さったのは、幸甚の至りであった。同じ頃、見ず知らずの筆者の本を某音楽誌であたたかく評して下さった栗原裕一郎さんにも大いに勇気づけられた。その後、当時の私の勤務先であった東京学芸大学でキャリアカウンセラーの坪田まり子氏（＝元アイドルの倉田まり子）による学生向け就活セミナーが開かれた際、栗原さんと私と（当時は流行歌批評なども書いておられた）安藤礼二さんというアラフォー男性トリオでセミナーに潜り込んだのも懐かしい思い出である（が、今にして思うと、よく不審者チェックに引っかからなかったものである）。阿久さんのパーティーやお別れ会にご一緒し、歌謡曲研究への熱意を共有して下さった東谷護さんにも深く感謝を捧げたい。また、本書の続編（八〇年代歌謡曲論）を書くよう根気よくリクエストを続けて下さる大和田俊之さん、その続編を書くならタイトルは『シティポップがとまらない』ですね、と（読者が元ネタに気づいてくれるか若干不安な）提案をして下さった輪島裕介さんからも刺激を頂いている。さらに、福岡と東京で歌謡曲バーを経営する安東暢昭さんは、本書を読んで筆者に直接ご連絡を下さった。歌謡曲の伝道に賭ける安東さんの情熱にふれたい方はぜひ、「スポットライト天神店／新橋店」へ足をお運びいただきたい。

最後になるが、絶版となっていた本書に、その執筆活動のなかで折にふれ言及し続けて下さった（学生時代の読書会サークル、「児童文学を読む会」の先輩である）小谷野敦さんに——そして、文庫本化のお誘いを下さり、（出所明示の目的をこえ、作詞家・作曲家の一覧データとして眺めるだけでも示唆に富む）引用曲リストの作成など、本書の刷新に際してこの上なく有能なお力添えを下さった筑摩書房の砂金有美さんに、心よりお礼を申し上げる。

二〇二二年四月（の雨に降られて）

舌津智之

解説

斎藤美奈子

一九七〇年代に中学・高校・大学時代をすごした私は、本書に登場する歌のほとんどすべてをリアルタイムで聴いた世代で、それぞれの楽曲や歌詞はもちろん、当時の街の情景から、推し（なんて言葉は当時はなかったけれど）のアイドルについて同級生らと交わした会話まで、鮮明に思い出すことができる。

とはいえそれは五〇年も前の話で、読者の中には「まだ生まれてませんでした」「昭和なんて明治時代といっしょですよね」な方も多いだろう。

この際、認識を改めていただきたい。二一世紀の今日から振り返っても、七〇年代は新旧の価値観が交錯する、まさに過渡期の時代だった。

とりわけ男女観に関しては、一九七五年以前と以後で、くっきり線引きができるほどだ。本書でも述べられているように、一九七〇年は田中美津らによる日本のウーマンリブが立ち上がった「第二波フェミニズム元年」だった。当初は奇異な目で見られていたリブはしかし、国際婦人年（一九七五年）を経て七〇年代後半に入ると、新しく創刊された女性誌の後押しなどもあって大衆化が進み、「自立する女」「翔んでる女」が流行語になった。今日でいう「わきまえない女」の原型である。

ポップスの歴史から見ても、七〇年代はレコードのマーケットが飛躍的に拡大した黄金時代だった。アイドルスターが次々に登場し、七一年にデビューした小柳ルミ子・天地真理・南沙織は「新三人娘」と、七一〜七二年にデビューした郷ひろみ・西城秀樹・野口五郎は「新御三家」と、七二〜七三年にデビューした山口百恵・桜田淳子・森昌子は「花の中三トリオ」と呼ばれてヒットを連発した。

自ら作詞作曲して自ら歌う「シンガー&ソングライター」が一世を風靡したのも七〇年代で、吉田拓郎、井上陽水、かぐや姫（南こうせつ）、グレープ（さだまさし）、アリス（谷村新司）などのヒットメーカーは枚挙にいとまがない。いまや大御所の荒井（松任谷）由実や中島みゆきがデビューしたのも七〇年代なら、サザンオールスターズ（桑田佳祐）が登場したのも七〇年代だ。

ついでにいうと文学の世界でも、中上健次（『十七歳の地図』）、村上龍（『限りなく透明に近いブルー』）、橋本治（『桃尻娘』）、村上春樹（『風の歌を聴け』）といった戦後生まれの作家が続々とデビューし、旋風を巻き起こした。

そのように考えると、「七〇年代のジェンダー」という副題のついた本書『どうにもとまらない歌謡曲』がいかに戦略的かつ先駆的な本であるかが理解できるだろう。本書が出版された二〇〇二年は（フェミニズム批評の蓄積はそれなりにあったものの）まだジェンダー論の黎明期で、「生物学的な性」とは区別された「社会的な性」を意味する「ジェンダー」という言葉自体、今日ほど一般的ではなかったのだ。

「愛だの恋だの」を歌う歌謡曲は、そもそもジェンダー論のまたとない素材である。読者は冒頭から目が覚めるような思いを味わうはずだ。

並みいる結婚賛歌（「瀬戸の花嫁」「花嫁」から「結婚しようよ」「てんとう虫のサンバ」にいたるまで）を軸にしながら、その陰画としての同棲ソング（「神田川」「同棲時代」など）が必ず過去形で歌われていること、さらに婚外恋愛＝不倫ソング（「許されない愛」「絶体絶命」など）が必ず破綻に至ることを突き止め、結婚に対する当時の強迫観念がどれほど強かったかを指摘する（「1　愛があるから大丈夫なの？」）。何気なく聞き流していたヒットソングの歌詞から、ジェンダー史の核心に迫るこんな結論が導けるなんて、いったい誰が想像しただろう。

そう、批評を読む楽しみは、なんといっても「発見」にある。

流行歌（に限らずすべての歌）は耳から入る情報であるため、歌われている物語内容を、じつは正確に把握していない場合が多い。内容を把握するには文字化された歌詞を「読む」ことが必要で、読んだだけでも大きな発見があったりする。尾崎紀世彦が高らかに歌い上げる「また逢う日まで」が先駆的な同棲解消ソングだったなんてことも、歌詞を（あるいは本書を）読まなければ気がつかなかっただろう。

少々脱線すると、ひところ結婚披露宴でよく歌われた山口百恵の「いい日旅立ち」について、作詞作曲の谷村新司が「みなさん、歌詞をよく読んでください」と語るのを聞いたことがある。よく読めば、これは披露宴にはそぐわない別れの歌なのだ。

とはいえ、誤読も拡大解釈も、批評の醍醐味。

「発見」以上にエクサイティングなのは「価値観の反転」に遭遇する瞬間だ。その意味で、批評のダイナミズムが炸裂するのは第二部だろう。

とりわけ「ジェンダー交差歌唱」について論じた章（「4　うぶな聴き手がいけないの」）において、宮史郎とぴんからトリオ「女のみち」と殿さまキングス「なみだの操」を比較したくだりは、本書の白眉ではないかと思う。

思わぬ大ヒットを飛ばしたとはいえ、ぴんからトリオも殿さまキングスも、パロディに近い「ド演歌」を歌うコミックバンド的な位置づけで、どうせ保守的な女性像を歌っているに違いないと私もじつは思い込んでいた。事実、「あなただけよ　すがって泣いた」「うぶな私が　いけないの」[*1]という自虐的なフレーズから入る「女のみち」は、出だしを聴く限り保守的な「すがる女」の歌である。

ところがこれが後半で反転する。「二度としないわ　恋なんか」という恋愛からの決別で終わる「女のみち」は解釈次第で〈あんな人にすべてを捧げたりした、うぶな私が愚かだったの。こんな下らないものが女のみちだと言うのなら、男の人に恋するなんてバカげたこと、もうご免被りたいわ〉というラジカル・フェミニストのメッセージソングに見えるという。ええーっ、ほんと⁉

著者の言葉を借りれば、ここから浮かび上がるのは「保守派のように見えながらも実は反逆者」としての新たな顔だ。その点、同じド演歌でも「泣かずに待ちます　いつまでも　女だから」[*2]で終わる「なみだの操」に新しいメッセージ性はない。

この分析に感動した私は一時、演歌の歌詞にハマったほどだった。

たとえば「私バカよね　おバカさんよね」ではじまる細川たかし「心のこり」は、自虐的なフレーズから入る点で、やはり一見保守的な歌である。ところが後半、この女性は「秋風が吹く港の町を　船が出てゆくように」という抒情的な情景をはさんで「私も旅に出るわ」[*3]という決意を語る。「うしろ指をさされても、あんな人の命をかけて耐えてきた私がバカだったわ。でも、もう私は目覚めたの。だからひとり旅立つの、明日の朝早く」。これは男を捨てて自立への道を選んだ女の歌なのだ。

その点、美川憲一「さそり座の女」は、「いいえ私はさそり座の女」ではじまる一見強い女の歌に見えるが、「思いこんだら（略）いのちがけよ」「地獄のはてまでついて行く」[*4]と男を脅し、終わりそうな恋に固執している点で、古い女の枠から出ていない。

というように、優れた批評には読む人の批評心をくすぐる「喚起力」がある。「発見」「価値観の反転」に次ぐ、本書の三つめの魅力といえるだろう。

以上のほかにも、本書には「発見」や「反転」が満載だ。

七〇年代最強のアイドルとして言及されることの多い山口百恵ではなく桜田淳子に、やはり七〇年代を代表するアイドルグループ・キャンディーズではなく、「お子さま向けのアイドル」の印象が強かったピンク・レディーに多くのページを割いているのは、著者の「あまのじゃく趣味」にニヤリとすると同時に、歌詞論が拓く世界の広さ、奥行きの深さを感じさせる。その過程で、阿久悠の先取性を指摘したのも、当時はキワモノ扱いだった山本リンダの再評価を迫ったのも、重要な成果といえるだろう。

巻頭で著者も〈言語に関わるどんな文化を考えてみても、歌謡曲ほど広く深い浸透力をもつものはない〉と述べている通り、流行歌の歌詞は、文芸批評の対象としても、文学史にとってもじつは重要なジャンルだと私は思っている。

しかし、今日に至るまで「歌詞論」はジャンルとしても確立されていないし、本書をしのぐ本格的な歌詞論もじつは出現していない（年代ごとのヒットソングをたどる歌謡曲史のような本はあるけれど）。なぜだろう。

理由のひとつはテクニカルな問題で、著作権が実務的または心理的な壁となって立ちはだかっていることが考えられる。批評にとって引用は必要不可欠で、著作権法上も引用は認められているのだが、文芸作品などと違って、歌詞の場合は引用と引用以外の二次使用の線引きが難しい。そのため出版や発表に二の足を踏む向きもあるのではないかと想像される。この壁を突破するには個別の努力と時間が必要だろう。

近年は音楽マーケットの変容も無視できない。かつてのようにテレビやラジオを通して新曲が流され、レコード（ＣＤ）の売上げ枚数がヒットの指標になり、みんなが同じ曲を聞いて同じ歌を歌う文化は二一世紀に入って急激にすたれた。世代や趣向によって聞く音楽が細分化され、ＣＭやドラマとタイアップした一部の曲を除けば、誰もが口ずさめるようなヒットソングは生まれにくくなった。

こうした事情を考えると、歌詞論の前途は厳しそうである。

しかし半面、インターネットの普及で、過去のヒットソングにはむしろアクセスしやすくなった。本書に登場する曲の多くはサブスクリプションや配信サービスで「聴く」ことができるし、検索をかければ歌詞を「読む」こともできる。最新のヒット曲と「ナツメロ」の間に、もはやかつてのような断絶は存在しない。

二〇〇二年に出版された本書が二〇年ぶりに文庫化される意味のひとつも、そこに見出すことができる。ここで論じられている曲を、即座に聴いたり読んだりできる環境が整ったことで、「七〇年代にはまだ生まれてませんでした」な読者にも、この本は数々の発見や興奮をもたらすにちがいない。

歌詞論には厳しい時代といったけれども、こうなると八〇年代以降のヒットソングも気になってくる。舌津智之先生には「ぜひ続編を」と望みたくなるけれど、それは他力本願にすぎるだろう。私たちの前にはその後の数十年分の歌詞が、ほぼ手つかずの状態で放置され、誰かの手で発見され、分析される日を待っている。

すでに素晴らしいお手本が提示されているのである。私としては『どうにもとまらない歌謡曲』に触発され、批評心を喚起された読者の中から、次なるチャレンジングな書き手が出現することを願っている。

〔ヤ行〕

〔ラ行〕

〔ワ行〕

〔サ行〕

歌手名索引

〔ア行〕

〔カ行〕

あべ静江「コーヒーショップで」阿久悠・三木たかし／＊14かまやつひろし「我が良き友よ」吉田拓郎・同／＊15沢田研二「時の過ぎゆくままに」阿久悠・大野克夫／＊16布施明「シクラメンのかほり」小椋佳・同／＊17小椋佳「めまい」小椋佳・同／＊18風「ささやかなこの人生」伊勢正三・同／＊19五木ひろし「千曲川」山口洋子・猪俣公章／＊20さとう宗幸「青葉城恋唄」星間船一・さとう宗幸／＊21イルカ「なごり雪」伊勢正三・同／＊22欧陽菲菲「夜汽車」橋本淳・筒美京平／＊23チューリップ「心の旅」財津和夫・同／＊24太田裕美「ドール」松本隆・筒美京平／＊25細川たかし「心のこり」なかにし礼・中村泰士／＊26ペドロ＆カプリシャス「ジョニィへの伝言」阿久悠・都倉俊一／＊27キャンディーズ「微笑がえし」阿木燿子・穂口雄右／＊28久保田早紀「異邦人」久保田早紀・同／＊29渡辺真知子「迷い道」渡辺真知子・同／＊30竹内まりや「五線紙」松本隆・安部恭弘／＊31太田裕美「ガラスの腕時計」松本隆・萩田光雄／＊32鈴木茂「8分音符の詩」松本隆・鈴木茂／＊33岡田奈々「青春の坂道」松本隆（原案：中司愛子）・森田公一／＊34矢沢永吉「サブウェイ特急」松本隆・矢沢永吉／＊35原田真二「てぃーんず　ぶるーす」松本隆・原田真二／＊36太田裕美「九月の雨」松本隆・筒美京平／＊37ハイ・ファイ・セット「冷たい雨」荒井由実・同／＊38太田裕美「雨だれ」松本隆・筒美京平／＊39竹内まりや「September」松本隆・林哲司／＊40太田裕美「最後の一葉」松本隆・筒美京平／＊41松田聖子「白いパラソル」松本隆・財津和夫／＊42松田聖子「赤いスイートピー」松本隆・呉田軽穂／＊43松田聖子「Sweet Memories」松本隆・大村雅朗／＊44松田聖子「瞳はダイアモンド」松本隆・呉田軽穂／＊45松田聖子「Rock'n Rouge」松本隆・呉田軽穂／＊46森田公一とトップギャラン「青春時代」阿久悠・森田公一

あとがき

＊1石川さゆり「津軽海峡・冬景色」阿久悠・三木たかし／＊2千昌夫「星影のワルツ」白鳥園枝・遠藤実／＊3野口五郎「私鉄沿線」山上路夫・佐藤寛

解説

＊1宮史郎とぴんからトリオ「女のみち」宮史郎・並木ひろし／＊2殿さまキングス「なみだの操」／＊3細川たかし「心のこり」なかにし礼・中村泰士／＊4美川憲一「さそり座の女」斉藤律子・中川博之

／＊28大橋純子「ビューティフル・ミー」山川啓介・佐藤健／＊29太田裕美「赤いハイヒール」松本隆・筒美京平／＊30シュガーベイブ「DOWN TOWN」伊藤銀次・山下達郎／＊31ダウン・タウン・ブギウギ・バンド「カッコマン・ブギ」奥山侊伸・宇崎竜童／＊32桑名正博「セクシャルバイオレットNo.1」松本隆・筒美京平／＊33尾崎亜美「マイ・ピュア・レディ」尾崎亜美・同／＊34矢沢永吉「時間よ止まれ」山川啓介・矢沢永吉／＊35桑江知子「私のハートはストップモーション」竜真知子・都倉俊一／＊36堀内孝雄「君のひとみは10000ボルト」谷村新司・堀内孝雄／＊37ツイスト「燃えろいい女」世良公則・同／＊38小椋佳「揺れるまなざし」小椋佳・同／＊39山本リンダ「燃えつきそう」阿久悠・都倉俊一／＊40柳ジョージ＆レイニーウッド「微笑の法則〜スマイル・オン・ミー〜」柳ジョージ・同／＊41布施明「君は薔薇より美しい」門谷憲二・ミッキー吉野／＊42沢田研二「OH!ギャル」阿久悠・大野克夫／＊43松村和子「帰ってこいよ」平山忠夫・一代のぼる／＊44平山三紀「フレンズ」橋本淳・筒美京平／＊45しばたはつみ「マイ・ラグジュアリー・ナイト」来生えつこ・来生たかお／＊46ゴダイゴ「ガンダーラ」山上路夫、奈良橋陽子・タケカワユキヒデ／＊47榎本健一「エノケンのダイナ」Samuel M. Lewis, Joseph Young（訳：サトウハチロー）・Harry Akst／＊48ダウン・タウン・ブギウギ・バンド「スモーキン'ブギ」新井武士・宇崎竜童／＊49庄野真代「飛んでイスタンブール」ちあき哲也・筒美京平／＊50中原理恵「東京ららばい」松本隆・筒美京平／＊51サザンオールスターズ「思い過ごしも恋のうち」桑田佳祐・同／＊52キャンディーズ「暑中お見舞い申し上げます」喜多條忠・佐瀬寿一／＊53三善英史「雨」千家和也・浜圭介／＊54太田裕美「雨だれ」松本隆・筒美京平／＊55風「あの唄はもう唄わないのですか」伊勢正三・同／＊56竹内まりや「涙のワンサイデッド・ラヴ」竹内まりや・同／＊57太田裕美「南風」綱倉一也・同

第九章

＊1サザンオールスターズ「勝手にシンドバッド」桑田佳祐・同／＊2上條恒彦「出発の歌〜失なわれた時を求めて〜」及川恒平・小室等／＊3由紀さおり「夜明けのスキャット」山上路夫・いずみたく／＊4ジャックス「時計をとめて」水橋春夫・同／＊5キャンディーズ「暑中お見舞い申し上げます」喜多條忠・佐瀬寿一／＊6松崎しげる「愛のメモリー」たかたかし・馬飼野康二／＊7桑江知子「私のハートはストップモーション」竜真知子・都倉俊一／＊8野口五郎「きらめき」山上路夫・筒美京平／＊9しばたはつみ「マイ・ラグジュアリー・ナイト」来生えつこ・来生たかお／＊10南沙織「春の予感—I've been mellow」尾崎亜美・同／＊11甲斐バンド「HERO（ヒーローになる時、それは今）」甲斐よしひろ・同／＊12ガロ「学生街の喫茶店」山上路夫・すぎやまこういち／＊13

章「さらば恋人」北山修・筒美京平／＊29かぐや姫「置手紙」伊勢正三・同／＊30小椋佳「めまい」小椋佳・同／＊31桜田淳子「リップスティック」松本隆・筒美京平／＊32トワ・エ・モワ「虹と雪のバラード」河邨文一郎・村井邦彦／＊33榊原郁恵「夏のお嬢さん」笠間ジュン・佐々木勉／＊34八代亜紀「愛の終着駅」池田充男・野崎眞一／＊35サーカス「アメリカン・フィーリング」竜真知子・小田裕一郎／＊36サーカス「Mr. サマータイム」Pierre Delanoe（訳：竜真知子）・Michel Paul Fugain／＊37井上陽水「心もよう」井上陽水・同／＊38青い三角定規「太陽がくれた季節」山川啓介・いずみたく／＊39かまやつひろし「我が良き友よ」吉田拓郎・同／＊40三木聖子「まちぶせ」荒井由実・同／＊41由紀さおり「恋文」吉田旺・佐藤勝／＊42ちあきなおみ「喝采」吉田旺・中村泰士／＊43山口百恵「プレイバック Part2」阿木燿子・宇崎竜童／＊44沢田研二「勝手にしやがれ」阿久悠・大野克夫／＊45岩崎宏美「ドリーム」阿久悠・筒美京平／＊46ばんばひろふみ「SACHIKO」小泉長一郎・馬場章幸／＊47小川知子「別れてよかった」なかにし礼・川口真／＊48井上順「昨日・今日・明日」阿久悠・都倉俊一／＊49斉藤由貴「白い炎」森雪之丞・玉置浩二

第八章

＊1藤山一郎「東京ラプソディー」門田ゆたか・古賀政男／＊2いしだあゆみ「砂漠のような東京で」橋本淳・中村泰士／＊3和田アキ子「あの鐘を鳴らすのはあなた」阿久悠・森田公一／＊4内山田洋とクール・ファイブ「東京砂漠」吉田旺・内山田洋／＊5天地真理「ひとりじゃないの」小谷夏・森田公一／＊6天地真理「虹をわたって」山上路夫・森田公一／＊7天地真理「ふたりの日曜日」山上路夫・平尾昌晃／＊8天地真理「若葉のささやき」山上路夫・森田公一／＊9南沙織「早春の港」有馬三恵子・筒美京平／＊10南沙織「色づく街」有馬三恵子・筒美京平／＊11南沙織「傷つく世代」有馬三恵子・筒美京平／＊12南沙織「人恋しくて」中里綴・田山雅充／＊13アグネス・チャン「小さな恋の物語」山上路夫・森田公一／＊14梓みちよ「二人でお酒を」山上路夫・平尾昌晃／＊15荒井由実「あの日にかえりたい」荒井由実・同／＊16ピンク・レディー「ペッパー警部」阿久悠・都倉俊一／＊17千昌夫「北国の春」いではく・遠藤実／＊18狩人「あずさ2号」竜真知子・都倉俊一／＊19大橋純子「サファリ・ナイト」竜真知子・佐藤健／＊20新沼謙治「ヘッドライト」阿久悠・徳久広司／＊21太田裕美「木綿のハンカチーフ」松本隆・筒美京平／＊22太田裕美「九月の雨」松本隆・筒美京平／＊23原田真二「てぃーんず　ぶるーす」松本隆・原田真二／＊24野口五郎「私鉄沿線」山上路夫・佐藤寛／＊25山口百恵「パールカラーにゆれて」千家和也・佐瀬寿一／＊26岸田智史「きみの朝」岡本おさみ・岸田智史／＊27水谷豊「カリフォルニア・コネクション」阿木燿子・平尾昌晃

京平／＊4夏木マリ「絹の靴下」阿久悠・川口真／＊5北原ミレイ「ざんげの値打ちもない」阿久悠・村井邦彦／＊6山本リンダ「燃えつきそう」阿久悠・都倉俊一／＊7山本リンダ「狂わせたいの」阿久悠・都倉俊一／＊8山本リンダ「狙いうち」阿久悠・都倉俊一／＊9山本リンダ「どうにもとまらない」阿久悠・都倉俊一／＊10藤圭子「新宿の女」石坂まさを、みずの稔・石坂まさを／＊11森山加代子「白い蝶のサンバ」阿久悠・井上かつお／＊12森進一「花と蝶」川内康範・彩木雅夫／＊13奥村チヨ「恋の奴隷」なかにし礼・鈴木邦彦／＊14山本リンダ「じんじんさせて」阿久悠・都倉俊一／＊15ピンク・レディー「ペッパー警部」阿久悠・都倉俊一／＊16ピンク・レディー「S・O・S」阿久悠・都倉俊一／＊17ピンク・レディー「カルメン'77」阿久悠・都倉俊一／＊18ピンク・レディー「渚のシンドバッド」阿久悠・都倉俊一／＊19ピンク・レディー「ウォンテッド（指名手配）」阿久悠・都倉俊一／＊20ピンク・レディー「UFO」阿久悠・都倉俊一／＊21ピンク・レディー「サウスポー」阿久悠・都倉俊一／＊22西城秀樹「炎」阿久悠・馬飼野康二／＊23ピンク・レディー「モンスター」阿久悠・都倉俊一／＊24ピンク・レディー「透明人間」阿久悠・都倉俊一／＊25ピンク・レディー「カメレオン・アーミー」阿久悠・都倉俊一／＊26ピンク・レディー「ジパング」阿久悠・都倉俊一

第七章

＊1はっぴいえんど「風をあつめて」松本隆・細野晴臣／＊2山口百恵「美・サイレント」阿木燿子・宇崎竜童／＊3山口百恵「ひと夏の経験」千家和也・都倉俊一／＊4山口百恵「愛の嵐」阿木燿子・宇崎竜童／＊5大橋純子「たそがれマイ・ラブ」阿久悠・筒美京平／＊6桜田淳子「ひとり歩き」阿久悠・筒美京平／＊7尾崎紀世彦「また逢う日まで」阿久悠・筒美京平／＊8堺正章「街の灯り」阿久悠・浜圭介／＊9野口五郎「むさし野詩人」松本隆・佐藤寛／＊10桜田淳子「しあわせ芝居」中島みゆき・同／＊11桜田淳子「追いかけてヨコハマ」中島みゆき・同／＊12フィンガー5「恋のダイヤル6700」阿久悠・井上忠夫／＊13尾崎亜美「マイ・ピュア・レディ」尾崎亜美・同／＊14ダ・カーポ「結婚するって本当ですか」久保田広子・榊原政敏／＊15さだまさし「案山子」さだまさし・同／＊16中島みゆき「ひとり上手」中島みゆき・同／＊17松浦亜弥「ドッキドキ！LOVEメール」つんく・同／＊18アリス「秋止符」谷村新司・堀内孝雄／＊19因幡晃「わかって下さい」因幡晃・同／＊20麻丘めぐみ「わたしの彼は左きき」千家和也・筒美京平／＊21あべ静江「みずいろの手紙」阿久悠・三木たかし／＊22南沙織「哀しい妖精」松本隆・Janis Ian／＊23清水由貴子「お元気ですか」阿久悠・三木たかし／＊24太田裕美「最後の一葉」松本隆・筒美京平／＊25由紀さおり「手紙」なかにし礼・川口真／＊26久保田早紀「異邦人」久保田早紀・同／＊27梓みちよ「メランコリー」喜多條忠・吉田拓郎／＊28堺正

「戦争を知らない子供たち」北山修・杉田二郎／＊8藤山一郎、奈良光枝「青い山脈」西條八十・服部良一／＊9かぐや姫「神田川」喜多條忠・南こうせつ／＊10かぐや姫「あの人の手紙」伊勢正三・南こうせつ／＊11かまやつひろし「我が良き友よ」吉田拓郎・同／＊12南沙織「傷つく世代」有馬三恵子・筒美京平／＊13渡辺真知子「ブルー」渡辺真知子・同／＊14ちあきなおみ「四つのお願い」白鳥朝詠・鈴木淳／＊15キャンディーズ「やさしい悪魔」喜多條忠・吉田拓郎／＊16キャンディーズ「ハートのエースが出てこない」竜真知子・森田公一／＊17麻丘めぐみ「わたしの彼は左きき」千家和也・筒美京平／＊18榊原郁恵「いとしのロビン・フッドさま」藤公之介・馬飼野康二／＊19ダ・カーポ「結婚するって本当ですか」久保田広子・榊原政敏／＊20藤圭子「新宿の女」石坂まさを、みずの稔・石坂まさを／＊21中条きよし「うそ」山口洋子・平尾昌晃／＊22増位山太志郎「そんな夕子にほれました」海老名香葉子・山路進一／＊23ビリー・ジョエル「オネスティ」ビリー・ジョエル・同／＊24海援隊「贈る言葉」武田鉄矢・千葉和臣／＊25ジュディ・オング「魅せられて」阿木燿子・筒美京平／＊26八神純子「みずいろの雨」三浦徳子・八神純子／＊27中森明菜「十戒（1984）」売野雅勇・高中正義／＊28郷ひろみ「よろしく哀愁」安井かずみ・筒美京平／＊29郷ひろみ「花のように鳥のように」石川まさを・筒美京平／＊30郷ひろみ「あなたがいたから僕がいた」橋本淳・筒美京平／＊31城みちる「イルカにのった少年」杉さとみ・林あきら／＊32タイガース「星のプリンス」橋本淳・すぎやまこういち／＊33オックス「ガール・フレンド」橋本淳・筒美京平／＊34あいざき進也「気になる17才」安井かずみ・穂口雄右／＊35山口百恵「乙女座 宮」阿木燿子・宇崎竜童／＊36あいざき進也「恋のリクエスト」藤公之介・井上忠夫／＊37あいざき進也「愛の誕生日」岡田冨美子・すぎやまこういち／＊38桜田淳子「天使も夢みる」阿久悠・中村泰士／＊39桜田淳子「天使の初恋」阿久悠・中村泰士／＊40桜田淳子「花占い」阿久悠（原案：簑島若代）・中村泰士／＊41桜田淳子「はじめての出来事」阿久悠・森田公一／＊42桜田淳子「ひとり歩き」阿久悠・筒美京平／＊43桜田淳子「天使のくちびる」阿久悠・森田公一／＊44山口百恵「ひと夏の経験」千家和也・都倉俊一／＊45黛ジュン「天使の誘惑」なかにし礼・鈴木邦彦／＊46桜田淳子「夏にご用心」阿久悠・森田公一／＊47桜田淳子「ねえ！気がついてよ」阿久悠・大野克夫／＊48桜田淳子「あなたのすべて」阿久悠・和泉常寛／＊49桜田淳子「気まぐれヴィーナス」阿久悠・森田公一／＊50桜田淳子「アヴァンチュール」阿久悠・穂口雄右

第六章

＊1辺見マリ「経験」安井かずみ・村井邦彦／＊2奥村チヨ「中途半端はやめて」なかにし礼・筒美京平／＊3奥村チヨ「くやしいけれど幸せよ」山上路夫・筒美

一郎・村井邦彦／＊53ささきいさお「宇宙戦艦ヤマト」阿久悠・宮川泰／＊54上條恒彦「だれかが風の中で」和田夏十・小室等／＊55町田義人「戦士の休息」山川啓介・大野雄二／＊56沢田研二「サムライ」阿久悠・大野克夫／＊57SHŌGUN「男達のメロディー」喜多條忠・Casey Rankin／＊58中島みゆき「りばいばる」中島みゆき・同／＊59瀬川瑛子「長崎の夜はむらさき」古木花江・新井利昌／＊60大信田礼子「同棲時代」上村一夫・都倉俊一／＊61ヒデとロザンナ「愛は傷つきやすく」橋本淳・中村泰士／＊62さくらと一郎「昭和枯れすゝき」山田孝雄・むつひろし／＊63山口百恵「冬の色」千家和也・都倉俊一／＊64トワ・エ・モワ「誰もいない海」山口洋子・内藤法美／＊65内山田洋とクール・ファイブ「逢わずに愛して」川内康範・彩木雅夫／＊66杉良太郎「すきま風」いではく・遠藤実／＊67殿さまキングス「夫婦鏡」千家和也・彩木雅夫／＊68片平なぎさ「純愛」山上路夫・三木たかし／＊69沢田研二「時の過ぎゆくままに」阿久悠・大野克夫／＊70新沼謙治「嫁に来ないか」阿久悠・川口真

第四章

＊1水前寺清子「いっぽんどっこの唄」星野哲郎・富侑栄／＊2水前寺清子「どうどうどっこの唄」星野哲郎・安藤実親／＊3森進一「おふくろさん」川内康範・猪俣公章／＊4内山田洋とクール・ファイブ「愛の旅路を」山口あかり・藤本卓也／＊5宮史郎とぴんからトリオ「女のみち」宮史郎・並木ひろし／＊6大津美子「ここに幸あり」高橋掬太郎・飯田三郎／＊7殿さまキングス「恋は紅いバラ」千家和也・佐渡寿一／＊8サザンオールスターズ「勝手にシンドバッド」桑田佳祐・同／＊9内山田洋とクール・ファイブ「そして、神戸」千家和也・浜圭介／＊10内山田洋とクール・ファイブ「逢わずに愛して」川内康範・彩木雅夫／＊11内山田洋とクール・ファイブ「中の島ブルース」斉藤保・吉田佐／＊12サザンオールスターズ「レゲエに首ったけ」桑田佳祐・同／＊13サザンオールスターズ「女呼んでブギ」桑田佳祐・同／＊14ピンク・レディー「UFO」阿久悠・都倉俊一／＊15サザンオールスターズ「いとしのエリー」桑田佳祐・同／＊16サザンオールスターズ「C調言葉に御用心」桑田佳祐・同／＊17サザンオールスターズ「匂艶 THE NIGHT CLUB」桑田佳祐・同

第五章

＊1バンバン「『いちご白書』をもう一度」荒井由実・同／＊2アリス「チャンピオン」谷村新司・同／＊3左卜全とひまわりキティーズ「老人と子供のポルカ」早川博二・同／＊4井上陽水「人生が二度あれば」井上陽水・同／＊5井上陽水「断絶」井上陽水・同／＊6井上陽水「あこがれ」井上陽水・同／＊7ジローズ

Are My Destiny」Paul Anka・同／＊4都はるみ「北の宿から」阿久悠・小林亜星／＊5荒井由実「翳りゆく部屋」荒井由実・同／＊6アリス「帰らざる日々」谷村新司・同／＊7アリス「涙の誓い」谷村新司・同／＊8シグナル「20歳のめぐり逢い」田村功夫・同／＊9にしきのあきら「もう恋なのか」浜口庫之助・同／＊10松崎しげる「愛のメモリー」たかたかし・馬飼野康二／＊11灰田勝彦「燦めく星座」佐伯孝夫・佐々木俊一／＊12宇多田ヒカル「First Love」宇多田ヒカル・同／＊13内山田洋とクール・ファイブ「長崎は今日も雨だった」永田貴子・彩木雅夫／＊14内山田洋とクール・ファイブ「愛の旅路を」山口あかり・藤本卓也／＊15藤圭子「女のブルース」石坂まさを・猪俣公章／＊16森山加代子「白い蝶のサンバ」阿久悠・井上かつお／＊17森山良子「禁じられた恋」山上路夫・三木たかし／＊18ちあきなおみ「別れたあとで」白鳥朝詠・鈴木淳／＊19いしだあゆみ「砂漠のような東京で」橋本淳・中村泰士／＊20美川憲一「さそり座の女」斉藤律子・中川博之／＊21はしだのりひことクライマックス「花嫁」北山修・端田宣彦、坂庭省悟／＊22西城秀樹「情熱の嵐」たかたかし・鈴木邦彦／＊23西城秀樹「傷だらけのローラ」さいとう大三・馬飼野康二／＊24水前寺清子「大勝負」関沢真一・安藤実親／＊25水前寺清子「いっぽんどっこの唄」星野哲郎・富侑栄／＊26渡辺はま子・宇都美清「あゝモンテンルパの夜は更けて」代田銀太郎・伊藤正康／＊27松山千春「季節の中で」松山千春・同／＊28ジローズ「戦争を知らない子供たち」北野修・杉田二郎／＊29美空ひばり「リンゴ追分」小沢不二夫・米山正夫／＊30西田佐知子「アカシアの雨がやむとき」水木かおる・藤原秀行／＊31加藤和彦、北山修「あの素晴しい愛をもう一度」北山修・加藤和彦／＊32ベッツイ＆クリス「白い色は恋人の色」北山修・加藤和彦／＊33天地真理「ちいさな恋」安井かずみ・浜口庫之助／＊34浅田美代子「しあわせの一番星」安井かずみ・筒美京平／＊35渚ゆう子「京都慕情」ザ・ベンチャーズ（訳：林春生）・ザ・ベンチャーズ／＊36小柳ルミ子「瀬戸の花嫁」山上路夫・平尾昌晃／＊37アグネス・チャン「草原の輝き」安井かずみ・平尾昌晃／＊38郷ひろみ「男の子女の子」岩谷時子・筒美京平／＊39吉田拓郎「結婚しようよ」吉田拓郎・同／＊40伊藤咲子「ひまわり娘」阿久悠・シュキ・レヴィ／＊41田中星児「ビューティフル・サンデー」ダニエル・ブーン、ロッド・マックイーン（訳：亜美ゆふ）・ダニエル・ブーン、ロッド・マックイーン／＊42安西マリア「涙の太陽」湯川れい子・中島安敏／＊43青い三角定規「太陽がくれた季節」山川啓介・いずみたく／＊44にしきのあきら「空に太陽がある限り」浜口庫之助・同／＊45平田隆夫とセルスターズ「ハチのムサシは死んだのさ」内田良平・平田隆夫／＊46軍歌「麦と兵隊」藤田まさと・大村能章／＊47平野愛子「港が見える丘」東辰三・同／＊48並木路子「リンゴの唄」サトウハチロー・万城目正／＊49藤山一郎「長崎の鐘」サトウハチロー・古関裕而／＊50舟木一夫「高校三年生」丘灯至夫・遠藤実／＊51五つの赤い風船「遠い世界に」西岡たかし・同／＊52トワ・エ・モワ「虹と雪のバラード」河邨文

／＊51西城秀樹「ブルースカイブルー」阿久悠・馬飼野康二／＊52井上陽水「限りない欲望」井上陽水・同／＊53夏木マリ「絹の靴下」阿久悠・川口真／＊54伊藤咲子「きみ可愛いね」阿久悠・三木たかし／＊55郷ひろみ「お嫁サンバ」三浦徳子・小杉保夫／＊56森進一「冬の旅」阿久悠・猪俣公章／＊57世良公則＆ツイスト「あんたのバラード」世良公則・同／＊58シャ乱Q「シングルベッド」つんく・はたけ／＊59チューリップ「青春の影」財津和夫・同／＊60松原みき「真夜中のドア～Stay With Me」三浦徳子・林哲司／＊61岩崎宏美「聖母たちのララバイ」山川啓介・木森敏之、John Scott

第二章

＊1天地真理「ひとりじゃないの」小谷夏・森田公一／＊2小柳ルミ子「瀬戸の花嫁」山上路夫・平尾昌晃／＊3梓みちよ「こんにちは赤ちゃん」永六輔・中村八大／＊4チェリッシュ「てんとう虫のサンバ」さいとう大三・馬飼野俊一／＊5のこいのこ「パタパタママ」高田ひろお・佐瀬寿一／＊6斉藤こず恵「山口さんちのツトム君」みなみらんぼう・同／＊7金田たつえ「花街の母」もず唱平・三山敏／＊8森昌子「おかあさん」神坂薫・遠藤実／＊9山口百恵「秋桜」さだまさし・同／＊10井上陽水「人生が二度あれば」井上陽水・同／＊11芹洋子「四季の歌」荒木とよひさ・同／＊12赤い鳥「竹田の子守唄」日本民謡／＊13高倉健「望郷子守唄」大次郎・深井大輔（補作曲：渡辺岳夫）／＊14アリス「ジョニーの子守唄」谷村新司・堀内孝雄／＊15中原理恵「東京ららばい」松本隆・筒美京平／＊16サザンクロス「母性本能」丹古晴巳・中川博之／＊17敏いとうとハッピー＆ブルー「わたし祈ってます」五十嵐悟・同／＊18荒井由実「ルージュの伝言」荒井由実・同／＊19グレープ「無縁坂」さだまさし・同／＊20ジョー山中「人間の証明のテーマ」西條八十、角川春樹、ジョー山中・大野雄二／＊21しまざき由理「みなしごハッチ」丘灯至夫・越部信義／＊22新田洋、スクールメイツ「みなし児のバラード」木谷梨男・菊池俊輔／＊23千昌夫「北国の春」いではく・遠藤実／＊24村木賢吉「おやじの海」佐藤達雄・同／＊25杉田二郎「ANAK（息子）」Freddie Aguilar（訳：なかにし礼）・Freddie Aguilar／＊26海援隊「母に捧げるバラード」武田鉄矢・海援隊／＊27島倉千代子「東京だョおっ母さん」野村俊夫・船村徹／＊28あがた森魚「赤色エレジー」あがた森魚・八洲秀章／＊29グレープ「精霊流し」さだまさし・同／＊30森進一「おふくろさん」川内康範・猪俣公章

第三章

＊1渚ゆう子「京都の恋」ザ・ベンチャーズ（訳：林春生）・ザ・ベンチャーズ／＊2真木ひでと「夢よもういちど」山口洋子・浜圭介／＊3Paul Anka「You

【引用曲一覧】
※表記は、歌手名「タイトル」作詞者・作曲者の順とする

第一章

＊1小柳ルミ子「瀬戸の花嫁」山上路夫・平尾昌晃／＊2はしだのりひことクライマックス「花嫁」北山修・端田宣彦、坂庭省悟／＊3高石友也「主婦のブルース」中川五郎・高石友也／＊4小柳ルミ子「春のおとずれ」山上路夫・森田公一／＊5吉田拓郎「結婚しようよ」吉田拓郎・同／＊6チェリッシュ「若草の髪かざり」阿久悠・馬飼野俊一／＊7麻丘めぐみ「女の子なんだもん」千家和也・筒美京平／＊8麻丘めぐみ「アルプスの少女」千家和也・筒美京平／＊9浅田美代子「赤い風船」安井かずみ・筒美京平／＊10小坂明子「あなた」小坂明子・同／＊11ダ・カーポ「結婚するって本当ですか」久保田広子・榊原政敏／＊12岩崎宏美「春おぼろ」山上路夫・筒美京平／＊13小柳ルミ子「星の砂」関口宏・出門英／＊14野口五郎「むさし野詩人」松本隆・佐藤寛＊15桜田淳子「叱られてから」阿久悠・森田公一／＊16風「22才の別れ」伊勢正三・同／＊17新沼謙治「嫁に来ないか」阿久悠・川口真／＊18布施明「傾いた道しるべ」小椋佳・同／＊19さだまさし「関白宣言」さだまさし・同／＊20北島三郎「与作」七沢公典・同／＊21かぐや姫「神田川」喜多條忠・南こうせつ／＊22かぐや姫「赤ちょうちん」喜多條忠・南こうせつ＊23布施明「積木の部屋」有馬三恵子・川口真＊24野口五郎「甘い生活」山上路夫・筒美京平／＊25野口五郎「私鉄沿線」山上路夫・佐藤寛／＊26天地真理「想い出のセレナーデ」山上路夫・森田公一／＊27小坂恭子「想い出まくら」小坂恭子・同／＊28布施明「そっとおやすみ」クニ河内・同／＊29大信田礼子「同棲時代」上村一夫・都倉俊一／＊30中条きよし「うそ」山口洋子・平尾昌晃／＊31太田裕美「しあわせ未満」松本隆・筒美京平／＊32沢田研二「勝手にしやがれ」阿久悠・大野克夫／＊33黒沢年男「やすらぎ」中山大三郎・同／＊34尾崎紀世彦「また逢う日まで」阿久悠・筒美京平／＊35野口五郎「女になって出直せよ」阿久悠・筒美京平／＊36太田裕美「ドール」松本隆・筒美京平／＊37童謡「青い眼の人形」野口雨情・本居長世／＊38童謡「赤い靴」野口雨情・本居長世／＊39和田弘とマヒナスターズ「お座敷小唄」不詳・陸奥昭／＊40沢田研二「許されない愛」山上路夫・加瀬邦彦／＊41沢田研二「LOVE（抱きしめたい）」阿久悠・大野克夫／＊42沢田研二「危険なふたり」安井かずみ・加瀬邦彦／＊43山口百恵「絶体絶命」阿木燿子・宇崎竜童／＊44大川栄策「さざんかの宿」吉岡治・市川昭介／＊45小林明子「恋におちて -Fall in Love-」湯川れい子・小林明子／＊46竹内まりや「純愛ラプソディ」竹内まりや・同／＊47西城秀樹「ラストシーン」阿久悠・三木たかし／＊48テレサ＝テン「愛人」荒木とよひさ・三木たかし／＊49島津ゆたか「ホテル」なかにし礼・浜圭介／＊50西城秀樹「白い教会」たかたかし・鈴木邦彦

本書は二〇〇二年に晶文社より刊行された単行本に、
加筆・修正を加えたものです。

これで古典がよくわかる　橋本治

古典文学に親しめず、興味を持てない人たちは少なくない。どうすれば古典が「わかる」ようになるかを具体例を挙げ、教授する最良の入門書。

恋する伊勢物語　俵万智

恋愛のパターンは今も昔も変わらない。恋がいっぱいの歌物語の世界に案内する、ロマンチックでユーモラスな古典エッセイ。（武藤康史）

倚りかからず　茨木のり子

もはや／いかなる権威にも倚りかかりたくはない……話題の単行本に3篇の詩を加え、高瀬省三氏の絵を添えて贈る決定版詩集。（山根基世）

茨木のり子集　言の葉（全3冊）　茨木のり子

しなやかに凜と生きた詩人の歩みの跡を、詩とエッセイで編んだ自選作品集。単行本未収録の作品なども収め、魅力の全貌をコンパクトに纏める。

詩ってなんだろう　谷川俊太郎

谷川さんはどう考えているのだろう。その道筋にそって詩を集め、選び、配列し、詩とは何かを考えるおもとを示しました。（華恵）

笑う子規　正岡子規＋天野祐吉＋南伸坊

「弘法は何と書きしぞ筆始」「猫老て鼠もとらず置火燵」。天野さんのユニークなコメント、南さんの豪快な絵を添えて贈る愉快な子規句集。（関川夏央）

尾崎放哉全句集　村上護編

「咳をしても一人」などの感銘深い句で名高い自由律の俳人・放哉。放浪の旅の果て、小豆島で破滅型の人生を終えるまでの全句業。（村上護）

山頭火句集　種田山頭火　村上護編　小崎侃・画

自選句集「草木塔」を中心に、その境涯を象徴する随筆も精選収録し、〝行乞流転〟の俳人の全容を伝える一巻選集！（村上護）

絶滅寸前季語辞典　夏井いつき

「従兄煮」「蚊帳」「夜這星」「竈猫」……季節感が失われ、風習が廃れて消えていく季語たちに、新しい命を吹き込む読み物辞典。（茨木和生）

絶滅危急季語辞典　夏井いつき

「ぎぎ・ぐぐ」「われから」「子持花椰菜」「大根祝う」……消えゆく季語に新たな命を吹き込む読み物辞典。超絶季語続出の第二弾。（古谷徹）

一人で始める短歌入門　枡野浩一

「かんたん短歌の作り方」の続篇。CHINTAIのCM「いい部屋みつかっ短歌」の応募作を題材に短歌を指南。毎週10首、10週でマスター！

片想い百人一首　安野光雅

オリジナリティーあふれる本歌取り百人一首とエッセイ。読み進めるうちに、不思議と本歌も頭に入ってきて、いつのまにやらあなたも百人一首の達人に。

宮沢賢治のオノマトペ集　宮沢賢治　杉田淳子編　栗原敦監修

賢治ワールドの魅力的な擬音をセレクト・解説した画期的な一冊。ご存じ「どっどどどどうど　どどうど　どどう」など、声に出して読みたくなります。

増補　日本語が亡びるとき　水村美苗

明治以来豊かな近代文学を生み出してきた日本語が、いま、大きな岐路に立っている。我々にとって言語とは何なのか。第8回小林秀雄賞受賞作に大幅増補。

ことばが劈《ひら》かれるとき　竹内敏晴

ことばとこえとからだと、それは自分と世界との境界線だ。幼時に耳を病んだ著者が、いかにことばを回復し、自分をとり戻したか。

発声と身体のレッスン　鴻上尚史

あなた自身の「こえ」と「からだ」を自覚し、魅力的に向上させるための必要最低限のレッスンの数々。続ければ驚くべき変化が！　（安田登）

パンツの面目ふんどしの沽券　米原万里

キリストの下着はパンツか腰巻か？　幼い日にめばえた疑問を手がかりに、人類史上の謎に挑んだ、抱腹絶倒&禁断のエッセイ。　（井上章一）

全身翻訳家　鴻巣友季子

何をやっても翻訳的思考から逃れられない。妙に言葉が気になり妙な連想にはまる。翻訳というメガネで世界を見た貴重な記録（エッセイ）。　（穂村弘）

夜露死苦現代詩　都築響一

寝たきり老人の独語、死刑囚の俳句、エロサイトのコピー……誰も文学と思わないのに、一番僕たちをドキドキさせる言葉をめぐる旅。増補版。

英絵辞典　岩田一男　真鍋博

真鍋博のポップで精緻なイラストで描かれた日常生活の205の場面に、6000語の英単語を配したビジュアル英単語辞典。　（マーティン・ジャナル）

思考の整理学　外山滋比古

アイディアを軽やかに離陸させ、思考をのびのびと飛行させる方法を、広い視野とシャープな論理で知られる著者が、明快に提示する。

「読み」の整理学　外山滋比古

読み方には、既知を読むアルファ（おかゆ）読みと、未知を読むベータ（スルメ）読みがある。リーディングの新しい地平を開く目からウロコの一冊。

アイディアのレッスン　外山滋比古

しなやかな発想、思考を実生活に生かすには？　たんなる思いつきを〝使えるアイディア〟にする方法をお教えします。『思考の整理学』実践篇。

質問力　齋藤孝

コミュニケーション上達の秘訣は質問力にあり！　これさえ磨けば、初対面の人からも深い話が引き出せる。話題の本の、待望の文庫化。　（斎藤兆史）

段取り力　齋藤孝

仕事でも勉強でも、うまくいかない時は「段取りが悪かったのではないか」と思えば道が開かれる。段取り名人となるコツを伝授する！　（池上彰）

齋藤孝の速読塾　齋藤孝

二割読書法、キーワード探し、呼吸法から本の選び方まで著者が実践する「脳が活性化し理解力が高まる」夢の読書法を大公開！　（水道橋博士）

自分の仕事をつくる　西村佳哲

仕事をすることは会社に勤めること、ではない。仕事を「自分の仕事」にできた人たちに学ぶ、働き方のデザインの仕方とは。　（稲本喜則）

自分をいかして生きる　西村佳哲

「いい仕事」には、その人の存在まるごと入ってるんじゃないか。『自分の仕事をつくる』から6年、長い手紙のような思考の記録。　（平川克美）

あなたの話はなぜ「通じない」のか　山田ズーニー

半年で職場の星になる！

進研ゼミの小論文メソッドを開発し、考える力、書く力の育成に尽力してきた著者が「話が通じるための技術」を基礎のキソから懇切丁寧に伝授！

働くためのコミュニケーション力　山田ズーニー

職場での人付合いや効果的な「自己紹介」の仕方など最初の一歩から、企画書、メールの書き方など実践的技術まで。会社で役立つチカラが身につく本。

スタバではグランデを買え！　吉本佳生

身近な生活で接するものやサービスの価格を、やさしい経済学で読み解く。「取引コスト」という概念で学ぶ、消費者のための経済学入門。（西村喜良）

新宿駅最後の小さなお店ベルク　井野朋也

新宿駅15秒の個人カフェ「ベルク」。チェーン店にはない創意工夫に満ちた経営と美味さ。帯文＝奈良美智（柄谷行人／吉田戦車／押野見喜八郎）

味方をふやす技術　藤原和博

他人とのつながりがなければ、生きてゆけない。でも味方をふやすためには、嫌われる覚悟も必要だ。ほんとうに豊かな人間関係を築くために！

ほんとうの味方のつくりかた　松浦弥太郎

一人の力は小さいから、豊かな人生に〈味方〉の存在は欠かせません。若い君に贈る、大切な味方の見つけ方と育て方を教える人生の手引書。（水野仁輔）

増補 経済学という教養　稲葉振一郎

新古典派からマルクス経済学まで、知っておくべき経済学のエッセンスを分かりやすく解説。本書を読めば筋金入りの素人になれる⁉（小野善康）

町工場・スーパーなものづくり　小関智弘

宇宙衛星から携帯電話まで、現代の最先端技術を支えているのが町工場だ。そのものづくりの原点を、元旋盤工でもある著者がルポする。（中沢孝夫）

トランプ自伝　ドナルド・トランプ／トニー・シュウォーツ　相原真理子訳

一代で巨万の富を築いたアメリカの不動産王ドナルド・トランプが、その華麗なる取引の手法を赤裸々に明かす。（ロバート・キヨサキ）

英語に強くなる本　岩田一男

昭和を代表するベストセラー、待望の復刊。暗記やテクニックではなく本質を踏まえた学習法は今も新鮮なわかりやすさをお届けします。（晴山陽一）

英単語記憶術　岩田一男

単語を構成する語源を捉えることで、語の成り立ちを理解することを説き、丸暗記では得られない体系的な英単語習得を提案する50年前の名著復刊。

ポケットに外国語を　黒田龍之助

言葉への異常な愛情で、外国語本来の面白さを伝えるエッセイ集。ついでに外国語学習が、もっと楽しくなるヒントもつまっている。（堀江敏幸）

解剖学教室へようこそ　養老孟司

解剖すると何が「わかる」のか。動かぬ肉体という具体から、どこまで思考が拡がるのか。養老ヒト学の原点を示す記念碑的一冊。（南直哉）

考えるヒト　養老孟司

意識の本質とは何か。私たちはそれを知ることができるのか。脳と心の関係を探り、無意識に目を向ける。自分の頭で考えるための入門書。（玄侑宗久）

身近な雑草の愉快な生きかた　稲垣栄洋　三上修・画

名もなき草たちの暮らしぶりと生き残り戦術を愛情とユーモアに満ちた視線で観察、紹介した植物エッセイ。繊細なイラストも魅力。（宮田珠己）

身近な虫たちの華麗な生きかた　稲垣栄洋　小堀文彦・画

地べたを這いながらも、いつか華麗に変身することを夢見てしたたかに生きる身近な虫たちを紹介する。精緻で美しいイラスト多数。（小池昌代）

クマにあったらどうするか　姉崎等　片山龍峯

「クマは師匠」と語り遺した狩人が、アイヌ民族の知恵と自身の経験から導き出した超実践クマ対処法。クマと人間の共存する形が見えてくる。（遠藤ケイ）

木の教え　塩野米松

かつて日本人は木と共に生き、木に学んだ教訓を受け継いできた。効率主義に囚われた現代にこそ生かしたい「木の教え」を紹介。（丹羽宇一郎）

脳はなぜ「心」を作ったのか　前野隆司

「意識」とは何か。どこまでが「私」なのか。死んだら「心」はどうなるのか。――「意識」と「心」の謎に挑んだ話題の本の文庫化。（夢枕獏）

錯覚する脳　前野隆司

「意識のクオリア」も五感も、すべては脳が作り上げた錯覚だった！　ロボット工学者が科学的に明らかにする衝撃の結論を信じられますか。（武藤浩史）

増補　へんな毒　すごい毒　田中真知

フグ、キノコ、火山ガス、細菌、麻薬……自然界にあふれる毒の世界。その作用の仕組みから解毒法、さらには毒にまつわる事件なども交えて案内する。

ニセ科学を10倍楽しむ本　山本弘

「血液型性格診断」「ゲーム脳」など世間に広がるニセ科学。人気SF作家が会話形式でわかりやすく教える、だまされないための科学リテラシー入門。

いのちと放射能　柳澤桂子

放射性物質による汚染の怖さ。癌や突然変異が引き起こされる仕組みをわかりやすく解説し、命を受け継ぐ私たちの自覚を問う。（永田文夫）

熊を殺すと雨が降る　遠藤ケイ

山で生きるには、自然についての知識を磨き、己れの技量を謙虚に見極めねばならない。山村に暮らす人びとの生業、猟法、川漁を克明に描く。

ダダダダ菜園記　伊藤礼

畑づくりの苦労、楽しさを、滋味とユーモア溢れる文章で描く。自宅の食堂から見える庭いっぱいの農場で〝伊藤式農法〟確立を目指す。（宮田珠己）

哺育器の中の大人［精神分析講義］　伊丹十三／岸田秀

愛や生きがい、子育てや男（女）らしさなど具体的な問題について対話し、幻想・無意識・自我など精神分析の基本を分かりやすく解き明かす。（春日武彦）

こころの医者のフィールド・ノート　中沢正夫

こころの病に倒れた人と一緒に悲しみ、怒り、闘う医師がいる。病ではなく〝人〟のぬくもりをしみじみと描く感銘深い作品。（沢野ひとし）

本番に強くなる　白石豊

メンタルコーチである著者が、禅やヨーガの方法をとりいれつつ、強い心の作り方を解説する。「ここ一番」で力が出ないというあなたに！（天外伺朗）

自分を支える心の技法　名越康文

対人関係につきものの怒りに気づき、「我慢する」のでなく、それを消すことをどう続けていくか。人気精神科医からのアドバイス。長いあとがきを附す。

加害者は変われるか？　信田さよ子

家庭という密室で、DVや虐待は起きる。「普通の人」がなぜ？　加害者を正面から見つめ分析し、再発を防ぐ考察につなげた、初めての本。（牟田和恵）

人生の教科書［人間関係］　藤原和博

人間関係で一番大切なことは、相手に「！」を感じてもらうことだ。そのための、すぐに使えるヒントが詰まった一冊。（茂木健一郎）

バナナの皮はなぜすべるのか？　黒木夏美

定番ギャグ「バナナの皮すべり」はどのように生まれたのか？　マンガ、映画、文学……あらゆるメディアを調べつくす。（パオロ・マッツァリーノ）

ちくま文庫

どうにもとまらない歌謡曲《かようきょく》
——七〇年代《ななじゅうねんだい》のジェンダー

二〇二二年六月十日　第一刷発行

著者　舌津智之（ぜっつ・ともゆき）
発行者　喜入冬子
発行所　株式会社　筑摩書房
東京都台東区蔵前二―五―三　〒一一一―八七五五
電話番号　〇三―五六八七―二六〇一（代表）
装幀者　安野光雅
印刷所　中央精版印刷株式会社
製本所　中央精版印刷株式会社

ISBN978-4-480-43821-8 C0173